两翼同风：中学语文阅读、诵读引领

陈　骏◎主编

汕头大学出版社

图书在版编目（CIP）数据

两翼同风：中学语文阅读、诵读引领 / 陈骏主编
. -- 汕头：汕头大学出版社，2020.12
ISBN 978-7-5658-4210-8

Ⅰ. ①两… Ⅱ. ①陈… Ⅲ. ①阅读课－教学研究－中
学 Ⅳ. ① G633.332

中国版本图书馆 CIP 数据核字 (2020) 第 261108 号

两翼同风：中学语文阅读、诵读引领
LIANGYI TONGFENG ZHONGXUE YUWEN YUEDU SONGDU YINGLING

主　　编：陈　骏
责任编辑：黄洁玲
责任技编：黄东生
封面设计：中图时代
出版发行：汕头大学出版社
　　　　　广东省汕头市大学路 243 号汕头大学校园内　邮政编码：515063
电　　话：0754-82904613
印　　刷：廊坊市海涛印刷有限公司
开　　本：787mm×1092 mm　1/16
印　　张：19.5
字　　数：350 千字
版　　次：2020 年 12 月第 1 版
印　　次：2025 年 1 月第 1 次印刷
定　　价：68.00 元
ISBN 978-7-5658-4210-8

两翼同风——语文中的阅读与朗读

　　也许你会说这是一本无用的书，因为在应试教育中，这些看似基础的东西其实是异常奢侈的，但对于培养真正的语文素养，对于语文之于人生的深远影响，这些反倒是极其有用甚至是至关重要的内容。

　　如果将语文的学习比作一只大鹏鸟，那么阅读与朗读就是它伸展的双翼，唯有两翼丰满，力量蓬勃，这只大鹏鸟才能扶摇而上，远徙南冥。丰富的阅读使人见闻广博、见识卓异，热情的朗读使人语感敏锐、情感丰润。这两者，正是语文学习不可或缺的双翼，缺失了任何一个方面，都不能说是学好了语文。否则在中考、高考中反复练习的答题技巧，也将成为无本之木，无源之水。

　　对于阅读的重要意义，中学语文老师是很容易就能达成共识的，因此在中学阶段，列出书目引导学生进行阅读的教学行为并不鲜见，但部分语文教师在教学与生活的双重压力下，缺少阅读的时间与热情，却是不争的事实。陈骏名师工作室成立之初，就选定"引领教师阅读"作为主攻方向，在教师中全力营造浓厚的阅读氛围，尽力扭转大量语文教师要求学生阅读而自己日渐远离阅读的尴尬局面。工作室通过两年多的努力，使教师能在繁重的教学工作之外努力安排时间进行阅读，在指导学生阅读的同时，也自觉化身为阅读的主体，教学效果颇为明显。

　　而对于朗读（诵）的重要性，绝大多数语文老师还没有充分意识到，有的语文课堂，把阅读和答题当成了唯一的任务，这实在是无可厚非的，因为无论是中考还是高考，都没有朗读的一席之地（2007年和2008年，湛江中考语文曾经考过普通话口语朗读，但也是昙花一现，转瞬即逝），但这不能不说是一件令人遗憾的事。有的语文老师，因为自身朗读能力不足，不愿意自曝其短，所以用阅读全面代替了朗读，从此课堂上少了琅琅的读书声。有的语文老师选用教材配套的朗读光盘，但这些朗读资料大多数只能做到语音标准、声音清晰，文章的意和情要么处理得不到位，要么处理得有偏差。朗读者对文本的研读不足，使这些范读失去了应有的高度与美感，既不能帮助学生正确理解文章，又不能激起学生对文本的热爱和探求的热情。当朗读者还是某位名家的时候，师生还可能产生盲从的情绪，误导就在所难免了。有的语文老师已经认识到朗读的重要性，并积极学习，努力提高自己的朗读能力，但苦于缺乏理论联系实际的专业的朗诵师资。尤其是对于中小学教师，朗诵资质迄今为止依然是稀缺资源。教师学习之路困难重重，举步维艰，在课堂上勉力为之的亲自范读，其效果依然难如人意。

基于以上考量，本工作室主持人利用自身资源优势和能力优势，利用名师工作室微信公众号平台，致力于打造全国最完备的中小学语文课本经典篇目朗诵资料库，从数量和质量两个方面尽量满足中小学语文课堂的范读需求，同时把对教材的深度理解、对朗诵的技术指导融入其中，引领一批中小学老师走进朗诵艺术的殿堂，逐渐成为专家和行家。

本书将以两大板块呈现工作室的教研成果，力求完整体现教师学习、思考、进步的完整风貌。第一部分是梳理教师推荐学生阅读的书目，体现教师自身的阅读成果；第二部分是将部分朗诵的经典篇目分专题呈现，对一线教师的朗诵进行指导。

陈 骏

2020 年 12 月

目　录

阅读导引篇

新高考背景下教师阅读现状调查及改善对策 ……………………… 陈　骏（3）

溯源中国人的人生智慧与宏观意识——《道德经》导读 ……… 陈　骏（6）

高中文言文拓展材料选编 ……………………………………… 陈　骏（25）

高中整本书阅读教学策略探究——以《红楼梦》为例 ………… 陈　靖（59）

温暖与悲悯的力量——《朝花夕拾》阅读指导 ………………… 杨小婵（71）

《呐喊》《彷徨》整体阅读——鲁迅小说中的天气情况和其"冷峻"

　　的艺术风格的关系探究 …………………………………… 尤立家（74）

鲁迅小说集任务群驱动式的整本书阅读教学——以女性形象分析为例 … 肖诗婷（80）

新课改背景下高中语文整本书阅读教学的困境与实践探索——以

　　《鲁迅小说全集》阅读指导为例 …………………………… 陈　翠（85）

鲁迅小说阅读指导方法与策略——以鲁迅《伤逝》为例 ……… 徐　颖（90）

文集型书目的整本书阅读指导——以鲁迅的《呐喊》《彷徨》为例 … 周　园（97）

专题探究式的整本书阅读教学实践——以《呐喊》《彷徨》为例 … 薛莉萍（101）

寻找爱与美——《边城》导读 ………………………………… 梁冬青（107）

《乡土中国》导读 ……………………………………………… 晏　菱（118）

再读《我与地坛》 ……………………………………………… 李林蔚（126）

活着，只是为了活着本身的意义 ……………………………… 刘　玏（131）

以《活着》为例，浅谈如何开展高中生的整本书阅读与研讨工作

　　………………………………………………………………… 谢香儿（136）

温暖和爱——迟子建小说阅读指导 …………………………… 徐　颖（146）

读《教师的深度幸福》，做深度幸福的教师 ………………… 武　辉（150）

培养科学精神，关注人类命运——走进《三体》的宏大世界 ············ 陈 骏（153）

在阅读教学中如何把握课堂文化导向学习——以整本书阅读《先生》

    为例 ·· 邱 娇（169）

篆刻人生的不止是刀锋——《刀锋》读书笔记 ················ 黄香铭（182）

《霍乱时期的爱情》读书笔记 ································· 陈 骏（186）

读《追风筝的人》看三种教育 ··························· 詹福慧（188）

如何"渡人渡己"——《摆渡人》读后感 ················ 吴小丹（193）

也谈如何读懂诗歌 ····································· 陈凤至（198）

从创作角度谈诗歌鉴赏及误区 ························· 陈 骏（202）

中学班主任实用语言艺术初探 ························· 陈 骏（204）

朗诵指引篇

中小学朗诵课堂现状简析 ······························· 陈 骏（213）

走进朗诵艺术的殿堂——语文教师朗诵艺术学习指津 ········ 陈 骏（215）

（一）情感、内容把握

读出柔情与母爱——《你是人间的四月天》诵读指导 ········ 陈 骏（231）

读出童真与乡情——《走月亮》诵读指导 ················ 陈 骏（233）

读出顽皮与温馨——《金色花》诵读指导 ················ 陈 骏（235）

读出忧伤与彷徨——《雨巷》诵读指导 ·················· 陈 骏（238）

读出深沉与炽烈——《我爱这土地》诵读指导 ············· 陈 骏（241）

读出愤怒与血性——《最后一次讲演》诵读指导 ··········· 陈 骏（244）

读出俏皮与深情——《静女》诵读指导 ·················· 陈 骏（247）

读出浪漫与细腻——《再别康桥》诵读指导 ·············· 陈 骏（249）

读出独立与温柔——《致橡树》诵读指导 ················ 陈 骏（252）

读出舒朗与哲思——《兰亭集序》诵读指导 ·············· 陈 骏（255）

读出才气与自信——《滕王阁序》诵读指导 ·············· 陈 骏（257）

读出艺术成长之路——《柳敬亭传》诵读指导 ············· 陈 骏（261）

读出理解与回馈——《慈母情深》诵读指导 ·············· 陈 骏（264）

读出大爱与奉献——《小岛》诵读指导 ·················· 陈 骏（268）

读出信仰与牺牲——《丰碑》诵读指导 ·················· 陈 骏（273）

读出对生命的珍爱——《我很重要》诵读指导 ············· 陈 骏（276）

读出词彩丰茂，才情涌溢——《洛神赋》诵读指导…………………… 陈　骏（279）

读出停连——《人民万岁》诵读例说…………………………………… 陈　骏（283）

读出强弱轻重——《我的南方和北方》诵读例说……………………… 陈　骏（286）

（二）技巧实践

读出快慢——《声声慢》《琵琶行》诵读例说………………………… 陈　骏（288）

读出高低——《海燕》诵读例说………………………………………… 陈　骏（290）

读出虚实——《巩乃斯的马》《瓦尔登湖》诵读例说………………… 陈　骏（293）

读出打破与重构——《蜀道难》诵读例说……………………………… 陈　骏（296）

诵出严谨与推敲——"觉""斜""曾"的读音选择……………………… 陈　骏（299）

古代诗歌朗诵中停顿处理的常式和变式………………………………… 陈　骏（301）

阅读导引篇

新高考背景下
教师阅读现状调查及改善对策

陈　骏

　　高考改革势不可挡，当今的语文学科更加强调语言建构与运用、思维发展与品质、文化传承与理解、审美鉴赏与创造四个核心素养。新颁布的《义务教育语文课程标准》在"实施建议"中明确指出：要引导学生"少做题，多读书；好读书，读好书，读整本的书"。整本书阅读，已成为当今语文学习中的重要内容。这已经不算什么新的要求了，部编语文教材总主编温儒敏先生曾说："整本书阅读是传统教学，四书五经也都是整本书，20 世纪 20 年代都有单篇教学。古代汉语读三遍《左传》，比现在学两年古代汉语要强。整本书阅读的目标，是拓展读书的视野，形成自己读某一类书的方法。"这是相对于现代中学语文教材对长篇作品进行节选式阅读、片段式阅读而重新提出并予以强调的教学观点。新高考的一些阅读题目的命制，已经把学生要对名著进行整本书阅读的要求纳入其中。学生如果只阅读过教材中的节选章节，将无法完成题目。

　　由此可见，阅读，在当今中学语文教学中已经获得了极高的地位。语文教师想方设法开设"整本书阅读"的学习专题，从各自理解的角度，引导学生探索自身阅读的可能性，效果是明显的。

　　但令人感到尴尬的是，指导学生进行阅读的老师，其自身的阅读量却不尽如人意。例如，一所教职员工约为 340 人的中学，教职工在图书馆借阅图书的数量为：2018 年，289 本；2019 年，313 本；2020 年，171 本。当然这不能说明教职员工尤其是语文教师的阅读量少，但确实在一定程度上反映了当前教师阅读现状的窘境。迫于生活压力和教学压力，属于教师自己的时间实在是少得可怜，再要从中挤出时间来阅读，非有强大的意志力或者不可抗拒的约束力不可。

　　本工作室要做的就是督促、激励语文教师开展阅读。在工作室运作的三年时间里，我们做了以下的一些事情力图改变语文教师的阅读现状，也产生了一定效果。希望工作室能在今后的交流中不断改进，可以促进语文教师不断成长，使其成为爱读书、勤读书的有深度的教师。

一、以生促师，以教促学

带领教师规范对学生阅读的行为指导，让教师悄然融入阅读过程。布置学生进行阅读，是一句话的事，但阅读是否产生了效果，却是不太容易进行评估的事。因此，本工作室带领教师外出学习，借鉴先进学校的优秀经验，有计划、保质保量地安排好高中三年学生的阅读书目（高一30本、高二20本、高三10本），设计好阅读课的学生阅读笔记单张，最大限度地将阶段性阅读任务融入教学考核内容。这样做，一方面能落实学生的阅读效果，另一方面也敦促老师们去先行阅读布置给学生的书目，因为有学生的追赶，教师也不敢懈怠。

二、生生互促，营造氛围

在教师中积极交流各种鼓励学生进行阅读的方法。本学期笔者的做法主要有两个：一是利用学生背诵课内诗文必背篇目的机会，教师出资千元，购买图书，对抽签背诵且完成者进行奖励，每次课奖励一位学生，奖完即止，受奖励的学生可以在所余图书中选择自己喜欢的图书作为奖品，教师在书籍扉页上题写赠言。这样做持续时间较长，在学生中形成的重视阅读的效果较为明显。二是让一名教师所任教的两个班交流读书心得，每周每班安排一个读书小组，用教师提供的活页纸撰写一份读书心得，复印一份交给另一个班级装入活页夹。这样做能够让学生在交流读书心得的同时，明显看到心得积累的过程，了解其他同学的读书进度，从而要求自己保持阅读进度。两个班级在交流过程中，可自然地形成交流互学、竞争督促的激励机制，使活动有较强的仪式感。

三、任务驱动，寄得于舍

对于教师，笔者的做法也有两个：一是用结果引导过程，在工作室内进行导读文章征集，限定篇幅和交稿时间，不限阅读范围，鼓励教师撰写优秀书籍、文章的导读，鞭策教师保持阅读习惯并形成成果。二是向备课组教师赠书，由每位教师选择获赠书籍，由主持人出资购买，主持人在扉页题写赠言并在学科组学习时向老师正式赠送书籍。这样做产生了连锁反应：其他老师拉来赞助，在学期末向每一位教师赠送书籍《先生》，备课组内阅读氛围明显好转。

四、率先垂范，辐射无界

虽然工作室的成员是有限的，备课组成员仅十多人，但工作室的工作目的是要让更多的语文教师投入到阅读中来，以充分发挥工作室的辐射作用。基于此，工作室先后组织了鲁迅专题、萧红专题、迟子建专题、余华专题、王开岭专题、魏晋名士专题、苏东坡专题、周邦彦专题、《白鹿原》专题、《活着》专题、《三体》专题等读书分享会，由不同的成员负责各专题的讲述并组织讨论，让工作室成员成为推动阅读工作的主角。这样做，不仅有利于高效完成各个专题的阅读任务，还大大改善了工作室成员的阅读状态。除此以外，本工作室主持人还多次面向区、市的教师群体、家长群体开设阅读专题讲座，尽己所能地为实现全民阅读发挥辐射作用。

综上所述，虽然当今中小学语文教师的阅读现状不尽如人意，但与其听之任之、无所作为，或者舍本逐末空谈阅读方法，不如身体力行引领前行。在此过程中，有必要关注教师的实际困难，帮助教师解决问题，创设情境引导教师进行阅读，搭建平台鼓励教师分享阅读，创造机会让教师在阅读中感受成功的快乐。唯有如此，才能从根本上真正消除语文教师在阅读中存在的惰性，让教师通过日积月累真正成为腹有诗书的名师。

溯源中国人的人生智慧与宏观意识
——《道德经》导读

陈　骏

导言： 让中学生了解中华民族的传统文化，是培养其发自内心热爱中华文化的必由之路，也是广大中学生树立文化自信的根基所在。国学的熏陶，无疑是其中最为重要的内容。然而国学世界，洋洋大观，精华固众，糟粕亦存，如果学生毫无辨别地吸收，那将不利于社会的发展、思想的进步。因此，甄别、选择与引导是教师在向学生推介国学读本的时候必须严肃并认真思考的问题。本着与时俱进、深思慎取、取其精华、去其糟粕的基本原则，笔者面向高中学生撰写了这篇《道德经》的导读，旨在引导读者在学习国学经典的基础上，感悟中国人的人生智慧。

一、总体导读

《道德经》又称《老子》，通行本全书共八十一章，约五千字，分为上（《道经》）、下（《德经》）两篇。它是中国古代道家学派的主要经典，内容富赡，思想深邃，说理透彻，文字隽永，堪称中华文化宝库中的一颗璀璨明珠，在中国思想文化发展史上占有重要的地位，对中华优秀传统文化的形成和发展产生了极其深远的影响。

《道德经》第一章至第三十七章为《道经》，侧重天子治理天下的规律和方法，第三十八章至八十一章为《德经》，重在思考个人修养的提升。阅读《道德经》，探寻老子深邃的人生智慧和人生哲学，可以引发青年学生的一系列思考：在短暂的人生之路中，人应该如何修炼自己的思想？如何对待自身的欲望？如何与他人、与天地万物和谐相处？

《道德经》虽然只有五千字，但对于中学生而言，文字方面的难度足以让其望而却步，而且由于中学阶段学生的理解辨别能力和作品中客观存在的时代局限性，阅读全文所起到的作用也许也并不都是正面的。因此教师要为学生把好关，向学生推荐本阶段最适合阅读的内容并进行指导就显得尤为重要。笔者经反复阅读与深入理解，本着有益性原则和相关性原则，决定暂时向学生推荐其中的三十一章。

二、章节导读

第一章

　　道可道，非常道；名可名，非常名。无名天地之始；有名万物之母。故常无，欲以观其妙；常有，欲以观其徼。此两者，同出而异名，同谓之玄。玄之又玄，众妙之门。

译文：道可以说，但不是通常所说的道。名可以起，但不是通常所起的名。可以说他是无，因为他在天地创始之前；也可以说他是有，因为他是万物的母亲。所以，从虚无的角度，可以揣摩他的奥妙。从实有的角度，可以看到他的踪迹。实有与虚无只是说法不同，两者实际上同出一源。这种同一，就叫作玄秘。玄秘而又玄秘啊！宇宙间万般奥妙的源头。

推荐导读：这是《道德经》的开卷之语，也是整部《道德经》的总纲。老子将对"道"的思考提到一个前所未有的高度，辩证地看待规律的可知与不可知，既鼓励努力探寻天地万物的规律，同时又承认这种规律的无穷无尽，难以捉摸。这是古人虚心待物的智慧，也是值得今人思考借鉴的思维方式。

第三章

　　不尚贤，使民不争；不贵难得之货，使民不为盗；不见可欲，使民心不乱。是以圣人之治，虚其心，实其腹，弱其志，强其骨。常使民无知无欲。使夫智者不敢为也。为无为，则无不治。

译文：不崇尚贤能之辈，方能使世人停止争斗。不看重珍奇财宝，方能使世人不去偷窃。不诱发邪情私欲，方能使世人平静安稳。所以，圣人掌管万民，要使他们心里谦卑，腹里饱足，血气淡化，筋骨强壮。人们常常处于不求知、无所欲的状态，那么，即使有卖弄智慧的人，也不能胡作非为了。遵从无为之道，则没有不太平之理。

推荐导读：从方法来说，"尚贤"是管理的捷径，能有效地激发人的竞争意识和创造力。但生活在这个机制下，人，会不会被放大了逐利的本能？会不会在选拔的过程中失去了自我，甚至本末倒置，把手段当成目的？基于这些思考，"尚贤"的方法使用须坚持适度原则，否则有可能适得其反，得不偿失。

使民无知无欲，这在古代是做得到的，而在今天，由于教育的普及，学习机会的最大化，个人意识的觉醒，旧的方法显然已经不再适用，管理者的学识与能力面临着极大的挑战，自以为是、故步自封只能让自己成为世人的笑料。正确的做法是面对压力，与时俱进，主动学习，让自身知识、能力、智慧高于民众，引领民众，从而保持管理者应有的权威，保证管理效率。

第五章

　　天地不仁，以万物为刍狗；圣人不仁，以百姓为刍狗。天地之间，其犹橐龠乎？虚而不屈，动而愈出。多言数穷，不如守中。

译文：天地不理会世上所谓的仁义，在其看来，万物是祭神用的稻草狗。圣人也不理会世上所谓的仁义，在他眼里，百姓是祭神用的稻草狗。天地之间，不正像一个冶炼的风箱吗？虚静而不穷尽，越动而风越多。话多有失，辞不达义，还是适可而止为妙。

推荐导读：儒家所奉行的仁，迄今为止仍然是中华传统文化中的核心理念，但个人内心求"仁"与将"仁"示之以人，其实质是大相径庭的。听不一样的声音，敢于质疑和思辨，才有进步的机会，才能培养出独立的思想。

仁既有真假之辨，道家的无为质朴自当高于假仁假义，但理解了社会发展的规律而追求仁义之举，是更高一层的境界。无为而能治天下，其实是绝对的、理想主义的表现。这个道理于古于今，都有事实在不断证明，无为所导致的，往往是一种松散的社会结构。小国寡民也好，鸡犬相闻也好，无事自然安宁陶然，一旦有事，必无抵御之能。作为国家的生存与发展的需要，无为之治是不能成为一个选项的。

第八章

　　上善若水。水善利万物而不争，处众人之所恶，故几于道。居善地，心善渊，与善仁，言善信，政善治，事善能，动善时。夫唯不争，故无尤。

译文：最高的善像水一样。水善于滋养万物，而不与万物相争。它处身于众人所厌恶的地方，所以跟道很相近。居身，安于卑下；存心，宁静深沉；交往，有诚有爱；言语，信实可靠；为政，天下归顺；做事，大有能力；行动，合乎时宜。唯有不争不竞，方能无过无失。

推荐导读：不争而得，是一种高妙的境界，世人往往囿于心胸的狭隘和目光的短浅而寸利必得，斤斤计较；心态好方能处事顺，处事顺则能登高俯瞰，人生豁然开朗。辩证地理解这一章，则"争"与"不争"，又是人生的一门大学问。勘透人生的短暂，名利的虚无，个人的与人为善是非常高明的境界，无尤无忧。但于国家而言，忍让和利他则是有限度和原则的。治国者必须明白，国家的边界意味着利益的划分，在国家消亡之前，这种关系都是不会改变的。于不必争处不争，于能引导处引导，于危及国家利益之处誓死捍卫。

第十一章

　　三十辐，共一毂，当其无，有车之用。埏埴以为器，当其无，有器之用。凿户牖以为室，当其无，有室之用。故有之以为利，无之以为用。

译文：三十根辐条集中在车轴穿过的圆木上，圆木有空的地方，才对车有用处（可行走）。揉合黏土制成器皿，上面有空的地方，才有器皿的用处（能容纳）。为房屋安窗户，窗户有空的地方，才对房屋有用处（取光亮）。有形者对人们有利益，是由于无形者的功用啊。

推荐导读：户盈罗绮、市列珠玑，既是繁华城市的极致写照，也是人们对财富的想望。在世人的评价体系中，穷人的家叫"家徒四壁"，富人的家叫"金玉满堂"。追求财富、追求"满"，似乎成了人们天经地义的生活目标。而在追求"满"的时候，我们实在有必要放慢追求的脚步，在生活中留闲暇的时光，留几分光阴的空白，回头看看自己的足印，品一品生活的趣味，甚至什么都不想，就是发发呆，让生活增加一些不一样的内容。有和无，满与空，正是生活的哲理，生命的味道。

第十二章

　　五色令人目盲；五音令人耳聋；五味令人口爽；驰骋畋猎，令人心发狂；难得之货，令人行妨。是以圣人为腹不为目，故去彼取此。

译文：缤纷的色彩使人眼睛昏花，变幻的音响使人耳朵发聋，丰腴的美食使人口味败坏，驰骋打猎令人心意狂荡，珍奇财宝令人行为不轨。所以圣人掌管万民，是给他们内在的充实，不是给他们外在的愉悦。据此而取舍。

推荐导读：现代有一种病，叫"选择困难症"。在社会生产力的进步中，人们的物质生活越来越丰足。当色彩丰富到让人眼花缭乱的时候，当杂乱的音响让人亢奋疯狂的时候，当珍馐百味满足口腹的时候，我们应该思考，人的一生，真正需要的是什么？我真的需要这么多物质的享受吗？过度的娱乐会不会让人精神死亡？也许，人只有在过一种极简生活的时候，思想才会更敏锐，精神才会更雄健，于是，你就成了一泓清泉，冷冽，明澈。人生的意义，要到这个时候才会显现。

第十七章

　　太上，不知有之；其次，亲而誉之；其次，畏之；其次，侮之。信不足焉，有不信焉。悠兮其贵言。功成事遂，百姓皆谓："我自然"。

译文：至高至善的掌权者，人们仿佛感觉不到其存在。次一等的，赢得人们的亲近赞誉。再次的，使人们畏惧害怕。更次的，遭人们侮慢轻蔑。信实不足，才有不信。悠悠然大道之行，无须发号施令，大功告成之后，百姓都视之为自然而然的事，说："我们本来就是这样的啊！"

推荐导读：这几乎可以算是理想主义的典范，乌托邦的鼻祖。中国人说，蛇无头不行。一个团队、一支队伍、一个社会、一个国家，必须有其核心，有精神、知识、路线的权威和领头人，换句话说，就是要有领袖。从原始社会到奴隶社会，从封建社会到资本主义社会、社会主义社会，无一例外。如果没有核心和领袖，则这个团队乃至国家，便是一盘散沙。无为而治天下，其实是不可行的，国与国之间的利益冲突，在相当长的时间里还会继续存在，则国家在这个世界的存在与发展，需要强有力的领导核心，而这个核心，正应当"显"而不是"隐"。对"隐"而有效的治理效果的期待，是道家以出世者的心态和阅历看待世情得出的结论，因为能力的不足，存在一定的局限性。

第十八章

　　大道废，有仁义；智慧出，有大伪；六亲不和，有孝慈；国家昏乱，有忠臣。

译文：大道废弃了，才出现仁义。智慧出来了，才有大伪诈。六亲不和，才大讲孝慈。国家昏乱，才呼唤忠臣。

既已病矣，当疗救也，无为，则殆矣。

推荐导读：对所谓美德的过分颂扬和追求，往往会造就虚伪和浮夸、沽名钓誉、言行不一的恶劣风气，确实是令人悲观的现实，但如不呼吁，则世相愈恶。

辩证地看待问题，是一个人拥有独立思想的体现，然而，公而忘私，舍身忘家未必是对亲人的冷漠，也未必是一种伪善。大与小的选择，关乎人心所达到的境界，岂能一概而论？1998 年抗洪抢险，2003 年抗击非典，2008 年破冰保电，2020 年严冬逆行，这些大善与大勇是真实存在的，我们不仅要能看到问题的存在，更要看到成绩的客观，不仅要有提出问题的能力，更要逐渐形成解决问题的能力。

第十九章

绝圣弃智，民利百倍；绝仁弃义，民复孝慈；绝巧弃利，盗贼无有。此三者以为文，不足。故令有所属：见素抱朴，少思寡欲，绝学无忧。

译文：弃绝成功与智慧，对人民有百倍的好处。弃绝仁义的说教，人民就会复归孝慈。弃绝技巧与功利，就不会有盗贼为患。然而，用这三者作戒律是不够的。一定要让人心有所归属才行，归属就是：认识生命的本根，持定存在的本原。使自我越来越少，使欲望越来越淡。拒绝人间的学问，保持无忧无虑的心。

推荐导读：无知自然无畏，越是懂得的道理多，越会因为明白自己的无知而恐惧。人对于认识世界的进程，总是这样在矛盾中上升。学问有时确实是烦恼的源头，但也未尝不是快乐的源泉呢。欲望是人的本能，包括对物质的占有、对知识的探求，与其泯除人的欲望，不如顺应和引导，譬如大禹治水，就是这样的道理，更何况，人类这个物种，在地球上生存，总是要进步的，而且这种群体性的进步，是不可阻挡的，人类绝不会选择在低速寡欲的模式中放弃进步。

第二十二章

曲则全，枉则直，洼则盈，敝则新，少则多，多则惑。是以圣人抱一为天下式。不自见，故明；不自是，故彰；不自伐，故有功；不自矜，故长。夫唯不争，故天下莫能与之争。古之所谓"曲则全"者，岂虚言哉！诚全而归之。

译文：受屈辱的，可得成全；受冤枉的，可得伸直；低洼的得充满，将残的得新生，缺乏的便获得，富有的便迷惑。所以，圣人与道合一，做天下人认识上天的器具。不自以为能看见，所以看得分明。不自以为是，所以是非昭彰。不求自己的荣耀，所以大功告成。不自以为大，所以为天下王。正因为不争不竞，天下没有能与之争竞的。古人说"受屈辱必得成全"的话，岂是虚构的吗？确实能使人得到保全，回归大道的根本。

推荐导读：凡是读书人，一辈子都应该追问自己"我是谁"这个问题，并且在不同的人生阶段，我们能得到不一样的答案。也许我们会甘心做一辈子凡夫俗子，把"平凡"当作自己的座右铭，也许我们会希望这辈子能成就一番事业，功成名就，或者在生命的某一天，你开始发现，自己的存在与社会的发展、他人的存在是应该有些关系的，于是你开始打开自己的边界，不再纠结于个人的得失，不再执着于自己所认定的对错，你把自己当成一座桥梁，当成一架梯子，在成就别人的同时，不断地让自己上升，达到人生更高的境界。这种不纠结、不执着，是智慧通达者特有的大气。

第二十四章

企者不立，跨者不行，自见者不明，自是者不彰，自伐者无功，自矜者
不长。其在道也，曰：馀食赘形。物或恶之，故有道者不处。

译文：踮起脚尖希望站得高，结果反而站立不住，迈开大步希望走得快，结果反而快不了。刻意自我表现的，不是明智之举；处处自以为是的，反而不能显露自己；自我夸耀的徒劳无功，自高自大的不能为首（出人头地）。从道的眼光来看，这些东西像多余的饭，累赘的事，只会让人厌恶。有道的人不会这样。

推荐导读：踮起脚尖想要站得高，结果却站不稳，因为没有脚踏实地，所以会失去重心；迈开大步想走得快，结果却欲速不达，因为打乱了节奏，违背了规律；自我夸耀、自以为是从心理学上来说可以归入个人荣誉感的需要，但如果赤裸裸地表现出来，这行为却令人嫌恶；如果还要得意洋洋、沾沾自喜，那就太缺乏自我认知与自我控制的能力了。因此，我们想要什么，是未必就能得到的，并且就连这欲望本身存在的合理性，也应该做一些必要的斟酌。顺应规律，从容不迫，反而是得到更高人生效率的大道。

第二十七章

善行无辙迹，善言无瑕谪，善数不用筹策，善闭无关楗而不可开，善结

无绳约而不可解。是以圣人常善救人，故无弃人；常善救物，故无弃物。是谓袭明。故善人者，不善人之师；不善人者，善人之资。不贵其师，不爱其资，虽智大迷，是谓要妙。

译文：善于行走的不留踪迹，善于言辞的没有瑕疵，善于计算的不用器具。善于关门的不用门插，却无人能开；善于捆绑的不用绳索，却无人能解。圣人就是这样一直善于拯救世人，无人被弃之不顾；一直善于挽救万物，无物被弃之不顾。这就叫承袭、传递光明。所以说，善人是不善之人的老师，不善之人亦是善人的资财。如果不敬重老师，或者不爱惜其资财，那么，再有智慧也是大大地迷失了。这是一个至关重要的奥妙啊！

推荐导读：总体来说，这一章，是要告诫我们能够区分"善"与"不善"，在比较中懂得"善"的重要性。这个"善"，不是善良，而是善于，是一个人能力和境界的水平。世人要懂得"善"的可贵，从而倍加珍惜。因为这些"善"的人，不仅是对人类知识的继承和传播的人，更是人类文明向前发展不可或缺的个体。放在今天，中国人应该格外珍惜那些使我们的民族能够安全、自信地屹立于世界民族之林的人们，他们是各个领域的精英。无论是耄耋老人，还是中年精英，抑或青年才俊，都应该得到从国家到普通老百姓的珍惜和爱护，只有呵护好这些"善"的人，中国梦才能成为现实。

第二十九章

将欲取天下而为之，吾见其不得已。天下神器，不可为也，不可执也。为者败之，执者失之。是以圣人无为，故无败；无执，故无失。夫物或行或随，或嘘或吹，或强或羸，或载或隳。是以圣人去甚，去奢，去泰。

译文：想用人为的努力去赢得天下，我看达不到目的。天下是神的器具，不是人为努力就能得著的。人为努力的，必然失败；人为持守的，必然丧失。世间是这样：有占先前行的，就有尾追不舍的；有哈暖气的，就有吹冷风的；有促其强盛的，就有令其衰弱的；有承载的，就有颠覆的。所以圣人摒弃一切强求的、奢侈的和骄恣的东西。

推荐导读：看到天地的宏伟，探寻天地的规律，这是道家和儒家都在做的事情。在这个基础上，道家得出了清静无为的人生信条，儒家却希望通过自己的努力去争取，去改变些什么。清静无为，可以使自己的人生轻松惬意，当然有时也会成为偷懒的理由；而努力争取，知其不可为而为之，则更应是国家、民族赖以生存和发展的基础。孔子周游列国游说君王，施政主张没有得到尊重他的国君们的接受，但不等于他这样做就错了。在新中国，新时代的今天，勇作为、能作为是时代的需要，顺其自然则是落后于时代的思想，老子思想的局限性，可见一斑。

第三十一章

兵者不祥之器，非君子之器。不得已而用之，恬淡为上，胜而不美。而美之者，是乐杀人。夫乐杀人者，则不可得志于天下矣。夫兵者，不祥之器，物或恶之，故有道者不处。君子居则贵左，用兵则贵右。吉事尚左，凶事尚右。偏将军居左，上将军居右，言以丧礼处之。杀人之众，以悲哀泣之，战胜以丧礼处之。

译文：兵是不吉利的东西，不是君子所使用的。万不得已而用之，也是以恬淡之心，适可而止，打胜了也不当成美事。以打胜仗为美事，就是以杀人为乐。以杀人为乐的人，是绝不可能得志于天下的。所谓兵，是不吉利的东西，万物都厌恶，得道的人不用它。君子平时以左方为贵，战时以右方为贵，因为左方表示吉祥，右方代表凶丧。偏将军在左边，上将军在右边，就是以凶丧来看待战事。杀人多了，就挥泪哀悼；打了胜仗，也像办丧事一样。

推荐导读：战争是人类社会发展的产物，是部落、城邦、民族、国家之间利益不可调和之时以武力解决的形式，是人类对待自己（族类）的极端行为。或者我们可以这样认为，战争是人类的苦难，甚至也许是"造物主"在人类基因里种下的难以治愈的顽疾。理论上说，人类社会是朝着越来越文明的方向发展的，自古以来，老百姓对于战争都是深恶痛绝的，而老子在那个时候就旗帜鲜明地提出反战的观点并进行分析，实属难能。国虽大，好战必亡，天下虽安，忘战必危。当今世界，国家之间除了努力协调，共谋发展之外，还要用准备战争的方式来避免战争，这是在文明程度依旧比较低的人类社会不得已的选择，只有升维，才能避免。

第三十一章

知人者智，自知者明。胜人者有力，自胜者强。知足者富。强行者有志。不失其所者久。死而不亡者寿。

译文：能识透别人，算有智慧；能识透自己，才算明达。能战胜别人，算有力量；能战胜自己，才是真强。知足的人富有。攻克己身、顺道而行的人有志气。持守本相、不失不离的人可以长久。肉身虽死、生命活着的人才叫长生。

推荐导读：有道是，人贵有自知之明，能看懂别人当然算是本事，但以清醒的头脑去认识自己，却往往是大多数人的行为盲区。其实，两者相较，自知的意义也许要大于知人，因为就算知人，你也难以去改变他，而一旦自知，改变自我，提升自我就成为可能——你永远改变不了世界，能改变的只有你自己。在漫漫人生之旅中，去做成一件事情，成就一番事业只能算是阶段性追求，而提升个人修为，达到顺天应地，精神永寿才是终极追求。

第三十七章

道常无为而无不为。侯王若能守之，万物将自化。化而欲作，吾将镇之以无名之朴。镇之以无名之朴，夫将不欲。不欲以静，天下将自正。

译文：道，通常看起来无所作为的样子，实际上没有一件事物不是它成就的。王侯若能持守它，就一任万物自己变化。变化中有私欲发作，我便用那无以名状的本原来镇住。在这个无以名状的本原里，欲望将断绝。欲望断绝，人心平静了，天下自然便安稳了。

推荐导读：清心寡欲，不汲汲而求，不刻意为之，始终是道家所秉持的处世态度，但一个人如果已经能克制自己的欲望，那他必然已经达到了一个不太低的人生境界了。对于这样层次的智慧通明的人，要顺应，要有为，无不是信手拈来水到渠成的事，但对于芸芸众生而言，这种境界也许是穷一生之光阴，连想都未曾想过的事情，更不要说达到了。老子的境界不可谓不高妙，但玄妙的另一个名字，也许便是虚幻，至于天下能否"自正"，无为究竟能不能无不为，唯有以实证待之。

第三十八章

上德不德，是以有德；下德不失德，是以无德。上德无为而无以为，下德无为而有以为；上仁为之而无以为，上义为之而有以为。上礼为之而莫之应，则攘臂而扔之。故失道而后德，失德而后仁，失仁而后义，失义而后礼。夫礼者，忠信之薄，而乱之首。前识者，道之华，而愚之始。是以大丈夫处其厚，不居其薄；处其实，不居其华。故去彼取此。

译文：道德高尚的人，不必以道德诫命来自律，因为他内心自有道德。道德低下的人，需要恪守道德诫命，因为他内心没有道德。道德高尚的人是无为的，其道德不是刻意为了实现什么。道德低下的人是在追求道德，其道德是为了达到某种目的。有大仁爱的人，是在追求仁爱，却不是刻意实现某种目的。有大正义的人，是在追求正义，而且其正义是为了实现某种目的。有大礼法的人，是在追求礼法，却没有人响应，就抡起胳膊去强迫人了。所以，丧失了大道，这才强调道德；丧失了道德，这才强调仁爱；丧失了仁爱，这才强调正义；丧失了正义，这才强调礼法。所谓礼法，不过表明了忠信的浅薄缺乏，其实是祸乱的端倪了。所谓人的先见之明，不过采摘了大道的一点虚华，是愚昧的开始。所以，大丈夫立身于丰满的大道中，而不站在浅薄的礼法上；立身于大道的朴实中，而不站在智慧的虚华上。据此而取舍。

推荐导读：不必用道德诫命来约束的道德高尚的人是什么样的呢？这说起来是比较玄虚的，这世界上究竟有没有呢？或者说我们是否会相信他们是真的存在呢？这么高尚的道德又是如何形成的呢？2016年1月，曾有一则"老父挂号见医生儿子，只为让其歇会"的新闻刷爆朋友圈，这则新闻被编成作文素材。很多人难以理解这位医生爱岗敬业回家少，更难理解老父亲对儿子的理解和支持。其实这样的事情是真实存在的，之所以有人不能理解，是因为这个人所达到的道德境界还不够高。在人的一生中，为自己而活是一种本能，为别人则进入了道德境界，从为自己的亲人、朋友到为与自己关系较为疏远的人，甚至是不相干的人，是道德逐层提高的表现。当人变得不自私，能付出，那他一定是拥有了理想和信念，这个时候，他对于蝇营狗苟斤斤计较的生活是不屑的。但作为普通人，不仅需要用道德来约束，甚至需要用法律来约束，毕竟，道德是一种软约束，对于不愿意讲道德的人，它往往是没用的。

第四十一章

上士闻道，勤而行之。中士闻道，若存若亡。下士闻道，大笑之。不笑不足以为道。故建言有之：明道若昧，进道若退，夷道若类，上德若谷，大白若辱，广德若不足，建德若偷，质真若渝，大方无隅，大器晚成，大音希声，大象无形。道隐无名。夫唯道，善贷且成。

译文：优秀的人听了道之后，勤勉地遵行。一般的人听了道之后，仍是似懂非懂、若有若无的样子。俗陋的人听了道之后，大声嘲笑。若不被这种人嘲笑，那还叫真道吗？所以《建言书》上说：道是光明的，世人却以为暗昧。在道里长进，却似乎是颓废。在道里有平安，看起来却像是艰难。至高的道德却好像幽谷低下，极大的荣耀却好像受了侮辱，宽广之德却被视若不足，刚健之德视若苟且，实在的真理视若虚无，至大的空间没有角落，伟大的器皿成形在后，声音太大时，人在其中就听不到什么；形象太大时，人在其中就看不到什么。道是隐秘的。然而只有道，善施与、又能成全。

推荐导读：对于这段文字，而大多数人比较熟悉的可能是成语大器晚成，知道大音希声、大象无形的就会少一些了，然而阅读原文你会发现，短短的一百多字，包含着多么巨大的信息量。首先是不同境界的人对于"道"的态度。优秀的人因为懂得而敬畏，于是自觉地身体力行，这些优秀的人对"道"的秉持与坚守，是维系着社会的航船奋力向前而不倾覆的重要基础；普通人限于认知水平，对于"道"的感知是模糊的，"道"对于他的影响，也是时断时续时有时无的；俗陋之人用嘲笑的态度对待"道"，实质上不是因为"道"出现了问题而可笑，而是因为人的无知而发出嘲笑。这是多么振聋发聩的论述！其次，在世俗社会中，"道"因为其宏大开阔，并不是谁都能懂的，世人从实用的标准出发，往往容易得出一些短视的甚至是错误的看法。"道"是玄妙的，它能保持着这个世界的平衡与和谐。

第四十四章

名与身孰亲？身与货孰多？得与亡孰病？甚爱必大费，多藏必厚亡。故知足不辱，知止不殆，可以长久。

译文：名声与生命，哪一样与你更密切呢？生命与财富，哪一样对你更重要呢？得著世界与丧失生命，哪一样是病态呢？贪得无厌的人必有大损害，囤积财富的人必有大失丧。所以，知道满足，便不受困辱；知道停止，才能免除危险，可以得享长久的生命。

推荐导读：这是一个本与末的问题，而且是一个常识性的问题：健康的生命是1，其他的一切成就都是1之后的0，1不存在了，所有的0也就没有意义了，但人一旦入世为世用，名声、利益、功劳就会成为汲汲而求的人生目标，多多益善，永不满足。这些追求，仿佛也会推动物质社会向前发展，但如果忘记了初心，那就是奔车朽索，危哉怠哉！现代的网红，为了出名，其言行几无底线；落马的贪官，何曾想过那些用不完的财富，对他来说不仅是累赘，而且是祸害！知足、知止是人生的智慧，唯有知足、知止之人，方能保持神智的清醒，唯有知足、知止之状态，方能理想坚定，目标高远，实现人生价值！

第四十九章

圣人无常心，以百姓心为心。善者，吾善之；不善者，吾亦善之，德善。信者，吾信之；不信者，吾亦信之，德信。圣人在天下，歙歙焉，为天下浑其心，百姓皆注其耳目，圣人皆孩之。

译文：圣人没有一己之心，而是一心为了百姓的心。良善的人，以良善待他；不良善的人，也以良善待他，从而结出良善的果子。信实的人，以信实待他；不信实的人，也以信实待他，从而结出信实的果子。圣人在天下，以其气息使人心浑然淳朴。百姓们全神贯注，凝视凝听，圣人则把他们当婴孩看待。

推荐导读：《论语·宪问》："或曰：'以德报怨，何如？'子曰：'何以报德？以直报怨，以德报德。'"本章中的"不善"，略相当于《论语·宪问》中的"怨"，而老子与孔子对待它的态度却是有所不同的，老子的意思是，你是我的孩子，不管你好不好，我都对你好，然后这个世界就会更美好；孔子的意思是"用公正无私的行为来回报"，这看起来就没有那么柔情满怀了。那么我们是否会因此而心生惶惑，难以判别其孰是孰非呢？其实，这正是先秦诸子的可贵之处。孔子曾向老子学习，但君子和而不同；墨子出于儒家，但批评儒道毫不留情……百花齐放，百家争鸣，不同的思想，为我们提供了思考的更多可能。

第五十章

出生入死。生之徒，十有三；死之徒，十有三；人之生，动之于死地，亦十有三。夫何故？以其生之厚。盖闻善摄生者，路行不遇兕虎，入军不被甲兵；兕无所投其角，虎无所用其爪，兵无所容其刃。夫何故？以其无死地。

人始出于世而生，最终入于地而死。属于长寿的人有十分之三；属于短命而亡的人有十分之三；人本来可以活得长久些，却自己走向死亡之路，也占十分之三。为什么会这样呢？因为奉养太过度了。据说，善于养护自己生命的人，在陆地上行走，不会遇到凶恶的犀牛和猛虎，在战争中也受不到武器的伤害。犀牛于其身无处投角，老虎对其身无处伸爪，武器对其身无处刺击锋刃。为什么会这样呢？因为他没有进入死亡的领域。为什么会这样？因为他已脱离了死亡的境地啊！

推荐导读：史铁生说："死是一件不必急于求成的事。"那是在历经命运波折之后达到的对生死的豁达认知。明知必死，安然于生，而在有生之涯，踏踏实实做好每一件事，过好每一天，生命于是充满阳光。文天祥成为元人的阶下囚，所处之地污秽阴暗，对其他人而言，已是生不如死，而他因为胸中自有一腔正气，生命于是无比坚强。世界上有很多追求养生的人，讲究饮食、讲究进补，却不懂得"善摄生"的真正道理，与天地相合，无欲无忧，才是正道。

第五十三章

使我介然有知，行于大道，唯施是畏。大道甚夷，而人好径。朝甚除，田甚芜，仓甚虚；服文采，带利剑，厌饮食，财货有馀，是为盗夸。非道也哉！

译文：这使我对大道确信不疑，行于其中，唯恐偏失。大道非常平安，世人却偏行险路。朝廷已很污秽，田园已很荒芜，粮仓已很空虚，却穿着华美的服饰，佩戴锋利的刀剑，吃腻佳肴美味，囤积金银财宝，这不就是强盗头子吗？这个背离大道的世代啊！

推荐导读：在不同的时代，所谓"大道"，内涵都会有所不同，通常我们会认为，道家的大道是便是无为，但本段文字中，让老子"行于其中，唯恐偏失"的，恐怕应该是正道直行了，甚至和《孟子·养生主》中的一些观点在很大程度上吻合，如"数罟不入洿池，斧斤以时入山林"等，又隐约有墨家"节用"的思想的影子，可见诸子百家对人的修养的要求还是比较一致的。而在今天，我们不妨把"大道"理解为共产党员的初心，就是"为中国人民谋幸福，为中华民族谋复兴"。八千九百万党员牢记初心，一心一意为人民、为民族工作，把国家和民族的利益看重，把个人利益看轻，何愁国不强，民族不复兴？

第六十章

治大国，若烹小鲜。以道莅天下，其鬼不神；非其鬼不神，其神不伤人；非其神不伤人，圣人亦不伤人。夫两不相伤，故德交归焉。

译文：治理大国，却像烹煎小鱼一样，不能经常去扰动它。用无为的大道来作为治国的方法。根据大道来管理天下大事，鬼神也安于其所在，而不出来扰乱人世。其实不是鬼神不出来扰乱，而是即使出来也不伤人。不是鬼神出来之后不伤人，而是圣人在治理天下的时候也从不伤害人。神鬼和圣人都不相互伤害，所以，道德也就在圣人这里得到了结合与归宿。

推荐导读：这是《道德经》里最有道理的话之一，用煎小鱼这样的生活小事阐释治理天下的宏大道理，形象生动，深入浅出。老子的意思是要遵循事物本身的规律，做事情要有耐心，而这恰是击中了世人行事的弊病。急于求成、迫不及待，在烹制小鱼这件事情上，自然只能得到一锅碎鱼肉，而表现在国家治理上，是因为乱作为、瞎折腾会导致民不聊生。作为当代中国，努力作为、发愤图强是必须的，但管理者面对社会事务，第一须有良知，扰民之事不可为，第二是要学习，掌握事物的内在规律，勤作为，善作为。惟其如此，国之发展，民族复兴，方有可待之日。管理是一门艺术，画地为牢、闭门造车、拍脑袋做方案是万万不可的。

第六十三章

　　为无为，事无事，味无味。大小多少，抱怨以德。图难于其易，为大于其细。天下难事，必作于易，天下大事，必作于细。是以圣人终不为大，故能成其大。夫轻诺必寡信，多易必多难。是以圣人犹难之，故终无难矣。

译文：清静无为当成作为，以平安无事作为事情，用恬淡无为当作味道。以小为大，以少为多，以德报怨。在容易之时谋求难事，在细微之处成就大事。天下的难事，必从容易时做起；天下的大事，必从细微处着手。所以，圣人自始至终不自以为大，而能成就其伟大的事业。轻易的许诺，必不大可信；看起来容易的，到头来必难。所以，圣人犹有艰难之心，但终无难成之事。

推荐导读：王国维先生在《人间词话》中说，读书治学有三重境：昨夜西风凋碧树。独上高楼，望尽天涯路，为第一境；衣带渐宽终不悔，为伊消得人憔悴，为第二境；众里寻他千百度，蓦然回首，那人却在，灯火阑珊处，为第三境。人的一生，从无所作为到振作有为，再到清静无为，也可以算作人生三重境界的攀升，从无所作为到振作有为，是一个人心智与勇气从蒙昧到觉醒可贵进步。必须肯定的是，国家和社会的发展是少不了勇于作为勇于担当的社会成员的，而当人历尽沧桑之后，进取之心并未失去，刻意而为的棱角却不再有，行到水穷处，坐看云起时，顺势而为而事事顺遂。"天下难事，必作于易，天下大事，必作于细""夫轻诺必寡信，多易必多难"也是青少年在成长历程中不可多得的精辟的座右铭。

第六十六章

江海之所以能为百谷王者，以其善下之，故能为百谷王。是以圣人欲上民，必以言下之；欲先民，必以身后之。是以圣人处上而民不重，处前而民不害。是以天下乐推而不厌。以其不争，故天下莫能与之争。

译文：大江大海能汇聚容纳百川流水，是因为它所处低下，便为百川之王。若有人想在万民之上，先得自谦为下；要为万民之先，先得自卑为后。圣人正是这样，他在上，人民没有重担；他在前，人民不会受害。所以普天下都热心拥戴而不厌倦。他不争不竞，谦卑虚己，所以天下没有人能和他相争。

推荐导读：生存是人的基本需要，逐利是人为支持生存的与生俱来的本能，能否超越这种本能，理性地支配自己的行为，是一个人是否已经拥有智慧的标志。不争，能使人获得从容，谦逊，能使人智慧清明，不被外物役使，不被名利裹挟。以其不争，故天下莫能与之争。这不是心灵鸡汤，是达到人生更高境界的通道。

第六十八章

善为士者，不武；善战者，不怒；善胜敌者，不与；善用人者，为之下。是谓不争之德，是谓用人之力，是谓配天古之极。

译文：真正的勇士不会杀气腾腾，善于打仗的人不用气势汹汹，神机妙算者不必与敌交锋，善于用人者甘居于人之下。这就叫不争不竞之美德，这就是得人用人之能力，这就算相配相合于天道。上古之时便如此啊！

推荐导读：现代武侠小说中，凡是以起起武夫形象出场的，必然不是高手，因为凡是外露的，必是修为尚欠。《孙子兵法》中说，不战而屈人之兵，善之善者也，是因为懂得上兵伐谋。东汉人冯异谦退尚静，被人称为"大树将军"，归之者仿如百川至海，这是有了水一样的德行。现在有人把鼓励白热化竞争的班级称之为"上善"，是一个天大的笑话，所以懂得天道，遵循规律的人，才是人生最大的赢家。

第七十一章

知不知，尚矣；不知知，病也。圣人不病，以其病病。夫唯病病，是以不病。

译文：知道自己无知，最好。无知却自以为知道，有病。只有把病当成病来看，才会不病。圣人不病，就是因为他知道这是病，所以不病。

推荐导读：希望有更多看到这一章的人会有芒刺在背的感觉，从而心虚心惊，从此洗心革面，改弦易辙。人都有获得别人尊重的需要，这种尊重，有的人是因为实力超群而获得，有的人却因为隐藏短板而获得。前者获得尊重自然是实至名归、理所当然，后者心中却不免虚弱，毕竟自己有几斤几两，自己心里还是清楚的。要想获得真正的进步，成为真正强大的个体，讳疾忌医的毛病是一定要抛弃的。知不足，而后能进。

第七十四章

民不畏死，奈何以死惧之？若使民常畏死，而为奇者，吾得执而杀之，孰敢？常有司杀者杀。夫代司杀者杀，是谓代大匠斲，夫代大匠斲者，希有不伤其手矣。

译文：人民若不怕死，以死来恫吓他们又有什么用呢？如果先使人民惧怕死亡，有为非作歹的人再处死，这样谁还敢为非作歹呢？冥冥永恒中，已有一位主宰生杀予夺的。企图取而代之去主宰生杀予夺的人，就好像外行人代替木匠砍削木头。代替木匠砍削木头的人，少有不伤着自己手的。

推荐导读：一个生命不应该成为另一个生命的主宰，以威胁另一个生命的手段来使他顺从是卑鄙的。上天赋予每一个生命以生存的权力，任何人都没有权利去剥夺这一权利，作为管理者，更要尊重这一权利。自古以来，鱼肉百姓、草菅人命的统治者比比皆是，有些直接导致了自己政权的灭亡，有的为政权的覆亡埋下了祸根。《荀子·哀公》曰："君者，舟也；庶人者，水也。水则载舟，水则覆舟，君以此思危，则危将焉而不至矣？"魏征在《贞观政要·论政体》中对唐太宗说："臣又闻古语云：'君，舟也；人，水也。水能载舟，亦能覆舟。'陛下以为可畏，诚如圣旨。"可见有智慧的君臣，是能够懂得君民之间的关系的，如果不懂得，那他一定是缺少智慧，或者智慧被利益所蒙蔽了，灾祸也就不远了。

第七十六章

人之生也柔弱，其死也坚强。草木之生也柔脆，其死也枯槁。故坚强者死之徒，柔弱者生之徒。是以兵强则灭，木强则折。强大处下，柔弱处上。

译文：人活着的时候，身体是柔弱的，一死就僵硬了。草木活着的时候，枝叶是柔脆的，一死就枯槁了。所以坚强的，属于死亡；柔弱的，属于生命。草木之生也柔脆，其死也枯槁。军队一强大就要被消灭了，树木一强盛就要被砍伐了。强大的处于下势，柔弱的处于上势。

推荐导读：要强，有时是我们对一个人的夸赞之词，表示对他的上进之心给予肯定，这当然是无可厚非的，然而，过于刚强则会走向事物的对立面，刚极易折，太强势或太执着都会对生命产生负面影响。老子从生命形态中发现的，其实是一个常识，而很多人犯的错误，就是无视常识。学会柔弱，适当示弱，未必是强者的选择，但一定是智者的选择。

第七十八章

天下莫柔弱于水，而攻坚强者莫之能胜，以其无以易之。弱之胜强，柔之胜刚，天下莫不知，莫能行。是以圣人云："受国之垢，是谓社稷主；受国不祥，是为天下王。"正言若反。

译文：天下万物中，没有什么比水更柔弱了。然而对付坚强的东西，没有什么能胜过水了。这是因为水柔弱得没有什么能改变它。这个柔弱胜刚强的道理，天下的人没有不知道的，却没有能实行的。所以圣人说：那为国受辱的，就是社稷之主；那为国受难的，就是天下之王。这些正面肯定的话，听起来好像反话一样，不容易理解。

推荐导读：通过《道德经》的学习，除了明白水以至柔，能克志刚的道理，除了学会让生命形态变得柔和，还应该知道，承受与承担，是上天对出类拔萃之人赋予的责任，"受国之垢，是谓社稷主；受国不祥，是为天下王。""天将降大任于是人也，必先苦其心志，劳其筋骨，行拂乱其所为，所以动心忍性，曾益其所不能。"吃得苦中苦方为人上人，欲戴王冠，必承其重。成语"芸芸众生"带有弱贬义，但是很准确，众生是社会发展的追随者，圣贤的引领之责是不容推卸的。现代人说能力大，责任就大也是这个道理。

第八十章

小国寡民。使有什伯之器而不用，使民重死而不远徙。虽有舟舆，无所乘之，虽有甲兵，无所陈之。使民复结绳而用之。甘其食，美其服，安其居，乐其俗。邻国相望，鸡犬之声相闻，民至老死，不相往来。

译文：国家小，人口少。即使有十倍百倍于人力的器具也不使用。人们畏惧死亡而不远行迁徙。虽有车船，却没有地方使用；虽有军队，也没有地方部署。让人们再用结绳记事的办法，以其饮食为甘甜，以其服饰为美好，以其居处为安逸，以其习俗为快乐。邻国的人们相互可以看见，鸡鸣狗叫声相互可以听到，但人民直到老死也不相互往来。

推荐导读：在老子看来，清心寡欲不仅是个人的事儿，也是统治者要有的精神追求，小国寡民就是集中的体现，其本质是欲望的降低。以这样的态度来治国，人与人、国与国之间的矛盾似乎是可以减少很多的，但事实上，这实现起来却很困难。因为无论个人还是国家，都有利益诉求，而且随着社会的发展，这种需求是会提升的。习近平总书记说"让人民更幸福"也是要满足人民的生活需要，是社会发展不可阻挡的洪流。当今世界，国与国之间的争端频发，弱国无外交是残酷的现实，小国寡民、无为而治的方略是无法使中华民族在世界民族之林中屹立不倒的。《三体》中对于地球人类命运的设计，其中一种方式是降速，使整个星球的速度慢下来，人类回到原始的生活状态中，让任何信息都传不到其他文明以保安全，这条生存之路很是悲怆。

第八十一章

> 信言不美，美言不信。善者不辩，辩者不善。知者不博，博者不知。圣
> 人不积，既以为人己愈有，既以与人己愈多。天之道，利而不害；圣人之道，
> 为而不争。

译文：可信的不华美，华美的不可信。良善的不巧辩，巧辩的不良善。真懂的不广博，广博的不真懂。圣人不为自己积攒什么，既然一切都是为了世人，自己就愈发拥有了；既然一切都已给了世人，自己就愈发丰富了。上天的道，有利于天下，而不加害于天下。圣人的道，是为了世人，而不与世人相争。

推荐导读：这是《道德经》的完结之章，朴素的辩证主义思想在此尽放光芒。前面三句话已然让人惊叹，后面两句的厚重更让人不能不掩卷沉思。"予"与"取"，"舍"与"得"，不仅是个人修养的追求，更是理想信念的坚守，懂得了这一层，才能从"职业"走进"事业"，才能从口腹之欲走进精神追求，才能成为一个纯粹的人、大写的人。

高中文言文拓展材料选编

陈　骏

导言： 所谓"书读百遍，其义自见"，"熟读唐诗三百首，不会作诗也会吟"，当今高中生对于文言文的学习是十分畏惧的，在高考中丢分严重也是常态，而且很难摆脱丢分—感慨—继续丢分—继续感慨的恶性循环。究其原因，不外有二：一是张嘴朗读的机会太少，学生无法形成应有的文言文语感。和尚念经那种读不是真正意义上的朗读。二是阅读的篇目太少，据统计，高中语文教材（粤教版）共选入了从西周到民国的诗文 128 篇（首），其中诗歌 58 首（重复 4 首），散文 70 篇（重复 3 篇），实际选文为诗歌 54 首，散文 67 篇，共计 121 篇（首）。而文言文篇目不到 70 篇，这个数量，实在是少得可怜。基于此，我工作室在高二年级尝试以《古文观止》为选文基础，挑选了 32 段古文。选文主题积极，有利于树立学生正确人生观；难度适中，学生结合注释、译文能够读懂；篇幅适中，每篇控制在 450 字以内，学生在 10 分钟左右就可以完成阅读。利用早读时间安排学生进行阅读，上、下学期各 16 段，有效地补充了学生的文言文阅读量。

一、《左传》选文

（一）臧僖伯谏观鱼

　　春[①]，公将如棠观鱼者。臧僖伯谏曰："凡物不足以讲大事，其材不足以备器用，则君不举焉。君将纳民于轨物者也。故讲事以度轨量，谓之'轨'；取材以章物采，谓之'物'。不轨不物，谓之乱政。乱政亟行，所以败也。故春蒐[②]、夏苗、秋狝[③]、冬狩，皆于农隙以讲事也。三年而治兵，入而振旅，归而饮至，以数军实。昭文章，明贵贱，辨等列，顺少长，习威仪也。鸟兽之肉不登于俎，皮革齿牙、骨角毛羽不登于器，则君不射，古之制也。若夫山林川泽之实，器用之资，皂隶之事，官司之守，非君所及也。"

公曰："吾将略地焉。"遂往，陈鱼而观之。僖伯称疾不从。

译文：春天，鲁隐公准备到棠地观看渔民捕鱼。臧僖伯进谏说："一切事物不能用到讲习祭祀、军事等大事上，或者它的材料不能制作礼器和兵器，那么，国君就不要亲自去接触它。国君是把民众引向正轨和礼制的人。所以，讲习大事以法度为准则进行衡量，这叫作'轨'，选取材料制作器物以显示它的文彩，这叫作'物'。事情不合乎轨、物，叫作乱政。屡屡乱政，这就是所以败亡的原因了。所以，春、夏、秋、冬四季的狩猎活动，都是在农闲时节进行，并（借这个机会）讲习军事。每三年演练一次，回国都要对军队进行休整，并要到宗庙进行祭告，宴饮庆贺，清点军用器物和猎获物。（在进行这些活动的时候，）要（使车马、服饰、旌旗等）文采鲜艳，贵贱分明，等级井然，少长有序。这都是讲习大事的威仪啊！鸟兽的肉不能拿来放到祭祀用的器具里，皮革、牙齿、骨角和毛羽不能用来制作军事器物，这样的鸟兽，君主就不会去射它，这是自古以来的规矩啊！至于山林川泽的物产，一般器物的材料的事，这都是仆役们去忙活，有关官吏去管理的事，而不是君主所应涉足的事。"隐公说："我准备巡视边境。"于是就去了（棠地），让渔民把各种渔具都摆出来捕鱼，他在那里观赏。僖伯推说有病，没有随同前往。

注释：①春：指鲁隐公五年（公元前718）春季。公：指鲁隐公。公元前722年至公元前712年在位。

②春蒐（sōu）：指春天打猎。蒐，搜寻，谓搜寻不产卵、未怀孕的禽兽。

③秋狝（xiǎn）：指秋天打猎。狝，杀，谓顺秋天肃杀之气，进行捕猎活动。

（二）寺人披见文公

吕、郤畏逼，将焚公宫而弑晋侯。寺人披请见。公使让之，且辞焉，曰："蒲城之役，君命一宿，女即至。其后余从狄君以田渭滨，女为惠公来求杀余，命女三宿，女中宿至。虽有君命何其速也？夫袪犹在，女其行乎！"对曰："臣谓君之入也，其知之矣。若犹未也，又将及难。君命无二，古之制也。除君之恶，唯力是视。蒲人、狄人、余何有焉？即位，其无蒲、狄乎！齐桓公置射钩，而使管仲相。君若易之，何辱命焉？行者甚众，岂唯刑臣？"公见之，以难告。

晋侯潜会秦伯于王城。己丑晦，公宫火。瑕甥、郤芮不获公，乃如河上，秦伯诱而杀之。

译文：吕甥、郤芮害怕受到迫害，要焚烧晋文公的宫室而杀死晋文公。寺人披请求进见，晋文公令人训斥他，并且拒绝接见，说："蒲城的战役，君王命你过一个晚上赶到，你马上就来了。后来我逃到狄国同狄国国君到渭水边打猎，你为了惠公前来谋杀我，惠公命你过三个晚上后赶到，你过了第二个晚上就到了。虽然有君王的命令，怎么那样快呢？在蒲城被你斩断的那只袖口还在。你就走吧！"披回答说："小臣以为君王这次返国，大概已懂得了为君之道。如果还没有懂，恐怕您又要遇到灾难。对国君的命令没有二心，这是古代的制度。除掉国君所憎恶的人，就看自己有多大的力量，尽多大的力量。您当时是蒲人或狄人，对于我又有什么关系呢？现在您即位为君，难道就不会再发生在蒲、狄那样的事件吗？从前齐桓公抛弃射钩之仇，而让管仲辅佐自己，您如果改变桓公的做法，我自会走开，又何必辱蒙您下驱逐的命令？这样，要走的人就会很多了，岂止受过宫刑的小臣我一人？"于是晋文公接见了披，他把即将发生的叛乱报告了文公。

晋文公暗地里和秦穆公在秦国的王城会晤商量应付的办法。三月的最后一天，晋文公的宫室果然被烧。瑕甥、郤芮没有捉到晋文公，于是逃跑到黄河边上，秦穆公诱他们过河把他们杀了。

（三）介之推不言禄

晋侯赏从亡者，介之推不言禄，禄亦弗及。

推曰："献公之子九人，唯君在矣。惠、怀无亲，外内弃之。天未绝晋，必将有主。主晋祀者，非君而谁？天实置之，而二三子以为己力，不亦诬乎？窃人之财，犹谓之盗。况贪天之功以为己力乎？下义其罪，上赏其奸。上下相蒙，难与处矣。"

其母曰："盍亦求之？以死，谁怼？"

对曰："尤而效之，罪又甚焉！且出怨言，不食其食。"

其母曰："亦使知之，若何？"

对曰："言，身之文也。身将隐，焉用文之？是求显也。"

其母曰："能如是乎？与汝偕隐。"遂隐而死。

晋侯求之，不获，以绵上为之田，曰："以志吾过，且旌善人。"

译文：晋文公赏赐跟着他逃亡的人们，介之推不去要求禄赏，而（晋文公）赐禄赏时也没有考虑到他。

介之推说："献公的儿子有九个，现在唯独国君还在（人世）。惠公、怀公没有亲信，（国）内外都抛弃他们。天没有（打算）灭绝晋，（所以）必定会有君主。主持晋国祭祀的人，不是君王又是谁呢？上天实际已经安排好了的，而跟随文公逃亡的人却认为这是自己的贡献，（这）不是欺骗吗？偷窃别人的钱财，都说是盗窃。更何况贪图天大的功劳，将其作为自己的贡献呢？下面的臣子将罪恶当作正义，上面的国君对（这）奸诈的人给予赏赐。上下互相欺瞒，难以和他们相处啊。"

他的母亲说："你为什么不也去要求赏赐呢？这样（贫穷地）死去，（又能去）怨谁呢？"

回答说："（既然）斥责这种行为是罪过而又效仿它，罪更重啊！况且说出怨言，（以后）不应吃他的俸禄了。"

他的母亲说："也让国君知道这事，怎么样？"

回答说："言语，是身体的装饰。身体将要隐居了，还要装饰它吗？这样是乞求显贵啊。"

他的母亲说："（你）能够这样做吗？（那么我）和你一起隐居。"便（一直）隐居到死去。

晋文公没有找到他，便用绵上作为他的封地，说："用它来记下我的过失，并且表彰善良的人。"

（四）楚归晋知䓨^①

晋人归楚公子縠臣与连尹襄老之尸于楚，以求知䓨。于是荀首佐中军矣，故楚人许之。

王送知䓨，曰："子其怨我乎？"

对曰："二国治戎，臣不才，不胜其任，以为俘馘^②。执事不以衅鼓，使归即戮，君之惠也。臣实不才，又谁敢怨？"

王曰："然则德我乎？"

对曰："二国图其社稷，而求纾其民，各惩其忿，以相宥也，两释累囚，以成其好。二国有好，臣不与及，其谁敢德？"

王曰："子归何以报我？"

对曰："臣不任受怨，君亦不任受德。无怨无德，不知所报。"

王曰："虽然，必告不毂。"

对曰："以君之灵，累臣得归骨于晋，寡君之以为戮，死且不朽。若从君之惠而免之，以赐君之外臣首；首其请于寡君，而以戮于宗，亦死且不朽。若不获命，而使嗣宗职，次及于事，而帅偏师以修封疆，虽遇执事，其弗敢违。其竭力致死，无有二心，以尽臣礼。所以报也！"

王曰："晋未可与争。"重为之礼而归之。

译文：晋人把楚国公子穀臣和连尹襄老的尸体归还给楚国，以此要求交换知罃。当时荀首已经是中军副帅，所以楚人答应了。楚王送别知罃，说："你恐怕怨恨我吧！"知罃回答说："两国兴兵，下臣没有才能，不能胜任自己的任务，所以做了俘虏。君王的左右没有用我的血来祭鼓，而让我回国去接受诛戮，这是君王的恩惠啊。下臣实在没有才能，又敢怨恨谁？"楚王说："那么，感激我吗？"知罃回答说："两国为自己的国家打算，希望让百姓得到平安，各自克制自己的愤怒，来互相原谅，两边都释放被俘的囚犯，以结成友好。两国友好，下臣不曾与谋，又敢感激谁？"楚王说："你回去，用什么报答我？"知罃回答说："下臣无所怨恨，君王也不受恩德，没有怨恨，没有恩德，就不知道该报答什么。"楚王说："尽管这样，还是一定要把你的想法告诉我。"知罃回答说："托君王的福佑，被囚的下臣能够带着这把骨头回到晋国，我们国君如果加以诛戮，死而不朽。如果由于君王的恩惠而赦免下臣，把下臣赐给您的外臣荀首，荀首向寡君请求，而把下臣在自己宗庙中诛戮，也死而不朽。如果没有得到诛戮的命令，而让下臣继承宗族的世袭官职，按次序承担晋国的军事要职，率领偏师（自己军队的谦称）以治理边疆，即使碰到君王的文武官员，我也不会躲避，竭尽全力以至于死，没有别的念头，以尽到为臣的礼节。这就是用来报答君王的。"楚王说："晋国是不能和它争夺的。"于是就对他重加礼遇而放他回去。

注释：①知罃（zhì yīng）：亦称"荀罃""知武子"，晋国大夫，荀首之子。
②馘（guó）：割下敌方战死者的左耳（用来报功）。这里与"俘"连用，指俘虏。

（五）祁奚请免叔向

栾盈出奔楚。宣子杀羊舌虎，囚叔向。

人谓叔向曰："子离于罪，其为不知乎？"叔向曰："与其死亡若何？诗曰：'优哉游哉，聊以卒岁。'知也。"

乐王鲋见叔向，曰："吾为子请。"叔向弗应，出不拜。其人皆咎叔向。叔向曰："必祁大夫。"室老闻之曰："乐王鲋言于君无不行，求赦吾子，吾子不许；祁大夫所不能也，而曰必由之。何也？"叔向曰："乐王鲋从君者也，何能行？祁大夫外举不弃仇，内举不失亲，其独遗我乎？诗曰：'有觉德行，四国顺之。'夫子，觉者也。"

晋侯问叔向之罪于乐王鲋。对曰："不弃其亲，其有焉。"

于是祁奚老矣，闻之，乘驲①而见宣子，曰："《诗》曰：'惠我无疆，子孙保之。'《书》曰：'圣有谟②勋，明征定保。'夫谋而鲜过，惠训不倦者，叔向有焉，社稷之固也。犹将十世宥之，以劝能者。今壹不免其身，以弃社稷，不亦惑乎？鲧殛而禹兴，伊尹放大甲而相之，卒无怨色，管、蔡为戮，

周公右王。若之何其以虎也弃社稷？子为善，谁敢不勉，多杀何为？"宣子
说，与之乘，以言诸公而免之。不见叔向而归，叔向亦不告免焉而朝。

译文：栾盈逃奔楚国，范宣子杀了（他的同党）羊舌虎，软禁了（羊舌虎的哥
哥）叔向。有人对叔向说："你受这样的罪，未免不够明智吧？"叔向说："那些死了
的和逃跑的，又怎么样呢？《诗经》说：'难得清闲和逸脱啊，就这样了此一生吧！'
这才是明智。"

乐王鲋见到叔向说："我去为您求情。"叔向没有理会，乐王鲋离开时，不拜谢。
叔向手下的人都责备叔向，叔向说："只有祁大夫（才能救我）。"家臣首领听到这话
就说："乐王鲋在君主面前说的话，没有不被采纳的。请求赦免您，您不理会。（我认
为）祁大夫无法办到的事，您却说必须由他去办。为什么呢？"叔向说："乐王鲋是顺
从君主的人，怎么能行？祁大夫举荐外人不遗弃有仇的人，举荐宗族内的人不遗漏亲
人，他难道会遗漏我吗？《诗》说：'有正直的德行，天下人都会顺从。'祁大夫（正
是这样）正直的人啊！"

晋侯向乐王鲋问起叔向的罪责，乐王鲋说："不背弃他的亲人，他可能参加了策划
叛乱。"当时祁奚已经告老还乡了，听到这事（叔向被囚禁的事），赶紧坐上驿站的马
车来见范宣子。说："《诗》说：'给予我们的恩惠无边，子孙后代永远保存。'《尚书》
说：'圣贤有谋略和功勋，应当明证他的功劳和加以保护。'谋划而少有过失，给人许
多教益而不知疲倦，叔向就有这样的能力。（叔向是）国家的柱石，即使他十代的子孙
犯了罪也应该赦免，以此勉励那些有能力的人。如今因为他的弟弟（羊舌虎）犯罪一
事而使他不得免罪，从而丢弃国家栋梁，这不是糊涂吗？（从前）鲧被诛杀，（他的儿
子）禹被起用（被拥立为夏代第一个君主）；伊尹起初曾放逐太甲（后来）又辅佐太
甲为相，太甲始终没有怨恨伊尹的表示；管叔、蔡叔（因为造反）被杀，周公却辅佐
（他们的侄子）成王。您为什么因为羊舌虎的缘故抛弃国家的柱石呢？您与人为善，谁
还敢不竭力为国！多杀人又何必呢？"

范宣子听了很高兴，便同他一起坐车（去见晋平公），劝说其赦免了叔向。祁奚不
见叔向就回家。叔向也未向祁奚致谢，径直上朝。

注释：①驲（rì）：古代驿站的马车。
②谟（mó）：谋略。

（六）子产告范宣子轻币

范宣子为政，诸侯之币重，郑人病之。

二月，郑伯如晋。子产寓书于子西，以告宣子，曰："子为晋国，四邻诸

侯，不闻令德而闻重币。侨也惑之。侨闻君子长国家者，非无贿之患，而无令名之难，夫诸侯之贿，聚于公室，则诸侯贰；若吾子赖之，则晋国贰。诸侯贰则晋国坏，晋国贰则子之家坏。何没没也？将焉用贿？夫令名，德之舆也。德，国家之基也。有基无坏，无亦是务乎？有德则乐，乐则能久。诗云：‘乐只君子，邦家之基。’有令德也夫！‘上帝临女，无贰尔心。’有令名也夫！恕思以明德，则令名载而行之，是以远至迩安。毋宁使人谓子‘子实生我’，而谓‘子浚我以生’乎？象有齿以焚其身，贿也。”

宣子说，乃轻币。

译文：晋国范宣子执政，诸侯向晋国缴纳的贡品很重，郑国人深为这件事感到苦恼。

二月，郑简公到晋国去，子产托随行的子西带去一封信，将这事告诉范宣子，信上说：“您治理晋国，四邻诸侯不听说您的美德，却听说您收很重的贡品，侨对此感到困惑。侨听说君子掌管国家和大夫家室事务的，不是为没有财货担忧，而是为没有美名担忧。诸侯的财货聚集在晋国国君的宗室，诸侯就离心。如果您依赖这些财货，晋国人就会离心。诸侯离心，晋国就垮台；晋国人离心，您的家室就垮台，为什么那么糊涂呢？那时哪里还需要财货？说到美名，它是传播德行的车子；德行，是国家和家室的基础。有基础就不致垮台，您不也应当致力于这件事吗？有了德行就快乐，快乐就能长久。《诗经·小雅·南山有台》说：‘快乐的君子，国家的基石。’说的是有美德啊！《诗经·大雅·大明》说：‘天帝监视着你，不要使你的心背离。’说的是有美名啊！用宽恕的心来显示德行，美名就会载着德行走向四方，因此远方的人闻风而至，近处的人也安下心来。您是宁可让人说‘您的确养活了我们’，还是让人说‘您榨取了我们来养活自己’吗？象有牙齿而毁灭了它自身，就是由于它值钱的缘故。”

范宣子很高兴，于是减轻了诸侯的贡品。

（七）晏子不死君难

崔武子见棠姜而美之，遂取之。庄公通焉。崔子弑之。

晏子立于崔氏之门外。其人曰：“死乎？”曰：“独吾君也乎哉，吾死也？”曰：“行乎？”曰：“吾罪也乎哉，吾亡也？”曰：“归乎？”曰：“君死，安归？君民者，岂以陵民？社稷是主。臣君者，岂为其口实？社稷是养。故君为社稷死，则死之；为社稷亡，则亡之。若为己死，而为己亡，非其私昵，谁敢任之？且人有君而弑之，吾焉得死之？而焉得亡之？将庸何归？”门启而入，枕尸股而哭。兴，三踊而出。人谓崔子：“必杀之。”崔子曰：“民之望也，舍之，得民。"

译文：崔武子看见棠姜，觉得她很美，便娶了她。（齐国国君）庄公与她私通。崔武子杀了他。

晏子站在崔家的门外。

晏子的随从说："（你打算）死吗？"

晏子说："他只是我一人的君主吗，我干吗死啊？"

随从说："逃亡（离开齐国）吗？"

晏子说："我有什么罪吗，我为什么要逃亡？"

随从说："回家吗？"

晏子说："君主死了回哪呢？君主是民众的君主，难道是凌驾于民众之上的君主？君主的职责是主掌国家。君主的臣子，岂是为了俸禄？臣子的职责是保护国家。因此君主为国家社稷死就该随他死，为国家社稷逃亡就该随他逃亡。如果是为他自己死，为他自己逃亡，要不是他宠爱的人，谁去担这份责啊？况且人家受君主反而杀死了他，我怎么能为他去死，为他去逃亡呢？但是又能回到哪里去呢？

（崔大夫家的）门打开，（晏子）进入，（晏子）将庄公的尸体放在腿上哭，（哭完后）站起来，跳了三下后才离去。

有人对崔武子说："你一定要杀了他！"崔武子说："（他）是民众拥戴的人，放了他可得民心。"

（八）季札观周乐（一）

吴公子札来聘。请观于周乐。使工为之歌《周南》《召南》，曰："美哉！始基之矣，犹未也，然勤而不怨矣。"为之歌《邶》《鄘》《卫》，曰："美哉，渊乎！忧而不困者也。吾闻卫康叔、武公之德如是，是其《卫风》乎？"为之歌《王》曰："美哉！思而不惧，其周之东乎！"为之歌《郑》，曰："美哉！其细已甚，民弗堪也。是其先亡乎！"为之歌《齐》，曰："美哉，泱泱乎！大风也哉！表东海者，其大公乎？国未可量也。"为之歌《豳》，曰："美哉，荡乎！乐而不淫，其周公之东乎？"为之歌《秦》，曰："此之谓夏声。夫能夏则大，大之至也，其周之旧乎！"为之歌《魏》，曰："美哉，沨沨[①]乎！大而婉，险而易行，以德辅此，则明主也！"为之歌《唐》，曰："思深哉！其有陶唐氏之遗民乎？不然，何忧之远也？非令德之后，谁能若是？"为之歌《陈》，曰："国无主，其能久乎！"自《郐》[②]以下无讥焉。

译文：吴国公子季札前来鲁国访问，请求观赏周朝的音乐和舞蹈。鲁国人让乐工为他歌唱《周南》和《召南》。季礼说：“美好啊！教化开始奠基了，但还没有完成，然而百姓辛劳而不怨恨了。”乐工为他歌唱《邶风》《庸风》和《卫风》。季礼说：“美好啊，多深厚啊！虽然有忧思，却不至于困窘。我听说卫国的康叔、武公的德行就像这个样子，这大概是《卫风》吧！”乐工为他歌唱《王风》。季札说：“美好啊！有忧思却没有恐惧，这大概是周室东迁之后的乐歌吧！”乐工为他歌唱《郑风》。季札说：“美好啊！但它烦琐得太过分了，百姓忍受不了。这大概会最先亡国吧。”乐工为他歌唱《齐风》。季礼说：“美好啊，宏大而深远，这是大国的乐歌啊！可以成为东海诸国表率的，大概就是太公的国家吧？国运真是不可限量啊！”乐工为他歌唱《豳风》。季札说：“美好啊，博大坦荡！欢乐却不放纵，大概是周公东征时的乐歌吧！”乐工为他歌唱《秦风》。季礼说：“这乐歌就叫作正声。能作正声自然宏大，宏大到了极点，大概是周室故地的乐歌吧？”乐工为他歌唱《魏风》。季礼说：“美好啊，轻飘浮动！粗犷而又婉转，变化曲折却又易于流转，如果加上德行的辅助，就可以成为贤明的君主了。”乐工为他歌唱《唐风》。季礼说：“思虑深远啊！大概是帝尧的后代吧！如果不是这样，忧思为什么会这样深远呢？如果不是有美德者的后代，谁能像这样呢？”乐工为他歌唱《陈风》。季札说：“国家没有主人，难道能够长久吗？”再歌唱《郐风》以下的乐歌，季礼就不作评论了。

注释：①汎汎（fán）：形容乐声婉转悠扬。

②郐（kuài）：国名，其地在今河南郑州南，被郑国消灭。

（九）季札观周乐（二）

为之歌《小雅》，曰：“美哉！思而不贰，怨而不言，其周德之衰乎？犹有先王之遗民焉！”为之歌《大雅》，曰：“广哉！熙熙乎！曲而有直体，其文王之德乎？”

为之歌《颂》，曰：“至矣哉！直而不倨，曲而不屈；迩而不逼，远而不携；迁而不淫，复而不厌；哀而不愁，乐而不荒；用而不匮，广而不宣；施而不费，取而不贪；处而不底，行而不流。五声和，八风平；节有度，守有序。盛德之所同也！”

见舞《象箾》①《南籥》者②，曰：“美哉，犹有憾！”见舞《大武》者，曰：“美哉，周之盛也，其若此乎？”见舞《韶濩》③者，曰：“圣人之弘也，而犹有惭德，圣人之难也！”见舞《大夏》者，曰：“美哉！勤而不德。非禹，其谁能修之！”见舞《韶箾》者，曰：“德至矣哉！大矣，如天之无不帱④也，如地之无不载也！虽甚盛德，其蔑以加于此矣。观止矣！若有他乐，吾不敢请已。"

译文：乐工为季札歌唱《小雅》，季礼说："美好啊！有忧思而没有二心，有怨恨而不言说，这大概是周朝德政衰微时的乐歌吧？还是有先王的遗民在啊！"乐工为他歌唱《大雅》，季礼说："广阔啊！和美而融洽！"乐工为他歌唱《颂》，季礼说："好到极点了！正直而不傲慢，委婉而不卑下，哀伤而不忧愁，欢乐而不过度，利用而不匮乏，宽广而不张扬，施予而不耗损，收取而不贪求，安守而不停滞，流行而不泛滥。五声和谐，八风协调；节拍有法度，乐器先后有序。这都是拥有大德大行的人共有的品格啊！"

季札看见跳《象箾》和《南籥》两种乐舞后说："美好啊，但还有美中不足！"看到跳《大武》时说："美好啊，周朝兴盛的时候，大概就是这样子吧。"看到跳《韶濩》时说："圣人如此伟大，仍然有不足之处，做圣人实不容易啊！"看到跳《大夏》时说："美好啊！勤于民事而不自以为有功。除了夏禹外，谁还能作这样的乐舞呢！"看到跳《韶箾》时说："德行达到顶点了！伟大啊，就像上天无所不覆盖一样，像大地无所不容纳一样！虽然有超过大德大行的，恐怕也超不过这个了。观赏达到止境了！如果还有其他乐舞，我也不敢再请求观赏了。"

注释：①《象箾（shuò）》：舞名，武舞。

②《南籥（yuè）》：舞名，文舞。

③《韶濩（hù）》：歌颂商汤的乐舞。

④帱（dào）：覆盖。

（十）子产论政宽猛

郑子产有疾。谓子大叔曰："我死，子必为政。唯有德者能以宽服民，其次莫如猛。夫火烈，民望而畏之，故鲜死焉。水懦弱，民狎而玩之，则多死焉，故宽难。"疾数月而卒。

太叔为政，不忍猛而宽。郑国多盗，取人于萑苻之泽。大叔悔之，曰："吾早从夫子，不及此。"兴徒兵以攻萑苻之盗，尽杀之，盗少止。

仲尼曰："善哉！政宽则民慢，慢则纠之以猛。猛则民残，残则施之以宽。宽以济猛；猛以济宽，政是以和。《诗》曰：'民亦劳止，汔①可小康；惠此中国，以绥四方。'施之以宽也。'毋从②诡随，以谨无良；式遏寇虐，惨不畏明。'纠之以猛也。'柔远能迩，以定我王。'平之以和也。又曰：'不竞不絿③，不刚不柔，布政优优，百禄是遒。'和之至也。"

及子产卒，仲尼闻之，出涕曰："古之遗爱也。"

译文：郑国的子产得了病。（他）对子太叔说："我死（以后），您必定主政。只有道德高尚的人能够用宽厚（的政策）使民众服从，其次（的政策）没有比严厉更有效（的了）。比如烈火，民众望见就害怕它，所以很少有死（在其中）的。水柔弱，民众轻慢而忽视它，就有很多死（在其中）的，所以宽大并不容易。"（子产）病数月后死去。

太叔执政，不忍心严厉，而施行宽大政策。郑国（因此）盗贼很多，（他们）在萑苻泽里召集人手。太叔后悔了，说："我早听从（子产）夫子的，不会到此地步。"发步兵去攻萑苻泽里的盗贼，将他们全部杀灭，盗贼（才）稍微被遏制。

孔子说："好啊！政策宽大民众就怠慢，（民众）怠慢就用严厉（的政策）来纠正。（政策）严厉民众就受伤害，（民众受）受到伤害了就施予他们宽大（的政策）。用宽大来调和严厉；用严厉来补充宽大，政治因此而调和。《诗经》中说：'民众也劳累了，可以让他们稍稍安康；赐予城中的民众恩惠，用来安抚四方。'（这是）施与民众以宽大。'不要放纵奸诈，用来防范邪恶；遏止盗贼肆虐，恶毒是不害怕美好的。'（这是）用严厉来纠正啊。'宽柔对待远方的民众能够使大家亲近，（这样）来稳定我们的王朝。'（这是）用和缓（的政策）来使民众平安祥和啊。还有（《诗》）说：'不争斗不急躁，不刚猛不柔弱，实施政策平和，所有的福祉汇集过来。'（这是）和平的极致啊。"

等到子产逝世，孔子听说了，哭泣道："（他）继承了古人仁爱的遗风啊。"

注释：①汔：读音 qì，接近，差不多。

②从：通"纵"。

③绿（qiú）：急，急躁。

二、《国语》选文

（一）召公谏厉王止谤

厉王虐，国人谤王。召公告曰："民不堪命矣！"王怒，得卫巫，使监谤者。以告，则杀之。国人莫敢言，道路以目。

王喜，告召公曰："吾能弭谤矣，乃不敢言。"召公曰："是障之也。防民之口，甚于防川。川壅而溃，伤人必多，民亦如之。是故为川者决之使导，为民者宣之使言。故天子听政，使公卿至于列士献诗，瞽①献曲，史献书，师箴，瞍②赋，曚③诵，百工谏，庶人传语，近臣尽规，亲戚补察，瞽、史教诲，耆④、艾修之，而后王斟酌焉，是以事行而不悖。民之有口，犹土之有山川也，财用于是乎出；犹其原隰之有衍沃也，衣食于是乎生。口之宣言也，善败于是乎兴。行善而备败，其所以阜财用衣食者也。夫民虑之于心而宣之于口，成而行之，胡可壅也？若壅其口，其与能几何？"

王弗听，于是国人莫敢出言。三年，乃流王于彘。

译文：周厉王残暴无道，老百姓纷纷责骂他。召穆公对厉王说："老百姓已不堪忍受暴虐的政令啦！"厉王听了勃然大怒，找到一个卫国的巫者，派他暗中监视敢于指责自己的人，一经巫者告密，就横加杀戮。于是人们都不敢随便说话，在路上相遇，也只能以眼神示意。

周厉王很高兴，告诉召公说："我能制止指责啦，老百姓再也不敢吭声了。"召公回答说："你这样做只能堵住人们的嘴。可是防范老百姓的嘴，比防备河水泛滥更不易。河道因堵塞而造成决口，就会伤害很多人。倘使堵住老百姓的口，后果也将如此。因而治水者应该排除壅塞而对河道加以疏通，治民者应该善于开导而让人敢于说话。所以君王在处理政事上，让三公九卿及各级官吏进献讽喻诗，乐师进献民间乐曲，史官进献有借鉴意义史籍，少师诵读箴言，无眸子的盲人吟咏诗篇，有眸子的盲人诵读讽谏之言，掌管营建事务的百工能纷纷进谏，平民则自己的意见转达给君王，近侍之臣子尽规劝之责，君王的内亲外戚都能补其过失，察其是非，乐师和史官以歌曲、史籍加以谆谆教导，年长的师傅再进一步修饰整理，然后由君王斟酌取舍，付诸实施，这样，国家的政事得以实行而不悖理。老百姓有口，就像大地有高山河流一样，社会的物资财富全靠它出产；又像高原和低地都有平坦肥沃的良田一样，人类的衣食物品全靠它产生。人们以用嘴巴发表议论，政事的成败得失便能表露出来。人们以为好的就尽力去实行，以为失误的就设法去预防，这样社会的衣食财富就会日益丰富，不断增加。人们心中所想通过嘴巴表达出来，朝廷以为行得通的就照着实行，怎么可以堵呢？如果硬是堵住老百姓的嘴，那又能堵多久呢？"

周厉王不听，于是老百姓再也不敢公开发表言论指斥他。过了三年，人们终于把这个暴君放逐到彘地去了。

注释：①瞽（gǔ 鼓）：盲人。因古代乐官多由盲人担任，故也称乐官为瞽。

②瞍（sǒu）：没有眼珠的盲人。

③矇（méng 蒙）：有眼珠的盲人。瞍矇均指乐师。

④耆（qí 其）艾：年六十叫耆，年五十叫艾。这里指年长的师傅。

（二）里革断罟匡君

宣公夏滥于泗渊，里革断其罟而弃之，曰："古者大寒降，土蛰发，水虞于是乎讲罛①罶②，取名鱼，登川禽，而尝之寝庙，行诸国，助宣气也。鸟兽孕，水虫成，兽虞于是乎禁罝③罗，猎④鱼鳖，以为夏槁，助生阜也。鸟兽成，水虫孕，水虞于是乎禁罜⑤，设阱鄂⑥，以实庙庖，畜功用也。且夫山不槎⑦蘖，泽不伐夭，鱼禁鲲鲕⑧，兽长麑⑨麇，鸟翼鷇⑩卵，虫舍蚳⑪蝝⑫，蕃庶物也，古之训也。今鱼方别孕，不教鱼长，又行网罟，贪无艺也。"

公闻之，曰："吾过而里革匡我，不亦善乎！是良罟也！为我得法。使有司藏之，使吾无忘谂⑬。"师存侍，曰："藏罟不如置里革于侧之不忘也。"

译文：鲁宣公在夏天到泗水的深潭中下网捕鱼，里革割破他的渔网，把它丢在一旁，说："古时候，大寒以后，冬眠的动物便开始活动，水虞这时才计划用渔网、渔笱，捕大鱼、捉龟鳖等，拿这些到寝庙里祭祀祖宗，同时这种办法也在百姓中间施行，这是为了帮助散发地下的阳气。当鸟兽开始孕育，鱼鳖已经长大的时候，兽虞这时便禁止用网捕捉鸟兽，只准刺取鱼鳖，并把它们制成夏天吃的鱼干，这是为了帮助鸟兽生长。当鸟兽已经长大，鱼鳖开始孕育的时候，水虞便禁止用小鱼网捕捉鱼鳖，只准设下陷阱捕兽，用来供应宗庙和庖厨的需要，这是为了储存物产，以备享用。而且，到山上不能砍伐新生的树枝，在水边也不能割取幼嫩的草木，捕鱼时禁止捕小鱼，捕兽时要留下小鹿和小驼鹿，捕鸟时要保护雏鸟和鸟卵，捕虫时要避免伤害蚂蚁和蝗虫的幼虫，这是为了使万物繁殖生长。这是古人的教导。现在正当鱼类孕育的时候，却不让它长大，还下网捕捉，真是贪心不足啊！"

宣公听了这些话以后说："我有过错，里革便纠正我，不是很好的吗？这是一挂很有意义的网，它使我认识到古代治理天下的方法，让主管官吏把它藏好，使我永远不忘里革的规谏。"有个名叫存的乐师在旁伺候宣公，说道："保存这个网，还不如将里革安置在身边，这样就更不会忘记他的规谏了。"

注释：①罛（gū）：大鱼网。

②罶（liǔ）：捕鱼的竹笼。大口窄颈，腹大而长，无底。

③罝（jū）：捕兽的网。

④猎（cuò）：刺取。

⑤罜（zhǔ）：小鱼网。原选本作"罝"，今据1978年上海古籍出版社排印本《国语》改。

⑥鄂（é）：埋有尖木桩的陷坑。

⑦槎（chá）。泽：聚水的洼地。伐：砍伐。夭（ǎo）：初生的草木。

⑧鲕（ér）：鱼卵。

⑨麑：幼鹿。（ní）：幼麇。

⑩鷇（kóu，去声）：待哺食的雏鸟。

⑪蚔（chí）：蚁卵。

⑫蜒（yán）：蝗的幼虫，是古人做酱的原料。

⑬谂（shěn）：规谏。

（三）叔向贺贫

　　叔向见韩宣子，宣子忧贫，叔向贺之。宣子曰："吾有卿之名而无其实，无以从二三子，吾是以忧，子贺我，何故？"

　　对曰："昔栾武子无一卒之田，其宫不备其宗器，宣其德行，顺其宪则，使越于诸侯。诸侯亲之，戎狄怀之，以正晋国。行刑不疚，以免于难。及桓子，骄泰奢侈，贪欲无艺，略则行志，假贷居贿，宜及于难，而赖武之德以没其身。及怀子，改桓之行，而修武之德，可以免于难，而离桓之罪，以亡于楚。夫郤昭子，其富半公室，其家半三军，恃其富宠，以泰于国。其身尸于朝，其宗灭于绛。不然，夫八郤，五大夫，三卿，其宠大矣，一朝而灭，莫之哀也，唯无德也。今吾子有栾武子之贫，吾以为能其德矣，是以贺。若不忧德之不建，而患货之不足，将吊不暇，何贺之有？"

　　宣子拜，稽首焉，曰："起也将亡，赖子存之，非起也敢专承之，其自桓叔以下，嘉吾子之赐。"

译文：叔向去拜见韩宣子，韩宣子正为贫困而发愁，叔向却向他表示祝贺。

宣子说："我有卿大夫的名称，却没有卿大夫的财富，没有什么荣誉可以跟其他的卿大夫们交往，我正为此发愁，你却祝贺我，这是什么缘故呢？"

叔向回答说："从前栾武子没有一百顷田，家里穷得连祭祀的器具都备不齐全；可是他能够传播德行，遵循法制，名闻于诸侯各国。各诸侯国都亲近他，一些少数民族都归附他，因此使晋国安定下来，执行法度，没有弊病，因而避免了灾难。传到桓子时，他骄傲自大，奢侈无度，贪得无厌，犯法胡为，放利聚财，该当遭到祸难，但依赖他父亲栾武子的余德，才得以善终。传到怀子时，怀子改变他父亲桓子的行为，学习他祖父武子的德行，本来可以凭这一点免除灾难，可是受到他父亲桓子的罪孽的连累，因而逃亡到楚国。那个郤昭子，他的财产抵得上晋国公室财产的一半，他家里的佣人抵得上三军的一半，他依仗自己的财产和势力，在晋国过着极其奢侈的生活，最后他的尸体在朝堂上示众，他的宗族在绛这个地方被灭亡了。如果不是这样的话，那八个姓郤的中有五个做大夫，三个做卿，他们的权势够大的了，可是一旦被诛灭，没有一个人同情他们，只是因为没有德行的缘故！现在你有栾武子的清贫境况，我认为你能够继承他的德行，所以表示祝贺，如果不忧愁德行的建立，却只为财产不足而发愁，我表示哀怜还来不及，哪里还能够祝贺呢？"

宣子于是下拜，并叩头说："我正在趋向灭亡的时候，全靠你拯救了我。你的恩德不敢独自承受，恐怕从我的祖宗桓叔以下的子孙，都要感谢您的恩赐。"

（四）王孙圉论楚宝

王孙圉①聘于晋，定公飨之。赵简子②鸣玉以相，问于王孙圉曰："楚之白珩③犹在乎？"对曰："然。"简子曰："其为宝也，几何矣？"曰："未尝为宝。楚之所宝者，曰观射父④，能作训辞，以行事于诸侯，使无以寡君为口实。又有左史倚相，能道训典，以叙百物，以朝夕献善败于寡君，使寡君无忘先王之业；又能上下⑤说于鬼神，顺道其欲恶，使神无有怨痛于楚国。又有薮⑥曰云，连徒洲，金、木、竹、箭之所生也，龟、珠、角、齿、皮、革、羽、毛，所以备赋，以戒不虞者也；所以共币帛，以宾享于诸侯者也。若诸侯之好币具，而导之以训辞，有不虞之备，而皇神相之，寡君其可以免罪于诸侯，而国民保焉。此楚国之宝也。若夫白珩，先王之玩也，何宝之焉？"

"圉闻国之宝，六而已：圣能制议百物，以辅相国家，则宝之；玉足以庇荫嘉谷，使无水旱之灾，则宝之；龟足以宪臧否，则宝之；珠足以御火灾，则宝之；金足以御兵乱，则宝之；山林薮泽足以备财用，则宝之。若夫哗嚣之美，楚虽蛮夷，不能宝也。"

译文：（楚国大夫）王孙圉在晋国访问，（晋国国王）定公设宴招待他，（晋国大夫）赵简子（佩戴着能发出）鸣响的玉来和他相见，问王孙圉说："楚国的白珩还在吗？"（王孙圉）回答说："在。"简子说："它是宝啊，价值多少啊？"（王孙圉）说："没（将它）当成宝。楚国所当成宝的，叫观射父，他能发表（上乘的）训导和外交辞令，来和各诸侯国打交道，使我国国君不会有什么话柄。还有左史倚相，能够说出（先王）的训导和典章，陈述各种事物，朝夕将成败的经验和教训告诉国君，使国君不忘记先王的基业；还能上下取悦鬼神，顺应了解它们的好恶，使神不会对楚国有怨怼。还有叫作云连徒洲的多草之湖，（这是）金属、木材、箭竹、箭杆所生产的地方啊，龟甲、珍珠、兽角、象牙、兽皮、犀牛皮、羽毛、牦牛尾，用于军备，来防备未料的患难；也用来供应钱财布匹，以馈赠给各诸侯们享用。如果各诸侯对礼品感到满意，再加之贤相们的训导和外交辞令；有患难的防备，皇天神灵相辅佑，我国君王能够免于各诸侯国之罪责，国民也得到了保障。这才是楚国的宝贝。如果说到白珩，这只是先王的玩物，哪称得上是宝啊？"

"我（圉）听说所谓国家的宝，仅有六种：圣贤能够掌握和评判万事万物，以辅佐国家的，就将他当作宝；足以庇护赐福使五谷丰登的宝玉，使（国家）没有水旱的灾难，就将它当作宝；足以（准确）布告福祸的龟壳，就将它当作宝；足以用来抵御火灾的珍珠，就将它当作宝；足以防御兵乱的金属，就将它当作宝；足以供给财政用度的山林湿地沼泽，就将它当作宝。至于喧哗吵闹的美玉，楚国虽然是野蛮偏远（的国家），不可能将它当作宝的。"

注释：①王孙圉［yǔ］：楚国大夫。

②赵简子：晋国执政。

③白珩［héng］：楚国著名的佩玉。

④观射父［guàn yì fǔ］：楚国大夫。训辞：指外交辞令。

⑤上下：指天地。说：同"悦"，古人观念，史官能和鬼神交往。

⑥薮［sǒu］：多草的湖泽。云：云梦泽，在今湖北。徒洲：洲名。

⑦玉、马、皮、圭、璧、帛等物，古时都可以称为币。

（五）诸稽郢行成于吴

吴王夫差起师伐越，越王勾践起师逆之江。

大夫种乃献谋曰："夫吴之与越，唯天所授，王其无庸战。夫申胥、华登，简服吴国之士于甲兵，而未尝有所挫也。夫一人善射，百夫决拾，胜未可成。夫谋必素见成事焉，而后履之，不可以授命。王不如设戎，约辞行成，以喜其民，以广侈吴王之心。吾以卜之于天，天若弃吴，必许吾成而不吾足也，将必宽然有伯诸侯之心焉；既罢弊其民，而天夺之食，安受其烬，乃无有命矣。"

越王许诺，乃命诸稽郢行成于吴，曰："寡君勾践使下臣郢，不敢显然布币行礼，敢私告于下执事曰：'昔者，越国见祸，得罪于天王，天王亲趋玉趾，以心孤勾践，而又宥赦之。君王之于越也，繄起死人而肉白骨也。孤不敢忘天灾，其敢忘君王之大赐乎？今勾践申祸无良，草鄙之人，敢忘天王之大德，而思边陲之小怨，以重得罪于下执事？勾践用帅二三之老，亲委重罪，顿颡于边。今君王不察，盛怒属兵，将残伐越国。越国固贡献之邑也，君王不以鞭箠使之，而辱军士，使寇令焉！勾践请盟。一介嫡女，执箕帚以晐姓于王宫；一介嫡男，奉盘匜以随诸御。春秋贡献，不解于王府。天王岂辱裁之？亦征诸侯之礼也。'"

夫谚曰："'狐埋之而狐搰之，是以无成功。'今天王既封殖越国，以明闻于天下，而又刘亡之，是天王之无成劳也。虽四方之诸侯，则何实以事吴？

敢使下臣尽辞，唯天王秉利度义焉！"

译文：吴王夫差出兵攻越，越王勾践带兵迎击。大夫文种献计说："吴越谁存谁亡，只看天意如何，用不着打仗了。伍子胥和华登练出来的吴国士兵，从来没打过败仗，只要有一人精于射箭，就会有百人拉起弓弦练习。我们很难战胜他啊。凡是谋划一件事情，必须预见到成功才实行，决不可轻易拼命。君王不如保全兵力，严守阵地，用谦卑的言辞向吴国求和，让吴民高兴，让吴王的野心一天天膨胀。我们可由此占卜天意，果真天弃吴国，吴人定会答应议和，不把我国放在眼里，而放心大胆去中原争霸。等他百姓疲惫了，再遇上天灾歉收，我们稳稳当当去收拾残局，吴国就失去上天的保佑了。"

越王同意了，派诸稽郢向吴求和，说："敝国君主勾践，派遣小臣诸稽郢前来，不敢公然献上玉帛，在天王驾前行礼，只好冒昧地私下向天王左右的官员说：从前，越国不幸冒犯天王，天王亲自出动玉趾，本来打算灭我勾践，又宽恕了我。天王对我越国的恩德，真是让死人复活，让白骨生肌。我勾践既不敢忘记天降的灾祸，又怎敢忘记天王的厚赐呢？如今我勾践既因无德而重遭天祸，我们这些草野的鄙贱之人，又怎敢忘记天王的大德，只因边境的小怨而耿耿于怀，以至再次得罪天王的左右呢？勾践因此率领几个老臣，亲自承担重罪，在边境上叩着响头。天王未了解下情，勃然大怒，出兵讨伐。越国本来就是向天王称臣进贡的城邑啊，天王不用鞭子驱使它，却使您尊贵的将士们受屈，来进行讨伐，这更使越国不安了。因此勾践请求盟约。今送来一个嫡生的女儿，在王宫拿着簸箕扫帚；还送来一个嫡生的儿子，捧着盘子和脸盆，随同侍卫们服侍天王。春秋两季，向天王的府库进贡，决不丝毫懈怠。天王又何必御驾亲征？这本是天子向诸侯征税之礼啊！谚语说：'狐狸埋下它，狐狸又扒出来，所以劳而无功。'如今天王既已扶植了越国，您的明智已传遍天下；倘又消灭它，天王岂不也是劳而无功吗？如何使四方的诸侯信服吴国呢？因此命我下臣把话儿说清楚，请天王就利和义两方面多加权衡吧！"

（六）申胥谏许越成

吴王夫差乃告诸大夫曰："孤将有大志于齐，吾将许越成，而无拂吾虑。若越既改，吾又何求？若其不改，反行，吾振旅焉。"申胥谏曰："不可许也。夫越非实忠心好吴也，又非慑畏吾甲兵之强也。大夫种勇而善谋，将还玩吴国于股掌之上，以得其志。夫固知君王之盖威以好胜也，故婉约其辞，以从逸王志，使淫乐于诸夏之国，以自伤也。使吾甲兵钝弊，民人离落，而日以憔悴，然后安受吾烬。夫越王好信以爱民，四方归之，年谷时熟，日长炎炎。

及吾犹可以战也，为虺弗摧，为蛇将若何？"吴王曰："大夫奚隆于越？越曾足以为大虞乎？若无越，则吾何以春秋曜吾军士？"乃许之成。

将盟，越王又使诸稽郢辞曰："以盟为有益乎？前盟口血未干，足以结信矣。以盟为无益乎？君王舍甲兵之威以临使之，而胡重于鬼神而自轻也。"吴王乃许之，荒成不盟。

译文：吴国国王夫差便告诉各位大夫说："我还对齐国有大的企图，我就同意越国的求和，你等不要违背我的意愿。如果越国已经改过，我（对它）还有什么要求呢？如果它不悔改，（等我从齐国）回来，我挥师讨伐它。"申胥劝道："不能同意求和啊。越国不是诚心和吴国和好，也不是害怕我们的军队的强大。（他们的）大夫文种有勇有谋，（他）将把（我们）吴国在股掌之上玩得团团转，来实现他的愿望。他本来就知道君王您喜欢逞威斗胜，所以说婉转驯服的言辞，来纵容国王您的心志，使您沉浸在征服中原各国的快乐中，来让你自己伤害自己。使我们的军队困顿疲惫，民众流离失所，而日益憔悴，然后他们安全地收拾我们的残局。而越王信用好，爱惜民众，四方百姓都归顺他，年年谷物按时节成熟，日子过得蒸蒸日上。在我们还能够（跟他们）打仗的时候，它是小蛇的时候不摧毁它，成为大蛇将怎么办？"吴王说："大夫你为何长越国的威风，越国能够足以成为大患吗？如果没有越国，那我春秋演习向谁炫耀我的军队啊？"便同意了越国的求和。

将要盟约时，越王又派诸稽郢砌词说："要认为盟誓有用吗？上次盟誓时涂在嘴上的血还没干呢，足以保证信用啊。要认为盟誓没用吗？君王家的军队的威武降临便能使唤我们，干吗要看重鬼神而看轻您自己的威力啊。"吴王便同意讲和，空有讲和没有盟誓。

三、宋人及楚人平（《公羊传》）

外平不书，此何以书？大其平乎己也。何大其平乎己？庄王围宋，军有七日之粮尔！尽此不胜，将去而归尔。于是使司马子反乘堙而窥宋城。宋华元亦乘堙而出见之。司马子反曰："子之国何如？"华元曰："惫矣！"曰："何如？"曰："易子而食之，析骸而炊之。"司马子反曰："嘻！甚矣，惫！虽然，吾闻之也，围者柑马而秣之，使肥者应客。是何子之情也？"华元曰："吾闻之：君子见人之厄则矜之，小人见人之厄则幸之。吾见子之君子也，是以告情于子也。"司马子反曰："诺，勉之矣！吾军亦有七日之粮尔！尽此不胜，将去而归尔。"揖而去之。

反于庄王。庄王曰："何如？"司马子反曰："惫矣！"曰："何如？"曰："易子而食之，析骸而炊之。"庄王曰："嘻！甚矣，惫！虽然，吾今取此，然后而归尔。"司马子反曰："不可。臣已告之矣，军有七日之粮尔。"庄王怒曰："吾使子往视之，子曷为告之？"司马子反曰："以区区之宋，犹有不欺人之臣，可以楚而无乎？是以告之也。"庄王曰："诺，舍而止。虽然，吾犹取此，然后归尔。"司马子反曰："然则君请处于此，臣请归尔。"庄王曰："子去我而归，吾孰与处于此？吾亦从子而归尔。"引师而去之。故君子大其平乎己也。此皆大夫也。其称"人"何？贬。曷为贬？平者在下也。

译文：鲁国以外的诸侯之间讲和，《春秋》都不记载，这次楚宋两国讲和，为什么破例记载呢？这是因为赞扬这次讲和，出于两国大夫的主动。为什么要赞扬两国大夫的主动？楚庄王围攻宋国，军队只剩下七天的口粮。吃完军粮还不能取胜，就只好回去了。于是派司马子反登上土堙，窥探宋国都城的情况。宋国的华元也登上土堙，出来会见子反。子反说："你们的情况如何？"华元说："疲惫不堪啊！"子反说："疲惫到什么程度？"华元说："交换孩子杀了吃，拆下尸骨烧火做饭。"子反说："呀，疲惫得很厉害啦！我听说，被围困的军队，总是让马儿衔着木棍，不让马儿吃饱，只牵出肥马给客人看，你怎么这样对我吐露真情？"华元说："我听说：君子看见别人困难就怜悯他们，小人看见别人危难就幸灾乐祸。我看你是位君子，所以据实相告。"司马子反说："嗯，努力防守吧！我们也只有七天的军粮，吃完军粮还不能取胜，就会撤军了。"说罢，向华元拱手告别。

司马子返回去见楚庄王。庄王说："敌情如何？"司马子反说："疲惫不堪啊！交换孩子杀了吃，拆下尸骨烧火做饭。"庄王说："疲惫很厉害啦！那么，我就攻下宋城再回去。"司马子反说："不行，我已告诉对方，我军也只有七天的口粮了。"庄王大怒："我叫你去侦察敌情，你怎么倒向对方泄露军机？"司马子反说："小小一个宋国，尚且有不肯骗人的大臣，难道楚国就没有吗？因此我向对方说了实话。"庄王说："嗯，那就算了吧！虽然军粮不足，我还是要攻下宋城再回去。"司马子反说："既然如此，就请君王住下好啦，我可要请求回去。"庄王说："你丢下我回去，我和谁住在这儿呢？我也回去算了。"于是带领全军退出宋国。因此君子就赞扬两大夫主动讲和。他们都是大夫，怎么《春秋》又只称之为"人"呢？这是含有贬低他们的意味。为什么要贬低他们？因为他们私下讲和，超越了自身的权限。

四、晋献公杀世子申生（《礼记·檀弓》）

晋献公将杀其世子申生，公子重耳谓之曰："子盍言子之志于公乎？"世子曰:"不可。君安骊姬,是我伤公之心也。"曰:"然则盍行乎?"世子曰:"不可。君谓我欲弑君也。天下岂有无父之国哉?吾何行如之?"

使人辞于狐突曰:"申生有罪,不念伯氏之言也,以至于死。申生不敢爱其死。虽然,吾君老矣,子少,国家多难。伯氏不出而图吾君,伯氏苟出而图吾君,申生受赐而死。"再拜稽首,乃卒。是以为恭世子也。

译文:晋献公要杀死他的世子申生,公子重耳对申生说:"你怎么不把心中的委屈向父亲表明呢?"世子说:"不行。君王要有骊姬才舒服,我要是揭发她对我的诬陷,那就太伤老人家的心了。"重耳又说:"既然这样,那么你何不逃走呢?"世子说:"不行。君王认准我要谋害他。天下哪有没有父亲的国家呢?(谁会收留背着弑父罪名的人呢?)我能逃到哪里去呢?"

是申生派人去向师傅狐突诀别说:"申生有罪,没有听从您的教导,以至难免一死。申生不敢贪生怕死。然而,我的国君老了,他的爱子奚齐还年幼,国家将会多灾多难。您不出来为国君谋划政事也就罢了,如果您出来为国君筹划政事,申生虽死也蒙受您的恩惠。"于是拜了两拜,叩了头,就自杀了。因此他的谥号为"恭世子"。

五、有子之言似夫子(《礼记·檀弓》)

有子问于曾子曰:"问丧于夫子乎?"曰:"闻之矣:'丧欲速贫,死欲速朽。'"有子曰:"是非君子之言也。"曾子曰:"参也闻诸夫子也。"有子又曰:"是非君子之言也。"曾子曰:"参也与子游闻之。"有子曰:"然。然则夫子有为言之也。"

曾子以斯言告于子游。子游曰:"甚哉,有子之言似夫子也!昔者,夫子居于宋,见桓司马自为石椁,三年而不成。夫子曰:'若是其靡也,死不如速朽之愈也。''死之欲速朽',为桓司马言之也。南宫敬叔反,必载宝而朝。夫子曰:'若是其货也,丧不如速贫之愈也。'丧之欲速贫,为敬叔言之也。"

曾子以子游之言告于有子。有子曰:"然!吾固曰非夫子之言也。"曾子曰:"子何以知之?"有子曰:"夫子制于中都:四寸之棺,五寸之椁。以斯知不欲速朽也。昔者夫子失鲁司寇,将之荆,盖先之以子夏,又申之以冉有。以斯知不欲速贫也。"

译文:有子问曾子道:"在先生(孔子)那里听说过失去官职方面的事情吗?"(曾子)说:"听他说的是:'希望丢官后赶快贫穷,希望死后赶快腐烂。'"有子说:

"这不是君子说的话。"曾子说:"我(的确是)从先生(孔子)那听来的。"有子又说:"这不是君子说的话。"曾子说:"我是和子游一起听见这话的。"有子说:"的确(说过)。但先生这样说肯定是有原因的。"曾子将这话告诉子游。子游说:"有子说话很像先生啊!那时先生住在宋国,看见桓司马给自己做石椁,三年还没完成。先生说:'像这样奢靡,(人)不如死了赶快腐烂掉越快越好啊。'希望(人)死了赶快腐烂,是针对桓司马而说的。南宫敬叔(他原来失去官职,离开了鲁国)回国,必定带上宝物朝见国王。先生说:'像这样对待钱财(行贿),丢掉官职(以后)不如赶紧贫穷越快越好啊。'希望丢掉官职以后迅速贫穷,是针对敬叔说的啊。"曾子将子游的话告诉有子。有子说:"是啊。我就说了不是先生的话吗?"曾子说:"您怎么知道的呢?"有子说:"先生给中都制定的礼法中有:棺材(板)四寸,椁(板)五寸。依据这知道(先生)不希望(人死后)迅速腐烂啊。从前先生失去鲁国司寇的官职时,打算前往楚国,就先让子夏去(打听),又让冉有去申明(自己的想法)。依据这知道(先生)不希望(失去官职后)迅速贫穷。"

六、司马错论伐蜀(一)(《战国策》)

司马错与张仪争论于秦惠王前,司马错欲伐蜀,张仪曰:"不如伐韩。"王曰:"请闻其说。"

对曰:"亲魏善楚,下兵三川,塞轘辕、缑氏[①]之口,当屯留之道,魏绝南阳,楚临南郑,秦攻新城宜阳,以临二周之郊,诛周主之罪,侵楚魏之地。周自知不救,九鼎宝器必出。据九鼎,按图籍,挟天子以令天下,天下莫敢不听,此王业也。今夫蜀,西僻之国也,而戎狄之长也,敝兵劳众不足以成名,得其地不足以为利。臣闻:'争名者于朝,争利者于市。'今三川、周室,天下之市朝也,而王不争焉,顾争于戎狄,去王业远矣。"

译文:司马错和张仪在秦惠王面前进行了一场争论。司马错要攻打蜀国,张仪说:"不如攻打韩国。"秦惠王说:"请你们说说各自的见解,让我听听。"

张仪回答说:"应先与魏、楚两国表示亲善,然后出兵三川,堵塞轘辕、缑氏两个隘口,挡住通向屯留的路,让魏国出兵切断南阳的通路,楚国派兵逼近南郑,而秦国的军队则攻击新城和宜阳,兵临二周的近郊,声讨周君的罪行,(随后)乘机侵占楚、魏两国的土地。周王室知道已经不能拯救自身,一定会交出九鼎和宝器。我们占有了九鼎,掌握地图和户籍,挟持周天子,用他的名义来号令天下,天下没有敢于违抗的,这就能建立王业了。如今,蜀国是西边偏僻(落后)的国家,戎狄为首领。攻打蜀国,会使士兵疲惫，使百姓劳苦，却不能以此来建立名望，即使夺取了那里的土地，也算不得什么利益。我听说：'争名的在朝廷上争，争利的在市场上争。'现在的三川地区和周王室，正是整个天下的大市场和朝廷，大王不去争夺，反而与那些野蛮的人争夺名利，这就离帝王之业远了。"

注释：①轘（huán）辕、缑（gōu）氏：当时的两个军事要地。

七、司马错论伐蜀（二）（《战国策》）

司马错曰："不然。臣闻之：'欲富国者，务广其地；欲强兵者，务富其民；欲王者，务博其德。三资者备，而王随之矣。'今王之地小民贫，故臣愿从事于易。夫蜀，西僻之国也，而戎狄之长也，而有桀纣之乱。以秦攻之，譬如使豺狼逐群羊也。取其地足以广国也，得其财足以富民，缮兵不伤众，而彼已服矣。故拔一国，而天下不以为暴；利尽西海，诸侯不以为贪。是我一举而名实两附，而又有禁暴止乱之名。今攻韩劫天子，劫天子，恶名也，而未必利也，又有不义之名。而攻天下之所不欲，危！臣请谒其故：周，天下之宗室也；韩，周之与国也。周自知失九鼎，韩自知亡三川，则必将二国并力合谋，以因于齐、赵而求解乎楚、魏。以鼎与楚，以地与魏，王不能禁。此臣所谓危，不如伐蜀之完也。"

惠王曰："善！寡人听子。"卒起兵伐蜀，十月取之，遂定蜀，蜀主更号为侯，而使陈庄相蜀。蜀既属，秦益强富厚，轻诸侯。

译文：司马错说："不对。我听到过这样的话：'想使国家富庶，一定要扩大他的领地，想使军队强大，一定让他的百姓富足，想建立王业，一定要广布他的恩德。这三个条件具备了，那么，王业就会随之实现了。'现在大王的土地少，百姓贫困，所以我希望大王先从容易办的事做起。蜀国是西边偏僻的国家，以戎狄为首领，而且有像桀、纣一样的祸乱。用秦国的军队前往攻打，就如同用豺狼驱赶羊群一样。得到它的土地，能够扩大秦国的疆域；得到它的财富，能够使百姓富足，整治军队又不伤害百姓，蜀国已经归服了。因此，夺取了蜀国，但天下人不认为我们暴虐；取尽了蜀国的财富，诸侯国也不认为我们贪婪。这就是说，我们用兵一次，就能名利双收，还能得到除暴、平乱的好名声。如果现在去攻打韩国，胁迫周天子，必然招致坏名声，而且不一定有利，又有不义之名声。去进攻天下人都不希望进攻的地方，这是很危险的！请允许我讲明这个缘故：周王室，现在还是天下的宗室；韩国，是周国的友好邻邦。如果周天子自己知道要失去九鼎，韩王自己知道要丧失三川，那么，两国一定会联合起来，共同采取对策，依靠齐国和赵国，并且向楚、魏两国求援，以解除危难。把九鼎送给楚国，把土地送给魏国，大王是不能阻止的。这就是我所说的危险，不如攻打蜀国那样万无一失。"

秦惠王说："很对。我采纳你的意见。"结果，出兵进攻蜀国。十月夺取了那里的土地，然后平定了蜀国。蜀国的君主改称为侯，秦国派遣陈庄去辅佐蜀侯。蜀国归附以后，秦国就更加强大富庶，看不起其他诸侯国了。

八、唐雎说信陵君

信陵君杀晋鄙，救邯郸，破秦人，存赵国，赵王自郊迎。

唐雎谓信陵君曰："臣闻之曰：事有不可知者，有不可不知者；有不可忘者，有不可不忘者。"信陵君曰："何谓也？"对曰："人之憎我也，不可不知也；吾憎人也，不可得而知也。人之有德于我也，不可忘也；吾有德于人也，不可不忘也。今君杀晋鄙，救邯郸，破秦人，存赵国，此大德也。今赵王自郊迎，卒然见赵王，愿君之忘之也。"信陵君曰："无忌谨受教。"

译文：信陵君杀了晋鄙，救下邯郸，打败了秦兵，使赵国得以幸存。赵孝成王亲自到郊外去迎接他。这时，唐雎对信陵君说："我听说，事情有不可以知道的，有不可以不知道的；有不可以忘掉的，有不可以不忘掉的。"信陵君说："这话怎样讲呢？"唐雎回答说："别人憎恨我，不可以知道；我憎恶别人，是不可以让人知道的；别人有恩德于我，是不可以忘记的；我有恩德于别人，是不可以不忘记的。如今，你杀了晋鄙，救下邯郸，打败秦兵，保存了赵国，这对赵国是大恩德。现在，赵王亲自到郊外迎接你。你很快就会见到赵王了，希望你把救赵王的事忘掉吧！"信陵君说："无忌我敬遵你的教诲。"

九、宋玉对楚王问

楚襄王问于宋玉曰："先生其有遗行与？何士民众庶不誉之甚也！"

宋玉对曰："唯，然，有之！愿大王宽其罪，使得毕其辞。客有歌于郢中者，其始曰《下里》《巴人》，国中属而和者数千人。其为《阳阿》《薤露》，国中属而和者数百人。其为《阳春》《白雪》，国中有属而和者，不过数十人。引商刻羽，杂以流徵，国中属而和者，不过数人而已。是其曲弥高，其和弥寡。

故鸟有凤而鱼有鲲。凤皇上击九千里，绝云霓，负苍天，足乱浮云，翱翔乎杳冥之上。夫蕃篱之鷃，岂能与之料天地之高哉？鲲鱼朝发昆仑之墟，暴鬐于碣石，暮宿于孟诸。夫尺泽之鲵，岂能与之量江海之大哉？故非独鸟有凤而鱼有鲲，士亦有之。夫圣人瑰意琦行，超然独处，世俗之民，又安知臣之所为哉？"

译文：楚襄王问宋玉说："先生也许有不检点的行为吧？为什么士人百姓都那么不称赞你呢？"

宋玉回答说："是的，是这样，有这种情况。希望大王宽恕我的罪过，允许我把话说完。"

"有个人在都城里唱歌，起初他唱《下里》《巴人》，都城里跟着他唱的有几千人；后来唱《阳阿》《薤露》，都城里跟着他唱的有几百人；等到唱《阳春》《白雪》的时候，都城里跟着他唱的不过几十人；最后引其声而为商音，压低其声而为羽音，夹杂运用流动的徵声时，都城里跟着他应和的不过几个人罢了。这样看来，歌曲越是高雅，和唱的人也就越少。

"所以鸟类中有凤凰，鱼类中有鲲鱼。凤凰展翅上飞九千里，穿越云霓，背负着苍天，两只脚搅乱浮云，翱翔在那极高远的天上；那跳跃在篱笆下面的小燕雀，岂能和它一样了解天地的高大！鲲鱼早上从昆仑山脚下出发，中午在渤海边的碣石山上晒脊背，夜晚在孟诸过夜；那一尺来深水塘里的小鲵鱼，岂能和它一样测知江海的广阔！所以不光是鸟类中有凤凰，鱼类中有鲲鱼，士人之中也有杰出人才。圣人的伟大志向和美好的操行，超出常人而独自存在，一般的人又怎能知道我的所作所为呢？"

十、五帝本纪赞（司马迁）

太史公曰：学者多称五帝，尚矣。然《尚书》独载尧以来，而百家言黄帝，其文不雅驯，荐绅先生难言之。孔子所传《宰予问五帝德》及《帝系姓》，儒者或不传。余尝西至空桐，北过涿鹿，东渐于海，南浮江淮矣，至长老皆各往往称黄帝、尧、舜之处，风教固殊焉。总之，不离古文者近是。予观《春秋》《国语》，其发明《五帝德》《帝系姓》章矣，顾弟弗深考，其所表见皆不虚。书缺有间矣，其轶乃时时见于他说。非好学深思，心知其意，固难为浅见寡闻道也。余并论次，择其言尤雅者，故著为本纪书首。

译文：太史公司马迁说：学者多称赞五帝，久远了。然而最可征而信的《尚书》，记载的独有尧以来，而不记载皇帝、颛顼、帝喾。诸子百家虽言黄帝，又涉于神怪，都不是典雅之训，所以当世缙绅们都不敢说，不可以取以为证啊。孔子所传的《宰予问五帝德》及《帝系姓》，虽称孔子所传，但儒者怀疑不是圣人之言，所以不传以为实。我曾经西至崆峒山黄帝问道于广成子处，北到黄帝尧舜之都涿鹿，东到海，南到江淮，我所经历的地方，所见过的长老，往往称颂黄帝尧舜的旧绩与其风俗教化，固来与别处有所不同。那么别的书说到黄帝的，也或者可以为证。总之，大要不背离《尚书》所记载的接近这些。我看《春秋》《国语》，这两篇发挥阐释《五帝德》《帝系姓》很彰著。顾儒者但不深考而且有的不传讲。这两篇所发挥阐述得很显著，验之风俗教化固然不同一般，都是事实，一点也不虚。况《尚书》缺亡的内容多了，岂能因为它缺亡而算了呢？它所遗失的，像黄帝以下的事情，就时时见于其他的传说中，如百家《五帝德》之类，都是其他学说。又怎么可以因为缙绅难言，儒者不传，而不选取了呢？非好学深思，心知其意的人，不能择取。而浅见寡闻者本来就难为它讲说。我按照黄帝、颛顼、帝喾、尧、舜的次序，选择其中语言比较典雅的。所以写成本纪的开头。

十一、秦楚之际月表（司马迁）

太史公读秦楚之际，曰：初作难，发于陈涉；虐戾灭秦自项氏；拨乱诛暴，平定海内，卒践帝祚，成于汉家。五年之间，号令三嬗，自生民以来，未始有受命若斯之亟也！

昔虞、夏之兴，积善累功数十年，德洽百姓，摄行政事，考之于天，然后在位。汤、武之王，乃由契、后稷，修仁行义十余世，不期而会孟津八百诸侯，犹以为未可，其后乃放弑。秦起襄公，章于文、缪，献、孝之后，稍以蚕食六国，百有余载，至始皇乃能并冠带之伦。以德若彼，用力如此，盖一统若斯之难也！

秦既称帝，患兵革不休，以有诸侯也，于是无尺土之封，堕坏名城，销锋镝，锄豪杰，维万世之安。然王迹之兴，起于闾巷，合从讨伐，轶于三代。乡秦之禁，适足以资贤者为驱除难耳，故奋发其所为天下雄，安在无土不王？此乃传之所谓大圣乎？岂非天哉？岂非天哉？非大圣孰能当此受命而帝者乎？

译文：太史公研读关于秦楚之际的记载，说：最早发难的是陈涉，残酷暴戾地灭掉秦朝的是项羽，拨乱反正、诛除凶暴、平定天下、终于登上帝位、取得成功的是汉家。五年之间，号令变更了三次，自从有人类以来，帝王受天命的变更，还不曾有这样急促的。

当初虞舜、夏禹兴起的时候，他们积累善行和功劳的时间长达几十年，百姓都受到他们恩德的润泽，他们代行君主的政事，还要受到上天的考验，然后才即位。商汤、周武称王是由契、后稷开始讲求仁政，实行德义，经历了十几代，到周武王时，竟然没有约定就有八百诸侯到孟津相会，他们还认为时机不到。从那时以后，才放逐了夏桀，杀了殷纣王。秦国自襄公时兴起，在文公、穆公时显示出强大的力量，到献公、孝公之后，逐步侵占六国的土地。经历了一百多年以后，到了始皇帝才兼并了六国诸侯。实行德治像虞、夏、汤、武那样，使用武力像秦国这样，才能成功，统一天下是如此艰难！

秦称帝之后，忧虑过去的战争所以不断，是由于有诸侯的缘故，因此，对功臣、宗室连一尺土地都没有分封，而且毁坏有名的城池，销毁刀箭，铲除各地的豪强势力，打算保持万世帝业的安定。然而帝王的功业，兴起于民间，天下英雄豪杰互相联合，讨伐暴秦，气势超过了三代。从前秦国的那些禁令，恰好用来资助贤能的人排除创业的患难而已。因此，发奋有为而成为天下的英雄，怎么能说没有封地便不能成为帝王呢？这就是上天把帝位传给所说的大圣吧！这难道不是天意吗？这难道不是天意吗？如果不是大圣，谁能在这乱世承受天命建立帝业呢！

十二、孔子世家赞（司马迁）

太史公曰：《诗》有之："高山仰止，景行行止。"虽不能至，然心乡往之。余读孔氏书，想见其为人。适鲁，观仲尼庙堂车服礼器，诸生以时习礼其家，余祇回留之不能去云。天下君王至于贤人众矣，当时则荣，没则已焉。孔子布衣，传十余世，学者宗之。自天子王侯，中国言《六艺》者折中于夫子，可谓至圣矣！

译文：太史公说：《诗经》上有句话："巍峨的高山可以仰望，宽广的大道可以循着前进。"我虽然不能到达那里，但是心中一直向往它。我读孔子的书，由推理可以知道他的为人。到了鲁国，看到孔子的祠堂、车子、衣服和礼器，许多儒生在他家里按时演习礼仪，我徘徊留恋，舍不得离开。天下的君王以及贤人是很多的，（他们大多是）当时有荣耀，死后就完了。孔子是一个平民，传到十几代，读书的人都尊崇他。从天子王侯，到全国研究六经的人，都以孔子的学说作为准则，孔子可以说是道德学问最高尚的人了！

十三、伯夷列传（节选）（司马迁）

子曰："道不同，不相为谋。"亦各从其志也。故曰："富贵如可求，虽执鞭之士，吾亦为之。如不可求，从吾所好。""岁寒，然后知松柏之后凋也。"举世混浊，清士乃见。岂以其重若彼，其轻若此哉？"君子疾没世而名不称焉。"贾子曰："贪夫徇财，烈士徇名，夸者死权，众庶冯生。"同明相照，同类相求。"云从龙，风从虎，圣人作而万物睹。"伯夷、叔齐虽贤，得夫子而名益彰；颜渊虽笃学，附骥尾而行益显。岩穴之士，趋舍有时，若此类名湮灭而不称，悲夫。闾巷之人，欲砥行立名者，非附青云之士，恶能施于后世哉！

译文：孔子说："主义不同的人，不互相商议谋划。"也就是说大家都各自按照自己的意志去做事。孔子又说："富贵如果能够求得，就是要干手拿鞭子的卑贱的职务，我也愿意去干；如果不能求得，那还是按照我自己的喜好去干吧！""天气寒冷以后，才知道松树、柏树是最后落叶的。"世间到处混浊龌龊，那清白高洁的人就显得格外突出。这岂不是因为他们是如此重视道德和品行，又是那样鄙薄富贵与苟活啊！"君子感到痛心的是到死而名声不被大家所称颂。"贾谊说："贪得无厌的人为追求钱财而不惜一死，胸怀大志的人为追求名节而不惜一死，作威作福的人为追求权势而不惜一死，芸芸众生只顾惜自己的生命。""同是明灯，方能相互辉照；同是一类，方能相互亲近。""飞龙腾空而起，总有祥云相随；猛虎纵身一跃，总有狂风相随；圣人一出现，万物的本来面目便都被揭示得清清楚楚。"伯夷、叔齐虽然贤明，由于得到了孔子的赞扬，名声才更加响亮；颜渊虽然好学，由于追随孔子，品德的高尚才更加明显。那些居住在深山洞穴之中的隐士们，他们出仕与退隐也都很注重原则，有一定的时机，而他们的名字（由于没有圣人的表彰），就大都被埋没了，不被人们所传颂，真可悲啊！一个下层的平民，要想磨炼品行，成名成家，如果不依靠德高望重的贤人，怎么可能让自己的名声流传于后世呢？

十四、《游侠列传序》（节选）司马迁

韩子曰："儒以文乱法，而侠以武犯禁。"二者皆讥，而学士多称于世云。至如以术取宰相、卿、大夫，辅翼其世主，功名俱著于《春秋》，固无可言者。及若季次、原宪，闾巷人也，读书怀独行君子之德，义不苟合当世，当

世亦笑之。故季次、原宪，终身空室蓬户，褐衣疏食不厌。死而已四百余年，而弟子志之不倦。今游侠，其行虽不轨于正义，然其言必信，其行必果，已诺必诚，不爱其躯，赴士之厄困，既已存亡死生矣，而不矜其能。羞伐其德。盖亦有足多者焉。

且缓急，人之所时有也。太史公曰："昔者虞舜窘于井廪，伊尹负于鼎俎，傅说匿于傅险，吕尚困于棘津，夷吾桎梏，百里饭牛，仲尼畏匡，菜色陈、蔡。"此皆学士所谓有道仁人也，犹然遭此灾，况以中材而涉乱世之末流乎？其遇害何可胜道哉！

译文：韩非子说："儒者利用文献来扰乱国家的法度，而游侠使用暴力来违犯国家的禁令。"这两种人都曾受到讥评，然而儒者还是多受到世人的称道。至于那些用权术取得宰相、卿、大夫等高官的人，辅佐当世的君主，其功名都记载在史书上了，本来就不必多说什么。至于像季次、原宪二人，均为民间百姓，他们一心读书，具有独善其身、不随波逐流的君子节操，坚持正义，不与世俗苟合，而当时的人们也讥笑他们。所以季次、原宪终生都住在家徒四壁的蓬室之中，就连布衣粗食也得不到满足。他们逝世已有四百余年了，但他们的弟子却依然不断地纪念他们。现在的游侠，他们的行为虽然不合乎当时的国家法令，但他们说话一定守信用，办事求结果，答应人家的事一定兑现，不吝惜自己的生命，去解救别人的危难。做到了使危难的人获生，施暴的人丧命，却从来不夸耀自己的本领。以称道自己对他人的恩德为耻。为此，他们也有值得称颂的地方。

况且急事是人们经常会遇到的。太史公说："从前虞舜曾被困于井底粮仓，伊尹曾背着鼎锅和砧板当过厨师，傅说也曾隐没在傅险筑墙，吕尚也曾受困于棘津，管仲亦曾遭到囚禁，百里奚曾经喂过牛，孔子曾在匡地受惊吓，并遭到陈、蔡两国发兵围困而饿得面带菜色。"这些人均为儒者所说的有道德的仁人，还遭到如此的灾难，何况那些仅有中等才能而处在乱世末期的人呢？他们所遭受的灾祸又如何能说得完呢！

十五、滑稽列传（一）（司马迁）

孔子曰："六艺于治一也。《礼》以节人，《乐》以发和，《书》以道事，《诗》以达意，《易》以神化，《春秋》以义。"太史公曰："天道恢恢，岂不大哉！"谈言微中，亦可以解纷。

淳于髡者，齐之赘婿也。长不满七尺，滑稽多辩，数使诸侯，未尝屈辱。齐威王之时喜隐，好为淫乐长夜之饮，沉湎不治，委政卿大夫。百官荒乱，诸侯并侵，国且危亡，在于旦暮，左右莫敢谏。淳于髡说之以隐曰："国中有大鸟，止王之庭，三年不蜚又不鸣，王知此鸟何也？"王曰："此鸟不飞则已，一飞冲天；不鸣则已，一鸣惊人。"于是乃朝诸县令长七十二人，赏一人，诛一人，奋兵而出。诸侯振惊，皆还齐侵地。威行三十六年。语在《田完世家》中。

威王八年，楚人发兵加齐。齐王使淳于髡之赵请救兵，赍金百斤，车马十驷。淳于髡仰天大笑，冠缨索绝。王曰："先生少之乎？"髡曰："何敢！"王曰："笑岂有说乎？"髡曰："今者臣从东方来，见道旁有禳田者，操一豚蹄，酒一盂，祝曰：'瓯窭满篝，污邪满车，五谷蕃熟，穰穰满家。'臣见其所持者狭而所欲者奢，故笑之。"于是齐威王乃益赍黄金千溢，白璧十双，车马百驷。髡辞而行，至赵。赵王与之精兵十万，革车千乘。楚闻之，夜引兵而去。

译文：孔子说："六艺对于治国的作用是一致的。《礼》用来节制人们的行为，《乐》用来启发和谐的感情，《书》用来叙述史事，《诗》用来表达情思，《易》用来演绎神妙的变化，《春秋》用来阐发微言大义。"太史公说："天道是那样广阔，难道还不大吗？"说话隐约委婉而切中事理，也可以解除纷扰。

淳于髡是齐国的"招女婿"。个子不到七尺，辞令机智善辩，几次出使诸侯国，从没有受过屈辱。齐威王在位时喜欢隐语，爱恣意作乐整夜唱酒，陷在里面不理朝政，把国事托付给卿大夫。官吏们怠工腐化，诸侯国一起来犯，齐国即将危亡，就在朝夕之间了，左右没有一个敢谏诤的。淳于髡用隐语来劝说："国内有一只大鸟，栖息在大王的宫廷里，三年不飞也不鸣叫，大王可知道这鸟是为什么？"威王说："这鸟不飞则罢，一飞就直冲云天；不鸣叫则罢，一鸣叫就震惊世人。"于是上朝召集各县令县长七十二人，奖励了一个，处死了一个，重振军威出战。诸侯国一时震惊，都归还了侵占齐国的土地。从此齐国的声威盛行三十六年。这事记在《田敬仲完世家》中。

齐威王八年，楚国对齐国大举进攻。齐王派淳于髡到赵国去请救兵，带上赠送的礼品黄金百斤、车马十套，淳于髡仰天大笑，笑得系在冠上的带子全都断了。齐王说："先生嫌它少吗？"淳于髡说："怎么敢呢？"齐王说："那你的笑难道有什么可说的吗？"淳于髡说："刚才臣子从东方来，看见大路旁有祭祈农事消灾的，拿着一只猪蹄，一盂酒，祷告说：'易旱的高地粮食装满笼，易涝的低洼田粮食装满车，五谷茂盛丰收，多得装满了家。'臣子见他所拿的祭品少而想要得到的多，所以在笑他呢。"于是齐威王就增加赠礼黄金千镒，白璧十双，车马一百套。淳于髡辞别动身，到了赵国。赵王给他精兵十万，战车一千乘。楚国听到消息，连夜撤兵离去。

十六、滑稽列传（二）（司马迁）

　　威王大悦，置酒后宫，召髡赐之酒。问曰："先生能饮几何而醉？"对曰："臣饮一斗亦醉，一石亦醉。"威王曰："先生饮一斗而醉，恶能饮一石哉！其说可得闻乎？"髡曰："赐酒大王之前，执法在傍，御史在后，髡恐惧俯伏而饮，不过一斗径醉矣。若亲有严客，髡帣韝鞠䐿，侍酒于前，时赐馀沥，奉觞上寿，数起，饮不过二斗径醉矣。若朋友交游，久不相见，卒然相覩，欢然道故，私情相语，饮可五六斗径醉矣。若乃州闾之会，男女杂坐，行酒稽留，六博投壶，相引为曹，握手无罚，目眙不禁，前有堕珥，后有遗簪，髡窃乐此，饮可八斗而醉二三。日暮酒阑，合尊促坐，男女同席，履舄交错，杯盘狼藉，堂上烛灭，主人留髡而送客。罗襦襟解，微闻芗泽，当此之时，髡心最欢，能饮一石。故曰酒极则乱，乐极则悲，万事尽然。"言不可极，极之而衰，以讽谏焉。齐王曰："善。"乃罢长夜之饮，以髡为诸侯主客。宗室置酒，髡尝在侧。

　　译文：齐威王大为高兴，在后宫办了酒席，召见淳于髡赏他喝酒。问道："先生能喝多少才醉？"回答说："臣子喝一斗也醉，喝一石也醉。"威王说："先生喝一斗就醉了，怎么能喝一石呢？其中奥妙能听听吗？"淳于髡说："在大王面前赏酒，执法官在旁边，御史在后边，髡心里害怕跪倒喝酒，不过一斗已经醉了。如果家父来了严肃的客人，髡用袖套束住长袖，弯腰跪着，在前边侍候他们喝酒，不时赏我点多余的清酒，我举起酒杯祝他们长寿，起身几次，喝不到二斗也就醉了。如果朋友故交，好久没见面了，突然相见，欢欢喜喜说起往事，互诉衷情，喝到大概五六斗就醉了。如果是乡里间的节日盛会，男女坐在一起，酒喝到一半停下来，玩起六博、投壶，自相招引组合，握了异性的手不受责罚，盯着人家看也不受禁止，前有姑娘掉下的耳饰，后有妇女丢失的发簪，髡私心喜欢这种场面，喝到大概八斗才有两三分醉意。天色已晚，酒席将散，酒杯碰在一起，人儿靠在一起，男女同席，鞋儿相叠，杯盘散乱，厅堂上的烛光熄灭了，主人留住髡而送走其他客人。女子的薄罗衫儿解开了，微微地闻到一阵香气，当这个时刻，髡心里最欢快，能喝到一石。所以说酒喝到顶就要做出乱七八糟的事，乐到了顶就要生悲，世上所有的事都是这样。"这说的是不能到顶，到顶就要走下坡路的道理，用来讽谏的。齐威王说："说得好！"就停止了通宵达旦的喝酒，任命淳于髡担任诸侯主客的职务。王室宗族举办酒宴，淳于髡常在一旁陪饮。

十七、货殖列传序（一）（司马迁）

老子曰："至治之极，邻国相望，鸡狗之声相闻，民各甘其食，美其服，安其俗，乐其业，至老死不相往来。"必用此为务，挽近世涂民耳目，则几无行矣。

太史公曰："夫神农以前，吾不知已。至若《诗》《书》所述虞、夏以来，耳目欲极声色之好，口欲穷刍豢之味，身安逸乐而心夸矜势能之荣。"使俗之渐民久矣，虽户说以眇论，终不能化。故善者因之，其次利道之，其次教诲之，其次整齐之，最下者与之争。

夫山西饶材、竹、旄、玉石，山东多鱼、盐、漆、丝、声色，江南出枏、梓、姜、桂、金、锡、连、丹沙、犀、玳瑁、珠玑、齿、革，龙门、碣石北多马、牛、羊、旃、裘、筋、角；铜、铁则千里往往山出置。此其大较也。皆中国人民所喜好，谣俗被服饮食奉生送死之具也。故待农而食之，虞而出之，工而成之，商而通之。此宁有政教发征期会哉？人各任其能，竭其力，以得所欲。故物贱之征贵，贵之征贱，各劝其业，乐其事，若水之趋下，日夜无休时，不召而自来，不求而民出之。岂非道之所符，而自然之验邪？

译文：老子说："古代太平之世达到极盛时期的时候，虽然邻国的百姓彼此望得见，鸡犬之声彼此听得见，但人们各自以为自家的食物最香甜，衣裳最漂亮，习俗最安适，职业最快乐。以至于老死也不相往来。"要是谁以此为目标，而在近代去涂饰堵塞老百姓的耳目，使他们再回复到往古的时代，那就几乎是行不通的了。

太史公说：神农以前的事，我已无从考知了。至于《诗经》《尚书》所记载的虞、夏以来的情况，还是可以考知的：人们的耳朵、眼睛要竭力享受声、色之乐，嘴里要吃尽各种美味。身体安于舒适快乐，而心里又羡慕夸耀有权势、有才干的光荣。这种风气浸染民心已经很久了。即使用高妙的理论挨家挨户去劝导，到底也不能使他们改变，所以，对于人民最好的做法是顺其自然，其次是因势利导，再其次是进行教育，再其次是制定规章，限制他们的发展。而最坏的做法是与民争利。

太行山以西出产大量的木材、竹子、楮树、野麻、旄牛尾、玉石；太行山以东盛产鱼、盐、漆、丝，又有歌舞和女色；江南出产楠树、梓树、生姜、桂皮、金、锡、铅、朱砂、犀角、玳瑁、珠玑、象牙、皮革；龙门、碣石以北盛产马、牛、羊、毡、裘、筋、角；至于铜、铁则分布在千里的疆土上，各处的山都出产，真是星罗棋布。这是大概的情形。所有这些都是中原地区人民喜爱的必需品，通常用来做穿着、吃喝、养生送死的东西。所以说大家都靠农民的耕种才有吃的，靠虞人才能把山泽中的资源开发出来，靠工人做成各种器具，靠商人贸易使货物流通。这难道是有政治教令征发和约束他们吗？人们各按其能力干自己的工作。尽自己的力量，来满足自己的欲望。因此，东西贱是贵的征兆，东西贵是贱的征兆。这就刺激各行各业的人努力从事自己的职业，以自己的工作为乐趣，就如同水往低处流一样，昼夜不停。用不着召唤，他们自己会送来；东西用不着寻求，人们自己会生产。这难道不就证明了农、虞、工、商的工作是符合社会规律的吗？

十八、货殖列传序（二）（司马迁）

《周书》曰："农不出则乏其食，工不出则乏其事，商不出则三宝绝，虞不出则财匮少。"财匮少而山泽不辟矣。此四者，民所衣食之原也。原大则饶，原小则鲜。上则富国，下则富家。贫富之道，莫之夺予，而巧者有余，拙者不足。故太公望封于营丘，地潟卤，人民寡，于是太公劝其女功，极技巧，通鱼盐，则人物归之，繦至而辐辏。故齐冠带衣履天下，海岱之闲敛袂而往朝焉。其后齐中衰，管子修之，设轻重九府，则桓公以霸，九合诸侯，一匡天下；而管氏亦有三归，位在陪臣，富于列国之君。是以齐富强至于威宣也。

故曰："仓廪实而知礼节，衣食足而知荣辱。"礼生于有而废于无。故君子富，好行其德；小人富，以适其力。渊深而鱼生之，山深而兽往之，人富而仁义附焉。富者得执益彰，失执则客无所之，以而不乐。夷狄益甚。谚曰："千金之子，不死于市。"此非空言也。故曰："天下熙熙，皆为利来；天下壤壤，皆为利往。"夫千乘之王，万家之侯，百室之君，尚犹患贫，而况匹夫编户之民乎！

译文：《周书》上说："农民不生产，粮食就缺乏；工人不生产，器物就缺乏；商人不转运，粮食、器物、财货就断绝；虞人不生产，财货就缺乏。"财货缺乏，山泽中的资源就不能开发了。农、工、商、虞这四种人的生产，是人民穿衣吃饭的来源。来源大就富足，来源小就贫困。来源大了，对上可以使国家富强，对下可以使家庭富裕，贫富全靠自己。富了也没人掠夺他，穷了没人给他东西，而聪明的人有余，愚笨的人不足。姜太公封在营丘，那里的土地都是盐碱地，劳力很少。于是姜太公就鼓励妇女纺线织布，尽力施展她们的技巧，并且使本地的鱼盐流通外地。老百姓用襁褓背着孩子络绎不绝地归聚到那里，真如同车辐凑集于车毂似的。因而齐国产的冠带衣履行销天下，东海和泰山之间的各小国的国君都拱手敛袖恭恭敬敬地来齐国朝见。后来，齐国中途衰弱，管仲又修订了太公的政策，设立了调节物价出纳货币的九府。齐桓公就借此称霸，多次会合诸侯，使天下的一切都得到匡正，因而管仲也奢侈地收取市租。他虽处陪臣之位，却比列国的君主还要富。因此，齐国的富强一直延续到齐威王、齐宣王时代。

所以，管仲说："仓库储备充实，老百姓才能懂得礼节；衣食丰足，老百姓才能分辨荣辱。"礼仪是在富有的时候产生的，到贫困的时候就废弃了。因此，君子富了，才肯施恩德；平民富了，才能调节自己的劳力。水深，鱼自然会聚集；山深，兽自然会奔去；人富了，仁义自然归附。富人得了势，声名就更显著；一旦失势，就会如同客居的人一样没有归宿，因而不快活。在夷狄外族，这种情况则更厉害。俗话说："家有千金的人，不会死在街市上。"这不是空话啊。所以说："天下的人乐融融，都是为财利而来；天下的人闹嚷嚷，都是为着财利而往。"兵车千辆的国君，食邑万户的诸侯，食禄百户的大夫，尚且还都怕穷，更何况普通的平民百姓呢！

十九、太史公自序（节选）（司马迁）

太史公曰："先人有言：'自周公卒五百岁而有孔子。孔子卒后至于今五百岁，有能绍明世、正《易传》，继《春秋》、本《诗》《书》《礼》《乐》之际？'"意在斯乎！意在斯乎！小子何敢让焉！

上大夫壶遂曰："昔孔子何为而作《春秋》哉？"太史公曰："余闻董生曰：'周道衰废，孔子为鲁司寇，诸侯害子，大夫雍之。孔子知言之不用，道之不行也，是非二百四十二年之中，以为天下仪表，贬天子，退诸侯，讨大夫，以达王事而已矣。'子曰：'我欲载之空言，不如见之于行事之深切著明也。'夫《春秋》，上明三王之道，下辨人事之纪，别嫌疑，明是非，定犹豫，善善恶恶，贤贤贱不肖，存亡国，继绝世，补弊起废，王道之大者也。《易》著天地、阴阳、四时、五行，故长于变；《礼》经纪人伦，故长于行；《书》记先王之事；故长于政；《诗》记山川、溪谷、禽兽、草木、牝牡、雌雄，故长于风；《乐》乐所以立，故长于和；《春秋》辨是非，故长于治人。

译文：太史公说："我的父亲生前曾经说过：'自周公死后，经过五百年才有了孔子。孔子死后，到今天也有五百年了，有谁能继承圣明时代的事业，修正《易传》，续写《春秋》，本于《诗经》、《尚书》、《礼记》、《乐经》的吗？'"他老人家的意思是把希望寄托在我的身上呀！寄托在我的身上呀！小子怎么敢推辞呢！

上大夫壶遂说:"从前,孔子为什么要写《春秋》呢?"太史公说:"我曾听董生说过:'周朝的政治衰落破败之时,孔子出任鲁国的司寇,诸侯害他,大夫们排挤他。孔子知道他的建议不会被接受了,他的政治主张再也行不通了,于是评判二百四十二年历史中的是是非非,以此作为天下人行动的准则,贬抑天子,斥退诸侯,声讨大夫,以阐明王道。'孔子说:'我想把我的思想用空话记载下来,但不如通过具体的历史事件来表现更加深刻、明显。'《春秋》,从上而言,阐明了夏禹、商汤、周文王的政治原则;从下而言,辨明了为人处世的纲纪,分清了疑惑难明的事物,判明了是非的界限,使犹豫不决的人拿定了主意,褒善贬恶,崇敬贤能,排抑不肖,保存已经灭亡了的国家,延续已经断绝了的世系,补救政治上的弊端,兴起已经荒废的事业,这些都是王道的重要内容。《易经》显示了天地、阴阳、四时、五行的相互关系,所以长于变化;《仪礼》规定了人与人之间的关系,故长于行动;《尚书》记载了上古先王的事迹,所以长于从政;《诗经》记载了山川、溪谷、禽兽、草木、雌雄、男女,所以长于教化;《乐记》是音乐所以成立的根据,所以长于调和性情;《春秋》明辨是非,所以长于治理百姓。

高中整本书阅读教学策略探究

——以《红楼梦》为例

陈　靖

《普通高中语文课程标准（2017年版）》在教学建议里明确指出，"积极倡导基于学习任务群的专题学习，围绕语言和文化、经典作家作品、科学论著等，组织学生开展合作探究、研讨交流活动，鼓励学生以各种形式相互协作，展示与交流学习成果。"目前，语文教育家、学者在整本书阅读教学能够在课程之外拓展学生阅读、思维以及完善其人生观、价值观上几乎达成了共识，并提倡教师和学生都要重视整本书的阅读，营造良好的阅读氛围，使学生的语文学习与运用能力都得到提高，逐步提升新时代发展所需要的核心素养。

从"读整本书"的倡导历史来看，自叶圣陶先生第一次提出"读整本的书"开始到新课标中提出整本书阅读教学任务群，整本书阅读一直仅被作为教学建议，学生和教师都曾忽视整本书的阅读，或因实施上的困难而被放弃。这一次部编教材以教学任务的形式重点提出，整本书阅读教学不仅是当前高中语文教学改革的一个新亮点，也是新时代发展的要求。这使得整本书阅读教学逐渐成为语文学科的重要内容，受到广大语文教育者的重视。

目前，比较具有代表性和影响力的整本书阅读教学是吴泓老师的专题研究性教学，他至今已经探索和实践了10余年。北师大博士张秋玲明确指出其课堂的四大特征：网络平台、完整经典、专题阅读、读写一体。吴泓老师指出，他的"专题是为了集中研究，通俗来说就是，在一块地上，找准一个"点"，"砸"一个深深的"洞"，别有洞天"。他的教学方式是让学生以特定的教学内容为核心，自主学习开展专题式阅读，而此专题研究性学习的教学活动也受到研究者和许多一线教师的广泛关注。

对于"整本书阅读与研讨"内涵，邓罗笠在其论文中谈道："打通语文学科与其他学科、语文学习与学生生活的壁垒，落实语言建构与运用、思维发展与提升、审美鉴赏与创造、文化传承与理解的载体。"文中准确且全面地对"整本书阅读与研讨"学习任务群进行了详细解释，不仅贯彻了以教师为主导、学生为主体的教学理念，而且还强调了"整本书阅读与研讨"学习任务群的地位和意义。

所以，从某种意义上来说，专题研究性学习不只是一种简单的探究学习方式，更重要的是它关注对学生学习习惯、学习能力的培养。它是以培养学生在学习过程中搜集处理信息、自主创新等素养为主的一种教学活动。若将专题性学习与语文阅读教学挂钩，就形成了现在探索的一系列新的阅读教学方式，如专题性阅读、单元整体性阅读、多文阅读、群文阅读等。所以，为调动学生积极参与语文实践，培养学生的语文学科核心素养，一线教师在教学实践中需要注重建构学习情境、设计实践活动和形成评价机制，在阅读指导的同时提出学习任务群的实施路径及其目标。

一、什么是整本书阅读教学

整本书阅读教学在本文中是指，教师在对课本节选内容及其所属的整本书内容有了深入的理解思考之后，根据学情和课时等因素在整本书阅读视野下进行节选内容阅读的教学。这种贯穿于课内课外的阅读教学，旨在通过节选文的学习激发学生阅读整本书的兴趣，教授学生阅读整本书的方法，促进学生语文核心素养的提升。

语文课程是一门学习语言文字运用的综合性、实践性课程。因此，在阅读教学过程中，应该引导学生在多样情境中学会运用祖国的语言文字。在有限的高中学习中，选用的整本书应是经典作品，可以是文学作品、文化典籍、科学论著或学术著作，也可采用关联性选择方式，以单篇节选课文关联到相同主题性质的书籍或同一思想内涵的书籍，并视学情、教学价值、课时而定。整本书阅读实则是一种语文学习活动，它不仅仅是单一的学习活动，而且是促使学生掌握阅读方法、培养阅读习惯的一种好方法、好策略。

二、整本书阅读视野下的选本探究

在整本书阅读教学的探索中，选择合适的书籍用于整本书阅读尤为重要。在选择的过程中，教师需要做大量的前期工作，需有海量阅读作为知识储备，同时参照丰富的研究成果辅助探究选本。选本的选择需考虑多方面因素，例如，选中外小说还是经典文化读本、如何兼顾学生不同学情和性格进行兴趣引导、如何制定限期内的高效的教学计划、如何推动学生自主阅读的积极性和持续性、如何制定合理机制对学生阶段性的阅读成果进行展示、是否可以积极推动家校合作和亲子共读等。

在部编版新教材中，《红楼梦》作为指定阅读的长篇小说，有以下几点原因：

第一，《红楼梦》是中国古典小说的巅峰之作，位居中国古典四大名著之首。它是具审美、情感、诗意于一身的经典文学著作，它本身所具有的诗意美感染着读者的灵魂，生动的故事情节打动着世人，细致逼真的人物跃然纸上，吸引着读者不断地品读。《红楼梦》这部中国文学史上的鸿篇巨制有丰富的思想内容、伟大的艺术成就和深远的文化影响，成为我国古典文学史上的一个传奇。《红楼梦》的阅读价值不仅表现为其本身所蕴含的文化性、思想性、历史性以及非常强的可读性，还表现为书中揭示的人情、人性以及悲剧意识。

《红楼梦》艺术地位很高，研究它的历史也很长，研究的成果非常丰硕。在教学过程中，教师能够借鉴丰富的资料对课堂教学进行拓展、延伸，对于学生阅读兴趣的激发十分有利。王国维先生曾盛赞《红楼梦》为"艺术的绝大著作"。王蒙称赞《红楼梦》是经验的结晶，他认为书中蕴含着社会经验、感情经验、政治经验、艺术经验，无所不备，堪称"生活的百科全书，语言的百科全书"。《红楼梦》就是人生，读《红楼梦》可以帮助体验人生，读一部《红楼梦》等于活一次。老舍说："《红楼梦》很长。这部书写了许多年，故长而精。这好比开了一座大矿，慢慢地提炼出许多许多的金子来。"蒋勋说："《红楼梦》最迷人的部分全在生活的细节，并不是情节，阅读《红楼梦》就像阅读自己的一生。《红楼梦》中处处都是慈悲和觉悟，甚至可以看成是一本佛经。"

我国著名红学研究大家周汝昌先生曾说："曹雪芹在人物塑造上创造出一个前所未有的'多点''多角'的笔法。"《红楼梦》篇幅巨大，人物众多，有人统计过，凡是有姓名的人物就有 400 多位。书中有大量的诗词佳句，对人物的外貌、心理活动、动作描写都刻画得非常传神，对建筑、风土人情的描写惟妙惟肖。《红楼梦》是典型的文备众体的小说，从语文任务群的角度来说，生动的人物描写和景物描写值得学生品读鉴赏。学生阅读《红楼梦》不仅能学习相关文学常识，认识作者，理解小说内涵，积累写作素材，还能锻炼阅读的技能和方法，提高阅读鉴赏的能力。学生通过阅读还能辨别封建社会的糟粕，传承中华优秀传统文化，还能培养文学素养，感悟人生、人性、生命，丰富情感世界。

第二，弥补中学教材的缺陷。整本书与单篇课文的阅读教学是有一定区别的，中学教材由于客观上的篇幅限制，只能通过选文进行推荐，颇有点到即止的意味。对学生而言，只学习教材中节选的《红楼梦》章节是不能满足学生的阅读情感和阅读量的需求的。《红楼梦》作为四大名著之首，值得每一位中国人去阅读。只学习《红楼梦》节选的章节会造成学生对人物一知半解，对主题认识模糊不清，尽管教师在教学时会向学生介绍大量的背景资料，但学生对《红楼梦》的认识也只停留在浅显的层面，难以形成整体的认识。相反，阅读整本《红楼梦》能激发学生的阅读兴趣，拓展学生对

《红楼梦》的整体认识。

第三，语文高考与课标对名著阅读的关注。历年语文课标中，所推荐的课外阅读书籍都有《红楼梦》，如2003年版的《普通高中语文课程标准（实验）》在课外读物建议部分列出了中外名著书目，其中就有《红楼梦》，2017年版新课标在课外读物阅读建议中依然列出了以《红楼梦》为代表的相关作品。另外，根据部编教材的学分分布，教材在必修阶段安排了《乡土中国》和《红楼梦》作为整本阅读推荐书目。

近年来，国家注重对传统文化的继承与弘扬，在教育层面增加了中华优秀传统文化的内容，《红楼梦》成为一些省市区高考必考内容。例如，2016年北京市高考《考试说明》中，增加了《论语》《红楼梦》等作品。2017年北京市高考《考试说明》中将《红楼梦》等六部文学经典作为必考篇目。江苏省高考语文试卷中连续十一年出现有关《红楼梦》的考试内容。2017年，北京市高考卷试题有"从林黛玉、薛宝钗、史湘云、香菱中选一人，用一种花比喻她，并简要陈述理由，要求依据原著，自圆其说。"2018年，北京市高考试题中有从《红楼梦》中选一个既可悲又可叹的人物，在符合原著的条件下，用120～150字简要陈述该人物形象的题目。从中可以看出，当前的语文教育界非常重视对《红楼梦》阅读的考查，选《红楼梦》作为整本书阅读教学的研究案例既响应了课标又联系了高考，对当前高中语文教师的整本书阅读教学具有重要的借鉴价值。

所以，《红楼梦》作为整本书阅读的选本，虽然阅读任务繁重、难度大，但若学生能在《红楼梦》的整本书阅读实践中得到很大的收获，这于他们而言，不仅可以提高语文综合水平，而且通过阅读还能提高审美和感悟人生，让他们收获莫大的精神财富。

三、整本书阅读视野下的高中节选小说阅读教学策略研究

《小说美学》中提到："整体感知对任何一种艺术欣赏来说都是重要的，而对于小说欣赏更为重要。"整本书阅读就是让学生整体感受文本，所以，在课时有限的情况下，打破仅仅将缩减的原著内容进行解读，将作者简介、写作背景介绍给学生，或者是根据小说的三要素就节选内容进行分析等传统教学模式，指导学生进行整本书阅读，理解小说完整的艺术世界尤为重要。

李卫东老师曾就整本书阅读提出："虽然学生自主阅读整本书主要发生在课外，但整本书阅读已经不是惯常意义上的'课外阅读'，需要教学的支持，需要打破课内、课外之间的壁垒，贯穿课内、课外的阅读时空，需要整体的课程谋划。"它应是"冲破语文教学狭小格局的深度阅读、深度学习，需要精读、泛读之间的灵活转换，课内阅读和课外阅读的深度整合，正式学习和非正式学习的对接融通"。教师可以在专题教学中

根据节选文本教学目标有意指导学生从某一角度出发进行整本书专题阅读。

下面本文将以四大名著之一的《红楼梦》为例，就整本书阅读视野下的高中节选小说阅读教学的策略进行阐述。

（一）语文教师提升"整本书阅读"专业素养

首先，作为一线高中语文教师，需要熟知课标对"整本书阅读"的要求，更新小说阅读教学理念。一方面，高中语文教师应对课标有所研究，以课标为教学的指挥棒，以实际学情为旗帜进行教学。2017 年版新课标对"整本书阅读与研讨"的学习目标和内容都进行了规定，学习目标要求学生"在阅读过程中，探索整本书阅读的门径，形成和积累自己阅读整本书的经验。根据不同的阅读目的，综合运用精读、略读与浏览的方法阅读整本书，读懂文本，把握文本丰富的内涵和精髓。"学习内容要求学生"在指定范围内选择阅读一部长篇小说。通读全书整体把握其思想内容和艺术特点……反复阅读品味、深入探究，欣赏语言表达的精彩之处，梳理小说的感人场景乃至整体的艺术架构，理清人物关系，感受、欣赏小说的人物形象，探究人物的精神世界，体会小说的主旨，研究小说的艺术价值"。当前语文教师的阅读教学方向应紧跟新课标要求。

另一方面，一线高中语文老师必须更新小说教学理念，综合提升教师教学素养。相对于单篇节选内容教学，整本书阅读教学对于一线教师来说算是一种新的教学观念，而教学观念对教学行为具有导向作用，并直接影响着教师的教和学生的学。因此，教学观念的落实与否，也就决定了教学行为能否适应整本书阅读的教学内容和教学目标的要求。

其次，教师需要多阅读小说理论书籍，从"整本书阅读"的视野出发联系节选文本。教师要根据小说整本书阅读教学的特点和要求，结合具体小说文体特征，学习和掌握诸如叙事学、语言学、美学等文学理论知识和必要的心理学知识。这些理论知识既有助于加深教师对整本小说的理解感悟，又有让利于教师在对小说进行整本书阅读教学时能够运筹帷幄。

最后，小说阅读教学需要教师具备较高的文学素养。教师要想较高标准地进行阅读教学，那么自身就需要具有广博的阅读经验，能够对任何一种阅读材料作出相对快速准确的把握，只有如此，教师才能很好地调动学生的阅读兴趣，提高学生的文学素养。教师要注重对文学作品阅读的积累，增加阅读经验，积累阅读方法，提高阅读感悟能力，以此提升自身的文学素养。从而更好地通过节选小说的教学指导学生进行整本书阅读。

（二）整本小说阅读方法指导

1. 整本书阅读的教学目标的设定

新课标规定的"语言积累与建构""思维发展与提升""审美鉴赏与创造""文化

传承与理解"四项核心素养，是确立整本书阅读课程目标的重要依据。学生在《红楼梦》丰富精彩的语言情景中，通过主动的积累构建逐步把握其语言独特的魅力，并逐步形成自己的语言经验；通过欣赏语言，探究故事情节、人物形象等，获得形象思维和逻辑思维等的发展，并且能够运用辩证思维和批判思维来看待小说；通过审美体验和评价，逐步形成自己正确的审美意识，了解贾府中的美与丑、善与恶并存的现象，丰富自己的精神世界，形成健康向上的价值观。

《红楼梦》整本书阅读的教学目标的设定，可根据以下因素进行考虑。《红楼梦》篇幅较长，应该安排在高一寒假学生自主阅读和高一下学期教师引导阅读。学生自主阅读前必须让学生明确阅读计划和每个阶段的目标，教师引导阅读应该是在学生已经自主阅读的基础上加以引导。由于《红楼梦》整本书阅读教学不同于以往的单篇教学，教师集中一课时或者两课时不能完全完成教学目标。因此《红楼梦》的阅读教学尤其是课堂教学应该分阶段、分层次进行，主要以课堂主题或者专题引领为导向，学生积极主动完成任务，教师有意识地引导阅读策略。我们还需要结合新课标的要求对《红楼梦》每个阶段的教学目标展开论述。

2. 具体阅读方法的指导

导读课上，教师可以向学生介绍一些通用的阅读方法，如关注书名、目录、章节、扉页、序言、名家评论等。古人有先把书读"薄"，再把书读"厚"的读书法。读"薄"就是理其要点，知其精华；读"厚"则需细读涵泳，含英咀华。在整本书阅读过程中，教师要根据学生阅读的需要，指导学生把《红楼梦》梗概、章节等内容梳理清晰，先读"薄"，再读"厚"。

梁启超曾提出"鸟瞰、解剖、会通"之"三步"读书法。首先是鸟瞰，把书读薄。整本书阅读书目多为大部头著作，把握框架体系，梳理文本内容是必要的，用"鸟瞰法"就可以梳理全书的结构，形成初读的印象，提出阅读困惑，把书读"薄"。我们可以采取两种办法。

第一，任务单阅读法。任务单阅读法是指教师在初读整本书的基础上，根据文本特点，设置各种具有任务指向性的问题，让学生带着问题阅读整本书，逐渐了解整本书的主旨大意，提升阅读水平的方法。教师组织学生围绕阅读任务单进行小组讨论、全班交流。带着问题边读边思，而不是拿起任意一本书就读，不仅可以避免时间及精力的浪费，而且也可以避免最终毫无收获的情况发生。管贤强在《创新学习任务单：整本书阅读教学的关键》一文中指出了学习任务单创新的三种样式——教师导读式整本书学习任务单、读书笔记式学习任务单、任务驱动式学习任务单。好的阅读任务单能够为学生提供好的阅读支架和抓手。

为了帮助学生厘清小说中众多人物的关系，我们可以设置一些具体的任务，例如，让学生通过完成任务卡来厘清人物关系，把握主要人物的形象。

表1　阅读任务卡

任务内容	任务要求	任务提示
绘制《红楼梦》主要人物关系图	通过"绘制任务关系图"来厘清《红楼梦》中复杂的人物关系	《红楼梦》中人物众多，关系复杂，可选取主要人物绘制，在深度阅读的基础上不断添加人物
制作人物卡	通过制作自己感兴趣的人物卡来进一步熟悉人物	建议老师可以提供人物清单，由学生依据清单制作
绘制"大观园"图纸并标明人物住处	通过绘画人物的住所，了解人物的生活环境	教师可引导学生注意生活环境对人物性格的影响

按照阅读进程设计典型阅读，任务相对复杂、开放，借助任务引领学生完成通读。教师根据任务的完成情况，找出学生阅读的难点、重点进行讲解。

第二，制作思维导图。思维导图是梳理文本的最佳方式，制作思维导图时，我们可以利用目录，也可以借助导读。另外，表格、流程图、折线图等也对整本书阅读很有帮助，是绝对不能忽视的阅读工具。

首先，学生可以选择浏览、略读、跳读的阅读"三读法"，概览全书，并通过制作读书卡片、画人物关系图、摘抄重要内容、概述缩写故事梗概来梳理全书。

其次，解剖，把书读厚。梁启超认为在"鸟瞰"的基础上还要"解剖"，这是第二步。何谓"解剖"？顾名思义，指深入文本细微处品味，走入文本关键处解剖，进入文本疑问处思考，读有所得则记之思之。在学生通读触摸整本书的基础上，教师需要引导学生进入研读。如果说"鸟瞰"是对整本书进行"删读"，做减法，那"解剖"就是"增读"，做加法。

老一辈学人给我们提供了很好的阅读方法指导和要求，如王云五的《读书十四法》中提到的"立志、奠基、选题、循序、明体、提纲、析疑、比较、专志、旁参、耐苦、持恒、钩元、备忘"十四种方法。我们还可以借鉴当代名家的"解剖法"，将书读厚。如孙绍振先生的名作细读法，就提倡让学生沉下心去，品咂文本细微处，去涵泳领会，从而走入文本的深处，学生自然会产生阅读的快感，进而对整本书阅读产生兴趣，这就是"微观读书法"。

常用的"解剖法"——评点批注。在文学史中，四大奇书的经典评点本历来为读者称道。在阅读中沉潜品味，随手记下自己在阅读中的感悟与发现，可以有以下这几种方式：第一，可以针对阅读内容提出问题，写质疑式批注；第二，可以从语言表达角度赏析涵泳，作赏析式批注；第三，可以对书中内容进行评价，作撰评价式批注；第四，可以就文章内容展开想象和联想，作感想式批注；第五，可以依照作者的思路写法进行补充，作批补充式批注。

最后是会通，把书读透。梁启超"三步"读书法的第三步是会通，他告诉我们阅读整本书，不仅要鸟瞰、解剖，更要会通，即上下左右贯通，对全书作深入透彻的了解，把书读透。在整本书阅读的过程中，通读全书、细读突破后还得重构内容。

海明威曾说："小说如冰山，浮在水面的内容只有八分之一，还有八分之七的内容隐藏在水底。"所以如何借助水面的八分之一领会水底八分之七的内容，就要在阅读的过程中有宏观的视野，发现隐含的文学价值。例如，讲到宝黛一见钟情时，不仅要明白这是作者通过正面描写刻画宝玉的人物形象，还要联想到宝黛爱情悲剧的发展，并在之后进行整本书阅读时额外关注二人的爱情故事的发展走向。经过一番探寻后，我们也就明白《林黛玉进贾府》展示的不仅仅是钟鸣鼎食的贾府的陈设布置，还为宝黛的爱情悲剧埋下了伏笔。

我们用此三步法来读《红楼梦》，初读时可以"观其大略"，把它读"薄"，读《红楼梦》的故事情节；再读时，需调动自己的知识积累，将之读"厚"，更加客观全面地了解《红楼梦》中所折射出来的封建制度的颓败；最后将自己的人生与《红楼梦》关联起来，感受个人命运、国家命运与时代走向间的深刻羁绊。

（三）专题教学，师生同行

第一，师生共商确定专题内容。整本书阅读的专题内容的确定应基于节选内容来进行，由于学生的兴趣点各不相同，教师可给出设定专题让学生自主选择阅读，如从贾府一顿便饭的排场谈起，从贾府的府第规模看封建社会的一角，从"步步留心""时时在意"解读林黛玉的人物形象，从"劳什子""命根子"解读贾宝玉，谈王熙凤在贾母面前的"哭"和"笑"。

第二，教师精简介绍相关评论。在确定专题学习内容后，教师精选出对这一专题所涉及人物、内容的评价，在课前作简明扼要的解释说明，并要求学生记诵或者摘抄。如确定了专题为《红楼梦》对中国小说传统写法的创新后，可介绍一些文学大家对小说的评价，如鲁迅在《中国小说史略》中对《红楼梦》的评价："其要点在敢于如实描写，并不讳饰，和从前的小说叙好人完全是好，坏人完全是坏的，大不相同。所以其中所叙的人物，都是真的人物。总之自有《红楼梦》出来以后，传统的思想和写法都打破了。"

第三，学生自主研读进行深度思考。教师可以搜集整理相关的专题学习资料，供学生研读；也可以让学生自由搜集，涉猎具有挑战性的论述性和评论性的文字。这些文章的作者可以是著名学者、专家教授、评论家等，他们的文字因视角不同、观点各异和思想深邃，能激活学生思维，帮助学生培植深刻的、辩证的、批判的思想。这正是整本书阅读视野下进行小说阅读教学与传统高中语文教学不同的地方：以师生共商确定专题阅读内容，以评论性文字激发阅读兴趣，以研读论述类文章激发学生问题意识。

第四，阅读流程的监控。在阅读整本书的过程中，由于时间的限制、兴趣的转移或耐心的不够，学生很容易出现松懈、放弃、半途而废的现象，导致整本书阅读有始无终。学生难以从这样的阅读中获得真正属于自己的体验，阅读的成果也就难有成效。那么如何让整本书阅读更持久呢？

首先，阅读时间的安排需要有计划。我们可以建立班级阅读时间的管理机制：规定每天早读之前十分钟和晚自习前二十分钟为自由阅读时间，学生自主管理，相互监督，课代表会将每天阅读的时间和数量记录在阅读量表中，以累积"书香银行"的积分。

其次，监督的跟进需要到位。要让整本书阅读持续有效地进行，教师可以每隔两周检查一次阅读进度，并让学生分享、交流各自的阶段阅读体会。还可以倡导家长参与阅读管理，鼓励、督促学生坚持阅读。

最后，在整本书阅读过程中，互联网也可为阅读进度的了解、阅读体会的分享评价等提供有益的帮助。比如，我们可以建立班级"整本书阅读博客圈"。教师于每个学期末在综合学生需求的基础上确定班级整本书共读书目，然后与学生一起设计方案，并在下学期初在微博平台推送阅读计划。学生和家长同时接收班级阅读计划信息，以方便家长监督学生阅读进度。阅读过程中，教师、学生、家长可以在各自博客上发表阅读感悟。如此一来就能超越时空限制展开教师、学生、家长的阅读活动。借助"整本书阅读博客圈"平台，有关阅读发现、阅读疑难等信息也能得到充分的展现、交流，从而使阅读活动真正落到实处，真正实现各方交互、共赢。在这个过程中，学生良好的阅读习惯就得以养成，坚毅的阅读意志也就得以磨炼。

缺少阅读策略的阅读是低效的阅读。在整本书阅读的整个进程中，若学生一直在阅读的低层次徘徊，此时就需要教师引导学生进入深度阅读，从而提升其阅读层次。

四、整本书阅读视野下高中小说阅读推进活动探讨

（一）成果分享模式探讨

成果分享课的教学模式有自主交流式、任务分享式、活动展示式三种。

第一，自主交流式。为克服阅读困难，激发学生阅读整本书的热情，我们可以让每个学生在阅读过程中随时记录个性化的感受；可以寻找阅读伙伴办读书沙龙，进行互动交流；为了让学生读整本书有一个交流平台，可以专门成立文学社，创办班刊，开展读书论坛；可以在整本书阅读的专题网页发帖交流、推介图书；还可以通过亲子阅读、师生共读的方式，就相关话题在微信公众号、简书、微信朋友圈、QQ 等平台自由交流、分享，与家长、老师、同学进行深入交流。

可以说，这种交流式成果分享课可以不受时间、场地、人员的限制，不拘于形式，让学生有充分的发言空间，对阅读心得进行互动交流，从而自由又高效地完成阅读任务，提高阅读能力。

第二，任务分享式。教师是学生学习的引导者。我们教学时也可以采用教师引导下的学生展示汇报为主、教师示范点评为辅的方法，旨在通过学生之间的交流碰撞、教师的示范点拨，引发学生深度思考，促使学生扎扎实实地深入理解文本。可以采用举办读书汇报会、微课展示、开设阅读专题讲座及阅读推介会等活动来进行任务分享，力求有所侧重，个体突破，旨在让学生在漫读自由分享和精读正式汇报、全体和个体间找到平衡。

第三，活动展示式。无论是阅读与鉴赏，还是表达与交流，语文学习都可以被设计成实践活动，成果展示课也不例外。我们可以设计一些与作品相关的综合阅读实践活动，如制作图书海报、设计图书 logo、模拟新书发布会、举办辩论会、编写剧本并演出。以活动来展示阅读成果，而不是用考试分数来评判阅读效果，用过程性评价引领学生体验阅读的过程，优化阅读效果，更有利于学生阅读素养的提升。

但整本书阅读活动的设计首先必须有效促进学生扎扎实实地深入文本阅读，促使学生在语言建构与运用、思维发展与提升、审美鉴赏与创造、文化传承与理解几个方面获得发展；其次活动设计在内容上突出表现为"整合"，即需要通读全书方能完成，活动过程倒逼学生在整本书中回读文本、重构内容，对作品产生新的思考和认识。

（二）阅读活动形式探讨

整本书阅读除了需要以一系列的阅读推进策略持续关注学生整本书阅读全过程之外，阅读活动的开展也是必不可少的。所以在阅读推进设计中，可以融入活动元素，将单调的逐章依序阅读转化为多元创意的主题阅读活动，从而有效地引导学生。

第一，举办读书节。我们在整本书阅读的过程中，可以以形式多样的读书活动为载体，举办读书节，营造书香校园，建立读书社，定期进行课外阅读交流，举办课外阅读指导讲座、读书报告会等。还可以开展新颖活泼的阅读活动，如作家采访、作者访谈、作家讲座，或请书中人物"做客"等来丰富学生的文化生活，提升学校的办学品位。

第二，开辟"阅读书场"。教师可在早晚读时间、阅读课上开辟"阅读书场"，在学生阅读某本书后，为学生统一播放一些品析经典名著的读书节目，如重庆卫视的《品读》。在听读的过程中，学生的思想理念会更有深度，文化视野会更有广度，文学艺术会更有高度。在此基础上，再请学生围绕阅读中产生的问题展开阅读讨论会、辩论会，以听节目的方式来推进整本书阅读。

第三，推动项目式阅读。开辟书评版面、创建阅读专区、开展专题书展、建立人文经典论坛。如"朗读者"招聘选拔，用声音塑造对作品的理解；只有读完作者的作品后拟写访谈提纲，整理采访内容，访谈作者；策划文案，回读文本，整合重构。用项目推动阅读，化静态阅读成果为言语实践活动的输出。

第四，建设阅读作品展示栏。教室后面和走廊外墙均有一块展示板，可用来展示学生的阅读记录卡、阅读思维导图、阅读创作、手抄报、经典语段书法等，让每位学生都有展示自己作品的机会。同时引导学生对同学为整本书制作的阅读专题网页、书签、画册、插图等作品进行投票，最终选出"十佳思维导图""十佳专题网页""十佳书签"等。

第五，以跨媒介阅读的形式开展阅读。我们可以结合当今社会发展的趋势，以跨媒介阅读的形式来开展阅读，如对《红楼梦》中的主要情节采用舞台演绎的模式进行项目化的阅读教学。这种活动方式可以首先通过采用问题驱动的形式引起学生阅读关注，接着带领学生在阅读中进行问题探究，最后利用影像工具等现代化资源进行作品再创作。

这些流程都离不开教师和学生的通力合作，同时也离不开学生之间的小组合作，这个过程对于提高学生的语文综合素养起着重要的作用。这一过程重视的是对学生综合能力的培养，既可以提升学生的口头表达能力，也可以增强学生的书面表达能力。学生从舞台演绎的方式中也可以获得丰富的舞台表演知识；学生在这一过程中还可以科学地处理课上与课余时间，养成合理安排自己时间的好习惯，更重要的是，这一形式的学习能够有效地训练学生的批判性思维。

参考文献：

[1] 褚树荣，黄会兴. 开卷有益：整本书阅读与研讨［M］. 上海：上海教育出版社，2018.

[2] 董菊初. 叶圣陶语文教育思想概论［M］. 北京：开明出版社，1998.

[3] 胡勤. 高中语文学习任务群教学设计［M］. 杭州：浙江教育出版社，2017.

[4] 艾德勒，范多伦. 如何阅读一本书［M］. 北京：商务印书馆，2004.

[5] 中华人民共和国教育部. 普通高中语文课程标准［M］. 北京：人民教育出版社，2017.

[6] 佐藤学. 静悄悄的革命：课堂改变，学校就会改变 [M]. 北京：教育科学出版社，2016.

[7] 赵彩玲. 高中生整本书阅读教学模式研究 [D]. 上海：华东师范大学，2017

[8] 彭丽丽. 高中生整本书阅读的现状及策略探究 [D]. 新乡：河南师范大学，2017.

[9] 刘璐. 高中外国名著整本书阅读研究 [D]. 苏州：苏州大学，2017.

[10] 侯诚. 思维导图在整本书阅读中的运用 [J]. 课程教育研究，2018 (41)：79.

[11] 李相银，陈淮高. "整本书阅读"指导策略漫谈 [J]. 中学语文教学参考，2018 (28)：47-49.

[12] 朱少山. 有效激趣，推动整本书阅读——以《红楼梦》（第一回）导读教学设计为例 [J]. 语文教学之友，2018，37 (10)：37-39.

[13] 李金云，李胜利. 整本书阅读教学实施的三重视角 [J]. 语文教学通讯，2018 (29)：24-26.

作者简介

陈靖，女，中共党员，高中语文一级教师。在教学方面，敬业善教，积极探索将新课标教学理念和实践相结合，形成鲜明的个人特色，深受学生欢迎。2018—2019年连续荣获第二十届、第二十一届"语文报杯"全国中学生作文大赛优秀指导教师"特等奖"；2020年07月被聘为广东省2020年普通高考评卷工作评卷教师；2020年07月荣获2020年广东省高考语文科评卷工作"表现突出奖"；2017年09月荣获湛江市首届中学语文教师下水作文竞赛"二等奖"；2018年11月荣获湛江市中小学优秀  教师"特色示范课堂"比赛高中组二等奖等。在教研方面，积极主动研究新课改，除参与市级、校级公开课和校本课程的研究和编辑外，还参加省级课题研究《以经典诵读教学促进学生丰富健全的情感能力培养的行动研究》，其成果形成论文《诗歌朗诵对高中语文审美教育作用的研究》，并以课题研究理论来组织筹办校大型诗歌朗诵和话剧表演大赛，在学生的美育和综合能力的培养上取得突出成就。

温暖与悲悯的力量

——《朝花夕拾》阅读指导

杨小婵

　　《朝花夕拾》是初中语文部编教材所推荐的第一本必读名著，是鲁迅先生晚年创作的唯一一部回忆性散文集，是了解研究鲁迅早年生活、思想与当时社会风貌的重要书籍。鲁迅先生的作品因对社会剖析得尖刻透彻，深深地影响着一代又一代人。但初中生因受其阅历和年龄限制，能真正读懂鲁迅先生的文字的，估计不多。那么怎样才能让学生在刚接触鲁迅作品时不产生畏惧心理呢？此时，老师的阅读指导很关键。

一、读懂尖刻里的温情与悲悯

　　鲁迅在少年、青年时期经历了很多，也看到了很多，所以他的作品涉及很多方面，尤其是他对社会的批判，带着鲜明的时代印记，深刻尖锐到可能让学生无从理解。当然，理解能力与学生的经历也有很大的关系。事实上，学生对时代的认识也确实是有局限的，客观而言，学生与作者间存在着无法跨越的年龄鸿沟。怎么办呢？我的处理是：从学生最熟悉的情感上找突破口。在筛选篇目的时候，把《藤野先生》《阿长与〈山海经〉》《父亲的病》《五猖会》这四篇作品组合起来进行探究，将其共同之处，就是人间永恒的主题——爱，父母之爱、师生之爱、朋友之爱，提炼浓缩，让学生能够一下就找到名著阅读的入口。

　　这几篇文章给我们呈现了一位对弱国子民正直热情的异国老师，有些愚昧却善良仁慈的阿长，刻板严厉、遏制儿童天性但深爱儿子的父亲……这些记忆，藏在作者心灵的最深处，读来，也能让每一个读它的人产生一种温暖的感受。

　　这些作品，虽然写了大量少年时代的事情，但作者的初衷并不是为少年儿童而写，也并非单纯地聊以自慰，而是作者借回顾一生，对时代生活文学性反映。说得更本质或直接一点，那就是他要与所谓的"正人君子"之流所笼罩的黑暗时代相抗争，做其作为一名"战士"所该做的事情。但在进行阅读指导时，还是要从学生本身的实际出发，毕竟初中一年级的他们还只是少年。

二、从《五猖会》到《父亲的病》的阅读指导

翻开《五猖会》，儿时盼望观看迎神赛会的急切、兴奋心情溢于言表。"因为关东离城远，大清早大家就起来。昨夜预定好的三道明瓦的大船，已经泊好在河埠头，船椅，饭菜，茶炊，点心盒子都在陆续搬下去了。我笑着跳着，催他们要搬快点。""忽然，工人的脸色很谨肃了，我知道有些蹊跷，四面一看，父亲就站在我的背后。"一个小孩，作好了看赛会的万全准备，心念着马上出发，结果呢，对儿童心理无知并且权威的父亲来了。这段情景，是很能引起学生共鸣的。很多学生都会有这种经历，这种心情也很能让他们理解。相信同学们在看到这段文字时，心里是涌起丝丝波澜的。"去拿你的书来，给我读熟。背不出，就不准去看会。"对父亲的着墨不多，但一位古板、严厉的父亲形象已经跃然纸上。后来，那次看赛会以"关东的五猖会的热闹，对于我似乎都没有什么大意思"结束。自此，同学们对作者笔下的父亲形象的一角估计已经深恶痛绝了。作为教师，要怎样引导学生处理好父子之间的关系呢？接下来就可以引导学生阅读《父亲的病》。儿时的作者对父亲的很多做法很不解，一直到其父亲生病，到处找"神医"，但毫无起色，以至于见父亲喘气颇长久，吃力，有时甚至有"还是快一点喘完了罢……"的念头，再到"每听到时，就觉得这却是我对父亲最大的错处"。此时，源着鲁迅先生对父亲的深情，教师可以把学生的情绪最大化地调动起来，让学生读懂鲁迅先生笔下那份最真、最美、最深的"父子深情"，其中渗透中华传统的孝文化，触动学生内心最柔软的心尖。

三、从《父亲的病》到《藤野先生》的阅读指导

有了情绪的波澜，接着又如何指导呢？这时候可以指导阅读《藤野先生》篇目。藤野先生是鲁迅先生到日本仙台学医时遇到的一位正直无私、重视中日友情、没有民族偏见的好老师。因为《父亲的病》，才有了与《藤野先生》的遇见。本想着到日本留学学医，寻求救国道路，但遭遇日本青年寻衅以及看电影事件，鲁迅后来就有了"弃医从文"的决定。对这段经历的解读，可以指导学生读懂鲁迅先生和藤野先生交往的点滴，让学生明白，在师生交往中，老师给予学生的期待如同父母所给予的。相信同样也能让初一的学生明白：鲁迅先生笔下，除了尖刻，其实还真真实实拥有着暖彻心扉的温情。

四、从《藤野先生》到《阿长与〈山海经〉》的阅读指导

在鲁迅先生心中，还常常有着对社会底层人物的关注。阿长就是当中最具代表性的人物。究竟这位阿长有什么魅力，让鲁迅先生在很多文章中都饱含深情地想起她？可以先指导学生总结阿长的"麻烦事"。一筐子的礼节，最主要的是还谋死了迅哥儿的隐鼠！对她，迅哥儿简直是已经到了憎恶的程度。但这样一位典型的农村妇人，确实身有神力，那就是："别人不肯做，或不能做的事，她却能做成功。"作品采用先抑后扬的写法，把阿长的形象刻画得入木三分，当"仁厚黑暗的地母呵，愿在你怀里永安她的魂灵"在文章的结尾出现，相信学生们对阿长的情感也不亚于鲁迅先生。这是对一名连名字都不为人知的底层劳动人民倾注的最真挚的情感呐。

温情与悲悯是一个人内心最纯真、最动人的力量。教人向善，向阳而生，触动学生心底最柔软的部分，可能是探索阅读教学的制胜法宝。

作者简介

杨小婵是广东省南粤优秀教师、广东省骨干教师培养对象、广东省阅读之师；湛江市名班主任工作室主持人、湛江市最美教师、湛江市名师、湛江市骨干班主任；吴川市责任督学、吴川市优秀教师、吴川市首届最美教师、优秀名师。获得湛江市中小学班主任专业能力大赛第二名、湛江市名著导读教学案例评选二等奖、湛江市统编教材名著阅读教学案例评比二等奖；还获得吴川市语文高效课堂教学比赛一等奖。

"作为终身教育者必先成为终身学习者"是她工作的格言。自任教以来，她不断刻苦学习教育理论和相关文化知识，提升自己，吸收新理念，大胆创新，是一名教育新理念的先行者，主持参与课题多项，发表论文多篇。她还是新时期一位智慧型的班主任，立足实际，既培育孩子生活的基本自信和对乡土的良好的情感依恋，又教育孩子积极接纳现代文明，拥有开阔的胸襟，与社会和谐共处。她作为名班主任工作室的主持人，团结着一批做实事的教育人，做着幸福的教育。

《呐喊》《彷徨》整体阅读
——鲁迅小说中的天气情况和
其"冷峻"的艺术风格的关系探究

尤立家

人们常用"冷峻"一词形容鲁迅先生小说的艺术风格，这种艺术风格固然与作家的创作思想和语言艺术有关，然而，整体阅读《呐喊》《彷徨》之后，不难发现鲁迅先生的小说之所以"冷"意盎然，还跟故事发生时的天气情况密切相关。

下面，我们按照季节和天气情况简单地梳理一下"鲁镇"一带发生的故事。

	春	夏	秋	冬
温暖	《社戏》 《阿 Q 正传》	—	—	—
炎热	—	《明天》 《风波》	—	—
寒冷	《药》 《孤独者》	—	《孔乙己》 《药》	《故乡》 《祝福》 《白光》 《在酒楼上》

上述表格中一共列举了 11 篇小说，其中有 7 篇小说创设的天气情况直接与"寒冷"相关，另外 4 篇小说创设的天气情况与"寒冷"相反。下面，我们对这两类小说分别加以分析。

一、鲁迅小说中的"寒冷"

《药》的故事在寒冷的秋季和春季展开。"秋天的后半夜，月亮下去了，太阳还没有出，只剩下一片乌蓝的天；除了夜游的东西，什么都睡着。"在这静寂里，华老栓拿着洋钱走到了街上，购买了人血馒头，"天气比屋子里冷得多了"。然而"药"并没有见效，华小栓依然在第二年变成了一座新冢。"这一年的清明，分外寒冷；杨柳才吐出半粒米大的新芽"。

从秋季到春季，中间自然有一个漫长的、寒冷的冬季。可以说，小说中的整个故事都是在寒冷中展开的。夏瑜在寒冷的秋夜被处决，华小栓病死的时间不可考，但确定也在寒冷的时节。两个不同身份的人，都是在寒冷里丢失了年轻的生命，也都是在寒冷的清明节享受活着的亲人的祭奠。整篇小说充斥着寒冷的氛围，又揭示着寒冷的主题——救人者和被救者都逃不过消亡的命运，愚昧世界的温暖的春天还十分遥远。

《孤独者》里的魏连殳出殡是在"春初的下午，天气欲雨不雨，一切都罩在灰色中"。春初的下午，又是阴天，想必是有着料峭的春寒的。阴冷灰暗和丧葬的色调十分协调。朱自清说："'一年之计在于春'，刚起头儿，有的是功夫，有的是希望。"可是魏连殳却在初春放弃了所有的功夫和希望。很快就要春满人间了，然而魏连殳不在人间了。故事的结尾："潮湿的路极其分明，仰看太空，浓云已经散去，挂着一轮圆月，散出冷静的光辉。"在这个凄清的意境中，一个独具个性的现代知识分子在混沌的社会舞台上永久地谢幕了，留给读者的是无穷无尽的、冷静的重压之感。

《在酒楼上》一文中，"我"在酒楼上偶遇吕纬甫时正是在"深冬雪后，风景凄清"的情形中，两人分别后，"我独自向着自己的旅馆走，寒风和雪片扑在脸上，倒觉得很爽快。见天色已是黄昏，和屋宇和街道都织在密雪的纯白而不定的罗网里"。寒冷和迷茫的感觉扑面而来。

魏连殳和吕纬甫都是有着新思想的知识分子，他们的命运曾经十分相似，他们都曾经做过教授新知识的教员，都曾经对旧社会进行过挑战和反抗，也都以失败告终。不同的是，魏连殳采取了自戕式的复仇，最终扮演了一个颠覆自我、丑陋粗暴的形象，毫不留情地挥霍殆尽了绝望的生命。这样的命运遭际和初春的寒冷、灰暗相得益彰。似乎希望近在眼前，一转眼希望又已经幻化成了绝望，最后在冷静的月光下，引起人们冷峻的思考。而吕纬甫，在家庭、社会和生存的重重压力之下，懦弱地妥协了，就像一只苍蝇，绕了一圈又回到了原点，他以后的人生状态就是四个字：敷敷衍衍。他的命运和深冬的风雪黄昏更相匹配：一切都织在风和雪的罗网里，寒冷而混沌，这样的情境就像吕纬甫被困在旧社会的罗网里，无力挣扎，永远无法逃脱。

《孔乙己》文，只是在孔乙己最后一次出场的时候强调了天气情况："中秋之后，秋风是一天凉比一天，看看将近初冬；我整天的靠着火，也须穿上棉袄了。"在这秋末的冷风中，断了腿的孔乙己"从破衣袋里摸出四文大钱"，买了他这一生中的最后一碗酒，喝完之后，在旁人的说笑声中，"坐着用这手慢慢走去了"，最终消失在了鲁镇的寒冬里。

《白光》里，陈士成落榜发生在初冬的晴天，凉风拂拂，但是"初冬的太阳却还是很温和的来晒他"，以至于"他似乎被太阳晒得头晕了"。然而，他的"头晕"大概来源于落榜的打击，"温和"应该是陈士成的心理错觉。在作者写到夜间的时候，两次用了"寒冷"一词："独有月亮，却缓缓的出现在寒夜的空中。""月亮对着陈士成注下寒冷的光波来。"陈士成正是在这寒冷的月光的照耀下精神失常、落水而死的。

孔乙己和陈士成都是封建时代的读书人，他们都走不通"学而优则仕"的科举之路，以至于最终孔乙己穷困潦倒而死，陈士成癫狂落水而死，而且都是死在了寒冷的冬天。

《祝福》里鲁镇的天气情况大多是阴云、下雪。因为作者主要写了祥林嫂在鲁镇冬天的生活，对春、夏和秋三个季节里祥林嫂的生活进行了简略甚至屏蔽，所以她的生活里常常伴随着鲁镇"灰白色的沉重的阴云"和"团团飞舞的雪花"。最终，她悄无声息地死在了祝福前夕的阴霾里。

《故乡》一篇里，创设的环境是在冬天："我冒了严寒，回到相隔二千余里，别了二十余年的故乡去。时候既然是深冬；渐近故乡时，天气又阴晦了，冷风吹进船舱中，呜呜地响，从蓬隙向外一望，苍黄的天底下，远近横着几个萧索的荒村，没有一些活气。"严寒、深冬、阴晦和冷风共同渲染了苍黄萧索的氛围。

此外，值得一提的是，在"我"的回忆中，有一幅美好的"海滨夏夜图"："深蓝的天空中挂着一轮金黄的圆月，下面是海边的沙地，都种着一望无际的碧绿的西瓜，其间有一个十一二岁的少年，项带银圈，手捏一柄钢叉，向一匹猹尽力地刺去，那猹却将身一扭，反从他的胯下逃走了"。这样一个海边晴朗夏夜应该有着习习的海风，凉爽舒适。可惜，美好的天气和美好的画面只存在于童年和回忆之中，成人和现实的世界里，寒冷和阴霾才是基调。

不难发现，对于鲁迅先生塑造悲剧人物，无论是救赎者还是被救赎者，无论是新知识分子还是旧知识分子，无论是男人还是女人，讲述他们悲剧的人生时，冷的天气直接营造了冷的氛围，从而使读者能够直观感受到鲁迅和他的文学作品的"冷峻"风格。

二、鲁迅小说中的"温热"

《社戏》中说赵庄年年都要演戏,"那或者是春赛,是社戏了",可知,故事发生在春天。在小说中,作者并没有对气温进行直接描述,但是,从"两岸的豆麦和河底的水草所发散出来的清香,夹杂在水气中扑面的吹来;月色便朦胧在这水气里"这样舒适熨帖的意境里,可以想见"我"去看社戏的那个晚上是个晴朗温润的春夜。

《社戏》的主体故事是"我"和少年们撑船去赵庄看戏,前文写的两次观看"京戏"的经历无疑对主体的故事起到了反衬的作用。《社戏》的独特之处在于,故事中的人物,无论是以"双喜"为代表的少年,还是以"六一公公"为代表的成年人,都比较正常,他们淳朴、热情、友爱、无私。作者在结尾的时候深情地写道:"真的,一直到现在,我实在再没有吃到那夜似的好豆,也不再看到那夜似的好戏了。"其实,令"我"久久回味的未必是豆和戏,而是一群正常人之间的和谐的温情。

美好到刻骨铭心的童年回忆,本身就是对成人世界的一种逃避和否定。同时,这样一篇大体温暖的文章,置身于《呐喊》和《彷徨》的"寒冷"氛围里,就像暗夜里一只手电筒射出的光,被照到的地方越明亮也就越能反衬出夜的无边黑暗。《社戏》正是用逝去的"温暖"来反衬现存的"寒冷",这正如林妹妹的"无声之泣",分外令人心痛。

《阿Q正传》的故事并非都在温暖的春天展开,只是恰巧在温暖的春天他经历了一些人生中的大事件。"有一年的春天,他醉醺醺的在街上走,在墙根的日光下,看见王胡在那里赤着膊捉虱子,他忽然觉得身上也痒起来了",然后便发生了王胡给他碰头的事情,这是他"生平第一件的屈辱"。不幸的是,紧接着他又经历了"生平第二件的屈辱"——挨了假洋鬼子的哭丧棒。接踵而至的生平两大屈辱大概是温暖的春天给阿Q开的玩笑,无论日光怎样的温暖,应该都无法暖热阿Q凄凉破碎的内心了吧。

依然是在这天的日光下,经历了两次惨败的阿Q终于通过调戏小尼姑赢得了决定性的胜利。阿Q是相对于王胡和假洋鬼子的弱者,小尼姑是相对于阿Q的弱者,按照常理,弱者应该相互同情,这样的基调似乎才能和春天的温暖相呼应,可事实却是,作为弱者的阿Q对于更弱的小尼姑没有半分同情,只有猥亵和暴力,这是何等冷酷!日光照耀下的,令阿Q十分得意的胜利,在其他人九分得意的笑声中,简直冷透骨髓!

然而这次异样的胜利竟撩动了阿Q的春心,终而引发了他和吴妈恋爱的悲剧,导致他丢了破布衫,质押了毡帽和棉被,失去了生计,以至于"有一日很温和,微风拂拂的颇有些夏意了,阿Q却觉得寒冷起来"。春风和阳光,多么温婉的背景。可是在这个大幕景中上演的却是披着喜剧外衣的悲剧:"三无人员(无姓名、无籍贯、无土地）"阿 Q 最终变成了连生存机会都丧失了的"四无青年"。阿 Q 甚至没想明白自己如此落魄的原因是什么，但是他能懵懵懂懂地感觉到：温暖的阳光令他寒冷，熟悉的乡邻对他冷漠——他在未庄没有活路了。

不难发现，明亮而温暖的春阳恰到好处地为阿 Q 的悲剧人生增添了一抹反讽的喜剧色彩。他的愚昧无知、麻木不仁、可怜可叹在这一派春光中清晰可见。阿 Q 就像一个蹩脚的、不走心的演员，硬生生把一出本应令人涕泪俱下的悲剧演成了令人啼笑皆非的"喜剧"。这样的喜剧效果，在某种意义上来说，归功于明媚春光的反衬作用。这种将"冷峻"寓于暖色之下的手法，正像藏钢针于棉花之中，先给人以和谐的错觉，继之以始料未及的切肤之痛，进而起到令读者获得寒冷、疼痛之外的五味杂陈的阅读体验。

《明天》一篇中，单四嫂子在晴好的夏天永远失去了她的宝儿，"银白的曙光又渐渐显出绯红，太阳光接着照到屋脊"。这是一篇很奇特的小说，虽然故事发生在夏天，但是读者却感觉不到夏天应有的火热，相反，我们感到的却是寒凉。这大概是由于以下三个原因：其一，作者刻意规避了对气温的描写。小说里写了三个夜晚、两个白天，黎明时分都有"银白色的曙光"，可见天气的晴好，但并没有对于晴朗夏日应有的炎热的描写。所以，读者无法直接地感受到"热"。其二，小说注重对单四嫂子的心理刻画，我们很容易感受到她的焦虑、担忧、恐惧、痛苦、无助和凄凉，这样冷色调的心理世界，很容易让读者忽略"夏天"的背景预设。其三，小说对单四嫂子所处的社会环境的描摹，更加增添了"寒凉"之感。单四嫂子的隔壁就是著名的咸亨酒店，那里可以说是鲁镇上最热闹的所在。深更半夜，别人都睡觉了，红鼻子老拱们和蓝皮阿五们依然在喝着黄酒、唱着流里流气的小曲，即便是在单四嫂子为宝儿过世痛苦麻木而无眠的夜晚，咸亨酒店里的歌声依然没有停歇。可见，鲁镇的乡民对于同胞们的痛苦是多么的"冷静"、冷酷！单四嫂子的宝儿病逝了，确实有不少邻居前来帮忙，可是他们却不是义务劳动，而是要在单四嫂子家里吃饭。这原是农村丧俗的规矩，无可厚非。可是单四嫂子本来就是一个靠纺线维持生计的寡妇，为了给宝儿看病已经花光了积蓄，所以为了请帮忙的人吃饭，她只能抵押了两条板凳和五件衣服来借钱。如此一来，单四嫂子不仅失去了儿子，还要在以后很长一段时间里承担债务。这样一个无辜、无助的人却被邻居们无视，他们心安理得地吃了一餐又一餐，这难道不令人心寒吗？

《风波》里关于"皇帝坐了龙庭"的流言在七斤家里掀起风波的事情，也是发生在夏天。这从小说开篇的环境描写中可以找到依据："临河的土场上，太阳渐渐的收了他通黄的光线了。场边靠河的乌桕树叶，干巴巴的才喘过气来，几个花脚蚊子在下面哼着飞舞。面河的农家的烟突里，逐渐减少了炊烟，女人孩子们都在自己门口的土场上泼些水，放下小桌子和矮凳；……老人男人坐在矮凳上，摇着大芭蕉扇闲谈……"

在太阳"通黄的光线"里，我们很轻易感受到"热"。女人孩子们在土场上泼水，一是为了降温，二是为了降尘；老人男人摇着大芭蕉扇自然是为了纳凉。可见，这是一个炎热而又干燥的夏天。

小说里的主角七斤是村里的"出场人物"，见多识广，向来受到家人和村人"相当的尊敬"。革命党起义的时候，七斤进城被人剪了辫子，这本来也无关紧要。然而，突然间传言皇帝复辟了，"皇帝要辫子"，被剪了辫子的七斤可能要面临灭顶之灾。于是，他的处境发生了变化：首先是妻子的谩骂和孤立，大有划清界限、各自分飞的势头；然后是"仇家"赵七爷的幸灾乐祸、危言恐吓；接着就是村人们"对于七斤的犯法，也觉得有些畅快"。一个原本处处受人尊敬的人，将要大祸临头了，得到的不是帮助，而是疏离、冷漠甚至嘲讽。这种状况可以说是当时广大农村真实社会关系的写照。在这样一个社会关系中，人人自危，人们靠贬低甚至摧毁他人的价值来获得自我的存在感、满足感，所以，人们的内心是黑暗的、坚硬的、冰冷的，就连夏季里"通黄的光线"也不能把它照亮、软化、暖热。"夕阳无限好"的河滨夏暮，也不过是人们黑洞洞、阴森森的内心世界的一个帐幕罢了。有了这层帐幕，我们会觉得"生活从远处看是喜剧"；揭去这层帐幕，我们会发现原来"生活从近处看是悲剧"。

鲁迅先生的小说中，寒冷多而温热少，即便是在温暖甚至炎热的时节里发生的故事依然渗透着森森的、令人措手不及的寒意。温和热的天气像是一层虚伪的外衣，遮掩着冷酷的实体，在带给我们错觉的同时，又强烈地让我们感受着反讽的震撼——"冷峻"原来也可以如此不动声色而又力透纸背！我们不得不像先生一样，"要敢于直面惨淡的人生，敢于正视淋漓的鲜血"。18 世纪的法国作家布封认为，风格即人，即文章风格实质上是作者精神面貌的一种体现。要想真正读透鲁迅先生小说中的冷和热，我们得须像先生一样，做一个冷峻的、真正的猛士。

作者简介

尤立家，2011 年毕业于湖南师范大学汉语言文学专业，获得文学学士学位；2013 年毕业于湖南师范大学学科教学（语文）专业，获得教育硕士学位；2013 年 8 月至今任教于湛江市第二中学高中部；是中学语文一级教师，湛江诗社社员，广东楹联学会会员，湛江二中诗社理事，湛江市诗词楹联研究会理事；在"诗意湛江"公众号、《当代诗词》《诗词月刊》发表多篇诗歌作品；在《知识文库》《年轻人教育》发表两篇学术论文。

鲁迅小说集任务群驱动式的整本书阅读教学
——以女性形象分析为例

肖诗婷

导言：鲁迅小说集《呐喊》和《彷徨》是新课标"整本书阅读"的推荐书目之一。这两本小说具有极高的思想和艺术价值，对当代生活也有极高的指导意义，但是大部分学生表示作品"难懂"，因此学生需要在教师的指导下才能更好地阅读这些作品。从学生的兴趣、学情，作品与现实关联点等角度，笔者选择了以女性形象为题材的《明天》《祝福》和《伤逝》，让学生进行精读，并从"课前导读""课上共享""课后整合"三个方面作了相应指导。

随着碎片化阅读时代的到来，我国国民图书深度阅读行为的占比偏低。而青少年阅读行为方式的改变要依靠日常教学，因此《普通高中语文课程标准（2017 年版 2020年修订）》一书将"整本书阅读与研讨"列为学习任务群 1，并要求"本任务群的学习贯串必修、选择性必修和选修三个阶段"①，提高了"整本书阅读"在语文教学过程中的地位与分量。

该课标在"附录 2　关于课内外读物的建议"一文中，将鲁迅的《呐喊》和《彷徨》作为小说部分的推荐书目。这两本小说具有极高的思想和艺术价值，对当代生活也有极高的指导意义。从初中到高中，学生已经接触了鲁迅先生的《社戏》《孔乙己》《祝福》等小说作品，但是大部分学生表示作品"难懂"，需要在教师的指导下才能更好地阅读，因此笔者选择鲁迅小说集《呐喊》《彷徨》作为高一学生整本书阅读教学的材料。

《呐喊》《彷徨》两本小说集共收录 25 篇文章。如果每一篇作品都精读精讲，则需要耗费大量的课时，极有可能会影响到正常的教学秩序，且新课程标准提出，"综合运用精读、略读与浏览的方法阅读整本书"②。因此，从学生的兴趣、学情，作品与现实关联点等角度，笔者选择了以女性形象为题材的《明天》《祝福》和《伤逝》，以知识分子形象为题材的《狂人日记》《在酒楼上》，以看客形象为题材的《示众》，以及《药》《阿 Q 正传》等名篇来让学生进行精读。本文主要介绍"婚姻视域下女性形象分析——以《明天》《祝福》和《伤逝》为例"一课的课堂教学设计思路。

一、整本书阅读的课前导读

（一）利用信息手段，提前安排阅读任务

新课标的教学提示强调："阅读整本书，应以学生利用课内外时间自主阅读、撰写笔记、交流讨论为主，不以教师的讲解代替或限制学生的阅读与思考。教师的主要任务是提出专题学习目标，组织学习活动，引导学生深入思考、讨论与交流。"可见，学生的阅读活动占主体地位，但对于鲁迅的小说，学生往往较难理解，那么课前的任务导读显得尤为重要。因此，在整本书阅读教学开展之前，教师可利用 PPT、Word 等现代化信息手段，完成导读任务的制作，再要求学生用课内外的时间阅读相应篇目并完成相应的导读任务。导读任务（部分）如下：

活动主题一：个性化精读赏析

①你认为"涓生"是"渣男"吗？

②分析文中三位女性的家庭婚姻观。

③你怎么看待当今的离婚行为？你如何看待《民法典》设置的"离婚冷静期"？

④当代女性该如何重新定义自身的价值？

活动主题二：丰富的跨界阅读

①推荐有关《明天》《祝福》和《伤逝》的赏析类文章；

②推荐《祝福》《百年巨匠》等影视作品。

活动主题三：阅读成果生成与输出

以女性形象或女性婚姻观为主题，以手抄报、读后感、书评等形式（任选其一）记录阅读成果，具体要求如下：

①手抄报：巧妙构图，所绘制的图画背景应与作品文字相辅相成。

②读后感：至少选取一处感触最深的内容加以赏析、评说。

③书评：切入点要小，可写一篇或综合多篇阐述，写作要符合书评格式。

（二）及时批阅导读作业，整理相关问题

教师在课前浏览、批阅学生的读书成果。对于个别性问题，直接在作业中与学生笔谈或当面解说；对于关键问题，则需要在课上进行有针对性的讲解。教师还应做详

细的批阅后记，整理学生的问题及心得，为课上指导作好准备。

二、整本书阅读的课上共享

根据学生课前对导读任务的完成度，可以了解到学生对于不同篇目的理解程度，并根据这一实际情况，规划并开设教师答疑课或读书分享会等活动。对于较为简单的问题，可以通过读书分享会的方式解答，不仅能起到交流观点的作用，还能肯定学生的成果，体现学生的主体地位，增强学生的自信心。对于较为困难或学生理解有偏差的问题，则需要教师补充和解读。

（一）开设教师答疑课，解决存疑问题

批改课前导读部分作业时，笔者发现，许多学生认为"涓生轻易放弃子君，是'渣男'"，这反映了学生没有认识到这一问题的社会原因，因此在本次答疑课上，笔者重点引导学生分析《伤逝》中子君和涓生的矛盾（从生活矛盾到思想矛盾）以及矛盾产生的社会根源——思想解放不彻底、经济发展尚未能提供足够的就业自由等，并将话题延伸到当代的离婚现象。笔者所任教的两个班级女生居多，大约有 90 人，且通过日常观察、交流以及作业作答情况，发现许多学生对父母离婚这一现状的认识并不充分或者未能得到及时的开导，因此需要教师做出适时的引导。另外，本课通过分析祥林嫂、单四嫂子、子君三位女性的婚姻观（隐忍守节，以丈夫、子女为中心等），并联系《三十而已》等热播电视剧，进一步引导学生探讨当代女性价值问题。笔者认为当代女性背负着"独立"的重壳，却仍旧要回归家庭，这无疑是女性生存的重压。因此，要么男性也回归家庭，要么就要重新定义女性的价值，并不是只有在工作上取得成就才称得上"有价值""有意义"。

（二）开展读书分享会，交流师生观点

教师的课堂实践活动也可采用"读书会"的形式展开，坚持自主、合作、探究的思路，读书分享会的方式可以多样，既可以是成果的展示、讲演，也可以是针对某个问题的讨论，可以小组式，也可以全班式。由于时间有限，本课只设置了上述问题的答疑课，学生的手抄报展示在同一次课上完成。部分作品先由学生或者教师解读其中的设计，再由创作者阐述他的设计思路。

（三）开设论文指导课，形成规范写作

学生平时的表达交流活动，更多停留在读书会、读后感的层面，较为浅显且不规

范。高中生应接受一定深度的写作训练，因此教师可适当进行"小论文"指导，并在课后进行成果整合。

教师可给学生简单介绍论文的特点以及基本的写作流程，如结合孟祥森老师的论文《怎样写专题小论文》，介绍写作小论文的基本过程——科学选择题目、全面搜集材料、准确提炼观点、合理安排结构、精心起草修改。让学生了解了小论文写作的大致过程，再展示一些中学生所写的优秀小论文，学生就可对小论文的写作有基本的认识，在头脑中形成相对清晰的框架，从而更好地展开写作。并为学生提供一些辅助探究的书籍，引导学生通过网络资源来拓宽自己的研究思路，扩充研究内容，从而培养学生的写作能力。

三、整本书阅读的课下整合

（一）完善作品成果，整理成论文集

通过上述答疑课的开展，学生对这三篇文章有了更深入的认识，通过小论文指导课，学生对论文的基本格式也有所了解，因此可以让学生对自己的文章进行修改。教师随后可挑选出较为优秀的文章，并进行有针对性的指导，整理成较为正式的论文，并装订成册。

（二）实地采访调研，制作成小视频

可利用周末或假期时间，让学生到自己的居住地采访周围人的家庭理念或收集"隐秘村落里的小故事"，随后剪辑成为小视频。这样可以帮助学生了解鲁迅笔下某些婚姻观的残留情况以及新兴的现代女性婚姻观，进一步强化课堂教学的意义。

四、结语

鲁迅作品在学生心中总是被贴上"晦涩难懂"的标签，但其实这些作品是非常贴近我们大众生活的。鲁迅笔下的"看客"形象，在某种程度上便是当今的"吃瓜群众"。从这个角度入手，既能激发学生的阅读兴趣，又能由浅入深地引导学生去解读。因此，我们教师在解读鲁迅作品时，需要找准与现实的关联点，这样能更好地教授作品、传达思想。

参考文献：

[1] 中华人民共和国教育部. 普通高中语文课程标准（2017 版）[S]. 北京：人

民教育出版社，2018.

　　[2]张瀚.整本书阅读教学中的三个关节点[J].教学与管理.2016.

　　[3]徐伟.淡而有味的人生教科书——以《边城》为例的任务群驱动式整本书阅读教学[J].教育研究.2019.

　　[4]丁万锐.浅谈高中群文阅读教学的文本整合策略[J].教育革新.2019.

　　[5]何建玲.高中语文古典小说整本书阅读教学策略探究[D].南昌：江西师范大学.2019.

　　[6]李倩宋宇.语文核心素养下的高中经典小说整本书阅读教学研究——以《红楼梦》为例[D].汉中：陕西理工大学.2020.

作者简介

　　肖诗婷，中共党员，中学二级教师，于2015年8月进入湛江市第二中学任语文教师一职。自任教以来，工作认真，勤于钻研，多次承担校际公开课任务。疫情期间为湛江市教育局提供《声声慢》等线上教育课程资源。参与彭琳、刘军老师主编的《高考作文素材精粹与多向运用》（2019年版）一书的撰写。其指导的学生参加"湛江二中楹联创作与书写大赛"并获得一等奖。本人先后获得第二届"南方传媒杯"高考语文"下水作文"大赛二等奖、湛江市2020年高考语文"下水作文"大赛一等奖、湛江市2020年教育教学信息化交流展示活动三等奖、湛  江市第二中学青年教师素质大赛一等奖、湛江市第二中学年度先进工作者等荣誉。

新课改背景下高中语文整本书阅读教学的困境与实践探索

——以《鲁迅小说全集》阅读指导为例

陈 翠

导言： 本文结合湛江市第二中学学生阅读情况调查结果，分析当下整本书阅读教学所面临的困境。并以《鲁迅小说全集》阅读指导为例，借鉴艾登·钱伯斯的"阅读循环"理论和来凤华老师的五阶段整本书阅读教学实践模型，在实践中探索如何更好地实施整本书阅读教学，从而达到新课标对高中语文整本书阅读提出的目标和要求。

"整本书阅读"是新课改的重要内容之一。《普通高中语文课程标准（2017 年版)》共设计了 18 项语文学习任务群。学习任务群 1 就是"整本书阅读与研讨"。具体内容如下：设置本任务群旨在引导学生通过阅读整本书，拓展阅读视野，建构阅读整本书的经验，形成适合自己的读书方法，提升阅读鉴赏能力，养成良好的阅读习惯，促进学生对中华优秀传统文化、革命文化、社会主义先进文化的深入学习和思考，形成正确的世界观、人生观和价值观。课标提出，要求学生学会正确、自主地选择阅读材料，读好书，读整本书，多媒介获取信息，提高文化品位，提高阅读与表达能力。基于此，自 2019 年起使用的语文统编教材关于群文教学的设置体现的就是整本书阅读的理念。整本书阅读进课堂，已经是进行时。这些均说明，在当前教育环境下整本书阅读是课堂教学的重要组成部分。

一、当前实施整本书阅读教学的困境

课程计划与教学实施之间是要充分考虑学情等现实因素的。长期以来，语文课堂采取的都是单篇教学的模式。无论是老师还是学生都已经习惯了这样的模式。单篇教学侧重于对选取的单篇文章的独立赏析与解读，而整本书阅读则是要以联系的、立足整体的眼光对群文进行赏析和品读。如何转换思维，调整教学，指导学生进行有效的整本书阅读，是摆在教师面前的第一道关卡。

再者，如今是信息化时代，人们每天处在海量信息的包围中，早已形成碎片化的阅读习惯。碎片化阅读指的是利用短而不连续的时间片段进行简短而少量的文本阅读。阅读过程不完整，断断续续。这样的阅读模式导致人们缺少思考，使浅阅读盛行。当然，学生也是如此。但是这样浅层次的阅读方式与整本书阅读是相悖的。新课标中整本书阅读与研讨学习任务群要求"反复阅读品味，深入理解探究"。如何达到这一要求是教师面临的第二大困境。

列宁在《共产主义》一文中最早提出对具体问题应作具体分析。这一点在教学上同样适用。在湛江市第二中学发放的学生调查问卷的部分统计结果如下：约39%的学生每天的阅读时间在30分钟以下；近80%的学生表示学习任务重、空闲时间少，是影响课外阅读量的主要原因；兴趣和历史背景是影响学生阅读理解的两大因素；大部分学生阅读时能进行精读、细读，并受到启发，有所感悟。（具体调查结果附在文末）

课后大量、长时间的自主阅读是保障整本书阅读教学顺利进行的前提和保障。然而调查结果却显示，学生因学习任务重而阅读时间匮乏。在设计整本书阅读教学时，这个矛盾应该如何调和呢？这便是摆在教师面前的第三个问题。

当然了，不少学生还是有较好的阅读方法和阅读习惯，这一点对推进整本书阅读教学减去了不少的阻力。

二、教学实践与反思（以《鲁迅小说全集》阅读指导为例）

艾登·钱伯斯认为，每次阅读时人们总是在例行一个固定的循环，环环相扣，周而复始。人们应把"整本书阅读与研讨"的实践看作一个双层结构，外圈是学生的活动过程，内圈是教师的指导方式。来凤华老师推动学生阅读的过程包括：读—思—议—写—拓。"读"是学生自读；"思"是在读的过程中思考、品味、揣摩，梳理问题；"议"是讨论分享、消疑解惑；"写"是把阅读思考用文字记录下来；"拓"是深化拓展。两种实践模型有异曲同工之妙。前提和基础都是学生先完成自主阅读。

在充分研读《普通高中语文课程标准（2017年版）》的基础上，基于对学情的充分研究，也参照前辈经验，针对三大困境，笔者提出初步的设想并进行教学实践。

首先，结合学校的教学计划，充分利用寒假，给学生预留充足的自主阅读时间。第一轮阅读，主要让学生自由阅读，并每周坚持做读书笔记。把时间和空间充分留给学生，让他们自由地品读《鲁迅小说全集》，并以读书笔记的形式及时记录自己的思考。

　　受限于知识储备和生活阅历，学生对文本的理解还是比较有限的。鲁迅的小说很耐读，需要了解创作的时代背景。这方面，恰恰也是学生所欠缺的。在第二轮阅读之前，教师应广泛查找资料，为学生准备充分的阅读辅助资料，以备第二轮阅读的开展。这些资料包括但不限于：作者介绍、时代背景、文学评论等。补充的资料，可以很好地帮助学生拓宽视野，深入挖掘，启发思维。

　　当然，笔者前面提到，整本书阅读不同于单篇阅读，应该有整体意识、联系的眼光。在第二轮阅读中，可以以问题引导的形式，让学生完成综合性阅读、比较阅读。比如，分析鲁迅小说中的女性形象。这样一来，学生必然要找出不同文本中的女性形象进行比较，从而找出她们的共性与个性。要深入发掘，就需要交流和思想碰撞。可以以小组作业、各组分享、教师点拨的形式展示二轮阅读的成果。成果的形式是多样化的，可以是小论文，也可以是手抄报。灵活多样的形式，更能激发学生参与的积极性与热情。

　　阅读其实是读者二次创作的过程。它应该是个性化的、自由的、富有创造性的。教师如果设置太多的条条框框，或者给出所谓的标准答案，反而会限制学生的创造性。因此，应该充分尊重和发挥学生的主体性。比如，在分析鲁迅笔下的女性形象的读书分享课上，某个小组在设计手抄报配图时，创造性地将对不同女性的理解融合进去了。受到启发的其他小组在分享时，也将自己的理解融合进配图中，在交流中既加深了对文本的理解，又有了新的收获。

　　摘录其一展示如下：《明天》中单四嫂子形象的配图是，月下披着黑袍的女人抱着一个孩子。人物分析：一个年轻寡妇的形象。单四嫂子丧夫之后，恪守妇道，把儿子看作自己的希望和明天。但明天带给她的却是丧子和更大的不幸。对应的图解是：畸形的月亮代表了不平凡的夜与明天，黑色袍子代表了单四嫂子对明天的祈祷，也暗示黑暗的生活、泯灭的希望。

　　《伤逝》中子君形象的配图是，一个女人骑着牛，手执牛尾。人物分析：子君是受"五四"新思潮洗礼，但还未完全脱尽旧思想影响的知识女性。子君的反封建精神，显示了"五四"时期中国妇女的初步觉醒。但个性解放、个人奋斗不是当时知识分子的正确道路。对应的图解是：牛代表小农，代指封建思想；而女人则代表子君，接受了新思想的洗礼，自由开放，驾于牛之上，冲破了封建礼教思想。但仍骑于牛上，受牛所牵制，实则仍未完全摆脱旧思想。

　　《祝福》中祥林嫂的配图是，脖子上戴着锁链的苍老妇人。人物分析：她是旧中国农村劳动妇女的典型代表。她勤劳、善良、质朴、顽强，却不能争得做人的基本权利，反而困于旧社会的践踏与迫害中，最终还是被封建礼教和封建迷信吞噬。图解是：妄图冲破封建的枷锁束缚，获得自尊，但最终仍被困在枷锁之中。

手抄报的左下角是小结的内容：从这三个女性人物中，看出鲁迅对这些妇女悲剧命运的社会根源和思想根源进行了广泛而深入的探索，表现了对妇女问题的独特见解，表达了鲁迅对这些妇女的同情。

《鲁迅小说全集》阅读指导最后一个环节便是"写"。让学生利用国庆小长假的时间，以小论文的形式系统地记录阅读的思考与收获。至此，《鲁迅小说全集》的整本书阅读教学才算结束。本次阅读教学的问题也在学生的小论文中体现了出来。首先，学生在系统整理阅读成果时，虽能立足文本分析，进行多文本比较赏析，但缺乏对写作背景的深入了解。其次，缺乏必要的文学评论常识。极少有人能联系当下，联系个人经验解读作品。在新的整本书阅读教学中应该补充这方面的资料。

《鲁迅小说全集》阅读指导教学相对来讲周期比较长。这虽然解决了学生因学习任务重而缺少阅读时间的问题，但也带来了新的问题：在一定的时间内，能够完整进行阅读指导的书太少了。是否可以将整本书的阅读教学与学生研究性学习相结合，实现学习负担 $1+1<2$，收获 $1+1>2$ 呢？这一点可以在此后的整本书阅读教学中进行尝试。

三、结语

课时有限、学习功利性强、学生学习负担重、阅读习惯碎片化等，目前看来将是长期挡在整本书阅读教学面前的障碍。但是，经过第一轮的整本书阅读教学实践（《鲁迅小说全集》），学生的思维更活跃了，视野打开了，也能以问题切入对多文本进行综合比较赏析。在这个过程中，学生的阅读能力和表达能力都有了一定的提升。相信在新学期，只要不断完善教学设计，持续推进整本书阅读教学，于学生而言，定能大有裨益。

参考文献：

[1] 中华人民共和国教育部 . 普通高中语文课程标准（2017 年版）[S] . 北京：人民教育出版社，2018.

[2] 许燕 . 整本书阅读与研讨：实践探索与学理思考 [M] . 上海：华文出版社，2019.

[3] 邓彤 . 整本书阅读的六项核心技术 [M] . 上海：华东师范大学出版社，2019.

[4] 鲁迅 . 鲁迅小说全集 [M] . 北京：人民文学出版社，2019.

[5] 章江平 . 从单篇到群文再到整本书阅读教学的探索与思考 [J] . 读写算，2018（15）.

作者简介

陈翠，女，毕业于广州大学中文系，2016 年至今于湛江市第二中学任高中语文教师，曾获第十九届"语文报杯"全国中学生作文大赛写作指导一等奖、2017 年湛江市市区中小学中华经典诵读比赛优秀指导老师奖。作为年轻教师，她将成为一名智慧型教师作为成长目标。此外，她曾任湛江二中主持人社指导老师，现兼任湛江诗社理事、湛江二中诗社常务理事、湛江二中红嘴鸥文学社指导老师。

鲁迅小说阅读指导方法与策略

——以鲁迅《伤逝》为例

徐　颖

导言：《普通高中语文课程标准》要求学生在课内外加强阅读，提出要进行整本书阅读，并推荐了阅读书目。鲁迅的《呐喊》和《彷徨》是其中推荐的阅读篇目。学生阅读鲁迅小说有一定的困难，其中有文字的障碍，也有对思想理解的困难。本文选择《伤逝》作为例文，对学生阅读鲁迅小说进行指导探索：主要对阅读的层次和特点进行理论指导，旨在让学生按照阅读的规律，带着问题不断进行深入阅读、探究，从而把握小说的人物特点、写作技巧和思想主题。

何为"阅读"？PIRLS（国际阅读素养进步研究）对"阅读"的描述是："一项既属于个人认知也涉及社会成规的活动，参与者（即读者）被要求能够流畅、有效率地把以语言符号为载体的篇章，转化为其他读者也会获得相似结果的意义，使其在社会上成为无论在个人性情发展，还是在社会功利上均有成就的成员。"

何为"阅读素养"？PISA（国际学生评估项目）对"阅读素养"的界定是："为了实现个人发展目标，增长知识、发挥潜力并参与社会活动，而理解、使用、反思书面文本并参与阅读活动的能力。"阅读素养的发展不局限于知识和技能的发展，也涉及动机、态度和行为。

阅读不仅仅是知道并记忆作者说过的词句，在与文本的对话中，读者还要不断提升自己与书面文本的对话能力，不断提升自己对世界和人生的认知力和感受力。阅读不仅把读物从一系列的符号变为一种充满意义的作品，而且改造阅读者。

《普通高中语文课程标准（2017）》明确："高中阶段要求学生在课内外加强阅读，培养阅读的兴趣和习惯，提升阅读品位，掌握阅读方法，提高阅读能力，让学生在阅读中拓宽视野，领略人类社会气象与文化，体验中华优秀传统文化、革命文化和社会主义先进文化，提高语言文字运用能力与思想文化修养，丰富精神世界"。同时推荐了阅读篇目，其中有鲁迅的《呐喊》和《彷徨》。

针对 2022 届的学生，笔者在高一阶段选择指导学生阅读鲁迅小说。在疫情期间，首先布置了学生自行阅读《呐喊》和《彷徨》，学生返校后，利用两个星期的时间，挑选了一些篇目进行了细致的阅读指导。以下列举莫提默·J·艾德勒和查尔斯·范多伦的《如何阅读一本书》里提出的阅读层次和阅读特点：

表 1　《如何阅读一本书》中的阅读层次、阅读特点

层次	名称	阅读特点
第一层次	基础阅读	对整本书的作者、主题、背景等进行大致了解
第二层次	检视阅读	快速通读整本书，了解大致内容
第三层次	分析阅读	全盘阅读整本书，强调专注与理解
第四层次	主题阅读	阅读更多整本书并进行对比，强调举一反三、触类旁通

根据这个阅读层次和阅读特点，笔者以鲁迅的《伤逝》为例，制定了阅读指导方法和策略。

一、了解鲁迅相关思想和《伤逝》创作的背景

孟子说："颂其诗，读其书，不知其人，可乎？是以论其世也。"要想了解一个作者，就必须知晓他所处的时世以及他在这个时世中的行为和经历。"知人论世"实际是一种读书方法、文学批评方法。

所谓的背景是指对事态的发生、发展、变化起重要作用的客观情况。引导学生了解文学作品的写作背景，把握作者的思想倾向有助于学生对课文的理解。任何一篇文章的作者都是为了在自己的语境中向自己所实际面对的对象或自己假想的读者表达自己真实的思想感情而进行创作的。所以文学作品往往包含着作者在特定社会生活背景（写作背景）中的思想倾向，我们在指导学生阅读的过程中，对作者与背景进行介绍是尊重创作主体的要求。

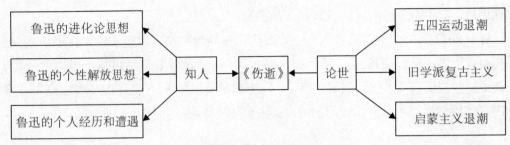

图1 《伤逝》的相关思想和社会背景

关于《伤逝》的创作背景,笔者推荐给学生一些文章,建议学生自行阅读理解。这些文章是:1923 年 12 月 26 日,鲁迅在北京女子师范学校的演讲《娜拉走后怎样》、宋剑华和邹婧婧的《〈伤逝〉:鲁迅对思想启蒙的困惑与反省》、康晓峰的《试论 20 世纪 20 年代鲁迅在彷徨期的思想演变》、朱晓晨的《从〈伤逝〉看鲁迅对新文化运动的思考与反思》、张蔚的《进化论思想对鲁迅先生的影响研究》、孔庆东的《孔庆东解读鲁迅——〈伤逝〉》等。让学生通过阅读这些文章,了解作者的创作思想和当时的社会背景,为理解鲁迅的《伤逝》打下基础。

二、带着问题略读《伤逝》,把握小说主要内容

略读就是快速浏览的阅读方式,就像是打谷子的过程,能帮助你从糟糠中过滤出真正有营养的谷核。为了让阅读成为主动阅读的行为,在略读时,我们要带着问题去读。莫提默·J·艾德勒和查尔斯·范多伦在《如何阅读一本书》中谈到在阅读第二个层次中,阅读过程中要回答的问题是:"第一,这是什么样的一本书? 第二,整本书在谈的是什么? 第三,作者借着怎样的整体架构,来发展他的观点或陈述他对这个主题的理解?"

根据第二层次阅读的这些特点,笔者设计了几个问题:(1)《伤逝》里写了哪些人物? 谁是主要人物,谁是次要人物?(2)写了人物的哪些故事?(3)人物的命运如何?(4)作者用什么方式来写这篇小说?

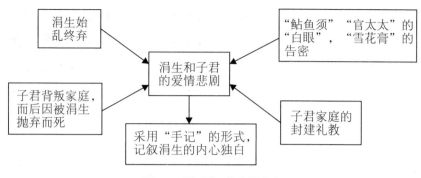

图2 《伤逝》的主要内容

在略读的过程中，要求学生做笔记。《普通高中语文课程标准》要求："阅读要有笔记，记下自己思考、探索、研究的心得。"对于阅读来说，在书上做笔记是不可或缺的事。第一，会让你保持清醒，不至于昏睡；第二，阅读，如果是主动的，就是一种思考，而思考倾向于用语言表达出来；第三，将你的感想写下来，能帮助你记住作者的思想。

这些笔记不一定要写在本子上，可在阅读过程中在文本中作标记。可以是在有分量的句子下划线，也可以是把重点词句圈出来，也可以是在空白处做记号，或是在书页的空白处写出自己的问题（或答案）。

三、探究细节，带着思考深入理解《伤逝》

王荣生老师在谈文学作品阅读教学时提出"浸润式地感知文学作品"：

（1）接纳作者虚构的世界，并浸润其中，享受阅读的过程和乐趣，这是文学鉴赏的基本样式。

（2）感知由文字、声音唤起的形象和情感，而不仅仅是了解内容，这是文学鉴赏的主要标志。

（3）充分地体验和分享文学作品传递的人生经验和语文经验，在具象化的感知中，"看到"作者对社会和生活的"观念"，并与自己的人生价值和生活意义相关联，这是文学鉴赏的较高境界。

我们阅读小说时要熟知每个事件与人物细节，让自己身临其境，变成"其中的一个成员"，运用同情心与洞察力参与事件的发生；把握每一个故事情节，就像将手指放在作者的脉搏上，感觉到作者每一次的心跳。

探究细节时，如果不知道该把握哪些细节，可以带着问题来寻找细节，例如，涓生和子君什么时候萌发爱情？两人的爱情在什么时候发生转折？什么细节、什么现象表现了涓生的转变？什么时候、什么事情让涓生突然对子君失去了兴致？

细节描写对塑造人物典型形象、推进情节发展、开拓独特意境都有非常重要的作用。真实的细节描写是人物塑造达到典型化的重要手段，是形象反映现实生活的不可忽视的艺术手法。细节描写可以生动形象、真实可信、唯妙唯肖地反映出事物的特征；细节描写对深化作品的主题思想，同样能产生很大的作用，使每一篇作品都放射出深邃的思想光辉。

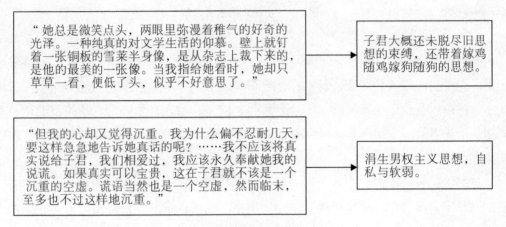

图3　《伤逝》细节描写分析

四、《伤逝》的主题探讨，群文阅读

《伤逝》通过对涓生和子君争取个性解放、婚姻自主，终却落为悲剧结局的描写，既赞扬了他们敢于和封建思想抗争的勇气，又强烈谴责了封建思想对青年的迫害。更重要的是，触及青年知识分子从封建桎梏下彻底解放出来后应走什么道路的问题。

作品揭示出男女主人公悲剧的根源在于半殖民地半封建社会的政治经济压迫，批判了单纯追求"个性解放、婚姻自主和恋爱至上"的道路，显示出这样一种思想倾向：只有投身到社会斗争中去，首先争取社会的解放，才能实现真正的个性解放和个人幸福。

在深入理解和分析《伤逝》后，笔者引导学生进行了"群文"阅读。按照不同的主题给学生推荐其他书目，在横向比较中，进一步分析、探讨相关问题。

爱情主题推荐书目：易卜生的《娜拉出走》（玩偶之家）、鲁迅的《孤独者》、张爱玲的《沉香屑》、卢隐的《滨海故人》。

知识分子主题推荐的书目：鲁迅的《祝福》《孤独者》《在酒楼上》。

女性主题推荐的书目：鲁迅的《明天》《祝福》《风波》。

"群文"阅读需要注意的事项：

第一，要明确研究的主题，寻找相关书目。

第二，根据研究主题设计问题和议题，带着它们阅读相关书目。

第三，阅读过程中分析同一主题下相关内容的相似点和不同点，要辩证地、全面地看问题。

五、"读写结合"的路径

整本书阅读的目标是扩大学生的阅读面，提升学生的阅读能力，从而培养学生的语文素养。读书过程中，学生会带着老师的问题阅读，也会在阅读中产生一些自己的观点和看法。写，是把这些"智慧火花"记录下来最好的方式。《普通高中语文课程标准》关于"整本书阅读"的"学习目标和内容"的要求是："用自己的语言撰写全书梗概或提要、读书笔记与作品评介，通过口头、书面形式或其他媒介与他人分享。"

读写结合的两条路径：

第一，以写促读。开始就是带着写作任务阅读。笔者在给学生补充阅读资料时，就把鲁迅小说阅读的思考题目给了学生，要求他们在阅读鲁迅小说的过程中，选择其中的一个话题进行研究，完成一篇论文。笔者给出的思考题目是：

（1）鲁迅小说的看客形象；

（2）鲁迅小说的女性形象；

（3）鲁迅小说的阿Q形象；

（4）鲁迅小说的"我"的形象；

（5）鲁迅小说的社会背景；

（6）鲁迅小说的"吃人"社会；

（7）鲁迅小说的表现手法；

（8）鲁迅小说的主题思想。

第二，以读促写。引导学生进行整本书阅读，在提升阅读能力的同时，也积累写作的素材。书中的内容可以作为写作的触发点，也可以作为学习写作的例文。

参考文献：

[1] 艾德勒，范多伦. 如何阅读一本书 [M]. 北京：商务印书馆，2019.

[2] 王荣生. 阅读教学设计要诀——王荣生给语文教师的建议 [M]. 北京：中国轻工业出版社，2017.

[3] 中华人民共和国教育部. 普通高中语文课程标准（2017年版）[S]. 北京：

人民教育出版社，2018.

　　[4] 钱理群，孙绍振，王富仁. 解读语文 [M]. 福州：福建人民出版社，2012.

作者简介

　　徐颖，湛江市第二中学语文教师。从教 25 年，醉心于阅读，乐于分享；热爱三尺讲台，喜欢在讲台上侃侃而谈的感觉，喜欢学生沉醉课堂的样子，享受传播知识的快乐。25 年的时间，一直执着地耕耘着语文这块土地，尽管它并不丰腴，时时荒草弥漫。25 年，她把人生最美好的时光都浸润于教书育人之中，酸甜苦辣只有自知，但桃之夭夭，春晖遍四方，此生也足矣！

文集型书目的整本书阅读指导

——以鲁迅的《呐喊》《彷徨》为例

周　园

导言： 文集型书目是学校教材中最常见的一种书目，现行的教材中，大部分是只选取整本书中较为精彩的章节，这会对学生理解整本书的深刻含义起到阻碍作用。本文从文集型书目的教学设计环节开始分析，介绍文集型书目的阅读现状，以鲁迅的《呐喊》《彷徨》为例，提出针对文集型书目整本书阅读的指导策略，为学生理解名著提供便利。

一、用整本书阅读思路指导《呐喊》《彷徨》的教学设计

在实行新课程改革后，新版语文教材的备课存在一定难度。新课改要求教师在传授学生理论知识的基础上，要对学生进行思想道德教育，将社会主义核心价值观融入课堂教学中，使学生能在教材内容学习的过程中，对课文中体现出来的价值观念进行提取，弥补自身价值观念的缺陷。现阶段，我国学生素质普遍提高，语文课文的阅读理解能力也在不断增强。教师将单独章节的中心思想与整本书表达的情感相结合，不断激起学生的情绪变化，提高学生对课文内容的共情能力。

二、文集型书目的整本书阅读指导策略分析

（一）阅读准备

高中生在小学、初中阶段已接触过鲁迅的作品，但因为对鲁迅所知并不深入，所以可能了解但有误解。这时需要教师引导学生进行完整、详细、有理有据地梳理。那么，便可针对作者设计阅读任务：鲁迅先生知多少？做个阅读准备。学生可以通过不

同的途径去掌握，比如：梳理初中老师课堂述说的结论、阅读鲁迅传记及其作品、看其他权威人士对鲁迅的评论……以此为依据来简述鲁迅的人生轨迹、梳理自己对阅读过的鲁迅作品的印象、梳理鲁迅的梦想等，从而对鲁迅有个全面的认识，便于理解鲁迅作品中的主题思想。

（二）导读课

教师在对《呐喊》《彷徨》进行阅读指导的过程中，应充分把握学生的阅读心理，通过提出问题的方式引导学生的阅读方向。教师可将《呐喊》《彷徨》中的小说分为几个类别，引导学生探索它们之间的区别，同时加深对同一类别小说的内容和情感的理解，激发学生的阅读兴趣，增强学生的求知欲望，提高学生对课文的阅读期待，以此达到学生认真阅读的目的。

教师在指导学生阅读时，可以将书中的同类章节进行归类，例如：《狂人日记》写旧家庭制度和礼教的"吃人"问题；《孔乙己》和《白光》写旧教育制度，即科举考试对人性的残害，抨击封建制度文化的"吃人"本质；《药》通过华老栓买人血馒头的故事对辛亥革命的经验教训进行总结，重视国民性改造的问题；《故乡》写闰土的心灵逐渐麻木，尊称自己为"老爷"，表现出闰土被封建的等级观念吞噬；《明天》写单四嫂子失去儿子后的精神状态，表现病态社会里人的精神"病苦"……这些都能让学生对书中描绘的病态社会有初步的了解，通过情感的层层铺垫，调动学生的阅读兴趣，对课文内容进行情感上的升华，提高学生的民族意识和国家意识，增强学生的爱国主义情感。

除此之外，教师还可以通过书籍目录信息的设置对学生阅读进行方向性引导，让学生在充分观察和研究小说题目的基础上，探讨小说题目的共性特点，通过解读该书的封面和序言，对书中主要内容进行预测分析。学生在这一过程中，充分发挥了主动性和创造性。这能方便学生阅读和理解小说的深刻含义，引发学生的深入思考，锻炼学生独立思考的能力，培养学生良好的阅读方式和思维模式。

当然，为提高学生的阅读兴趣，教师也可让学生借助现代化的科技手段跨界阅读。

（三）初读课

教师在提高学生阅读积极性的同时，对书籍的阅读目标和阅读结果进行明确讲解，让学生带着目的去阅读，达到理想的阅读状态。学生没有接触过这么长的小说，在阅读过程中，会出现这样那样的问题，这些问题是学生阅读书籍的障碍，影响书中情感的表达和传递。教师要对学生进行科学的阅读方法指导，帮助学生将书籍分块阅读，降低理解难度。

首先，教师在对学生进行阅读指导前，要对学生的整体阅读状况有所了解，在预测学生阅读课文后反应的基础上，针对文章重点内容，设置课前问题，引导学生关注和思考。如为什么华老栓要给儿子买人血馒头吃？为什么闰土要尊称作者为"老爷"？什么是阿Q精神？教师通过提出问题，引导学生的阅读方向，激发学生的深度思考。其次，教师可以通过给学生进行读书示范，达到让学生体会书中内容和情感的目的。最后，教师可以设置阅读清单，将书中的重点篇目提取出来，培养学生泛读和精读结合的能力。因为文集型书目是由许多单篇组成的，整体上没有故事情节去梳理，没有主要人物去分析，这就需要学生先对书籍进行整体阅读，第二遍要精细阅读，尤其将重点篇目吃透，最后再对书籍进行整体阅读，建立25个单篇之间的联系，保证阅读效率和阅读质量。这是一项长期、细致的工作，有助于学生走进小说中的人物群像世界，比如：所有作品中的女性形象、看客形象、知识分子形象、农民形象……的世界。

（四）研读课

教师在学生对书籍进行初步阅读后，在班级开展书籍的分析研讨大会。在会上，教师要设置问题，然后将课堂交还给学生，让学生以四人为一组，针对某一篇小说进行详细讨论分析。讨论结束后，每个小组要对自己选取的小说进行解读，在这一过程中，小组的每个组员之间要默契配合，将故事情节和主要出场人物进行罗列，对人物性格特征进行分析，进而提炼出小说的中心思想。以《狂人日记》为例，组员1对狂人日记的写作背景进行介绍：《狂人日记》发表于1918年，是中国历史上第一部现代白话文小说，开创了白话文写作时代。通过介绍，学生对本文地位和背景有了深刻认识。组员2对出场人物进行介绍：赵贵翁、陈老五、大哥、母亲、古久先生和狼子村的佃户。故事以"大哥"为主线开展，"大哥"代表封建的家族制度。组员3对故事脉络进行梳理，从封建礼教下的家族制度入手，深入剖析家族"吃人"制度的本质。组员4对整个小说进行主旨归纳和主题升华，揭示封建主义的罪恶，指出封建家族制和封建礼教对人性的扼杀，对麻木不仁的中国人进行强烈批判，旨在唤醒国人加入民族抗争的热潮中来。

结束语

综上所述，教师在对文集型书目进行整本书阅读指导时，要对书籍的内容进行深入了解。在指导学生阅读期间，要合理安排学生阅读时间，制定科学的阅读流程。通过导读课、初读课和研读课三个环节，将书籍内容进行分步骤阅读，降低了学生对现代小说的阅读理解难度，提高了学生阅读效率，升华了学生的情感，为学生继续阅读鲁迅先生的其他作品打下了情感基础，在培养学生的阅读感受的同时也让学生生成了其他能力。

参考文献：

[1] 赖祉伶. 选集型书目的整本书阅读指导策略——以鲁迅的《呐喊》为例 [J].语文课内外，2019，000（029）：212 –213.

[2] 李晓亮. 选集型整本书阅读教学模式实施策略的研究 [J]. 读与写（教师），2019，000（003）：1 –1.

[3] 姜峰，闫存林，刘睿睿. 如何阅读《呐喊》《彷徨》[M]. 北京：北京师范大学出版社，2018.

作者简介

周园，女，1988 年 8 月出生，硕士学位，毕业于江西师范大学中文系。于 2013 年 7 月进入湛江市第二中学任高中语文教师，中学一级。在日常的教育教学中，深钻教材，重视知识的积累。虚心求教，博采众家之长。关注学生的个体差异，坚持从学生的学情出发，不断探索灵活、高效的教学方法。联系生活，深入浅出，将活力融入课堂，被多次评为教学积极分子。

教育信条：把机会让给学生，把精彩留给学生，把掌声送给学生，把期望带给学生。

专题探究式的整本书阅读教学实践
——以《呐喊》《彷徨》为例

薛莉萍

导言： 整本书阅读思想在我国语文教育史中存在已久，且整本书阅读本身具有极其丰富的内涵。随着新课程改革的深入，整本书阅读已然成为语文教育的研究热点。但由于整本书阅读自身的特点以及教学实施中的限制，整本书阅读的阅读指导教学还处于摸索阶段，尚未形成统一而确定的结论。而相较于传统的单篇阅读，整本书阅读显然具有天然的整合特质。

一、语文教学语境下的整本书阅读

（一）概念界定

整本书阅读涉及的行为是阅读。从学生的角度来看，整本书阅读是学生们学习语文的一种方式，是一种阅读方法。而从教师的角度来看，则是教学的一种途径，希望提高学生自主阅读书籍的能力。因此由传统的单篇文章学习转向整本书阅读，不再是简单的知识训练，更多的是实实在在的阅读以及思考，同时整本书阅读也给语文阅读教学提供了一种新方法。

（二）教学价值

与传统的单篇文本教学相比，整本书阅读的教学价值明显更难把握。徐鹏教授认为，整本书阅读的"整"具有"完整""整体"的意思，既包括对全书脉络的通盘把握，也包括对全书内容的周延思考。"本"是阅读的计量单位，既可以是独立的一本，也可以是相互关联的多本。"阅读"，可以是深读、浅读，也可以是精读、泛读，还可以是课内读和课外读。阅读对象可以是文学作品、文化典籍，也可以是科普作品等。内嵌于语文教学中，作为一种正式学习活动的整本书阅读，应该在对整本书文本价值理解的前提下突出教学价值的挖掘。

因此基于对整本书阅读的教学价值探寻，整本书阅读的教学目标从宏观层面可以表述为：具有广阔的阅读视野，养成良好的阅读习惯，多角度探究文本意义，建构合理的阅读策略。这些教学目标显然是单篇阅读难以或无法承担的，而整本书阅读则不同，它在一定程度上改变了传统教学中单篇阅读内容狭窄的现状，给予了阅读更广阔的空间，而我们也可以从这四个宏观方面确定微观层面的阅读教学目标。以《呐喊》《彷徨》为例：

1. 阅读视野："五四"运动、新文化运动对于中国现代文学的影响。

2. 阅读习惯：合理规划阅读时间，随时做好阅读笔记，边阅读边思考文篇之间的联系。

3. 文本意义：多角度、全方位、个性化地理解人物形象（尤其是鲁迅小说中的群体人物形象），赏析小说的叙事特点，分析其主题意义。

4. 阅读策略：整体阅读、专题分类阅读、思考探究阅读。

二、整本书阅读的天然整合特质

整本书阅读具有天然的整合特质，这种整合特质使得专题探究式的整本书阅读成为一种较好的阅读策略。

在当前海量信息不断更新的阅读环境下，可供高中生阅读的内容呈现出多样性、碎片化的特点，单篇的阅读教学不能够达成全面的阅读认识，而整本书阅读要求的"整体""完整"限制了阅读的随意性，使得我们不得不按照一定的标准将阅读内容进行整合阅读。比如按照文学和非文学的角度，同时依据构成作品的文篇间关系，可以将文学和非文学读物分为"整体型""选集型""著述型"三种类型。

"整体型"书目是由单个独立文篇构成的书籍，作品的人物、情节、故事等存在显性关联。若取出某章节，对于全篇影响很大。只有在通篇阅读的基础上才能理解作品内涵。如《红楼梦》《苏东坡传》等。"选集型"书目由多个不同主题的文篇连缀成书，可以取出其中某个文篇作为独立的阅读对象，但是文篇与文篇间在内容或形式上有内在关联。如《呐喊》《彷徨》《人间草木》《乡土中国》等。"著述型"书目中的文篇对某类事物发表专门见解或对某个问题进行系统性论述，文篇可作为单独篇章来阅读。但是文篇与文篇在整体结构上有明显关联，属于体系严密的系统。如《人间词话》《美的历程》等。

整本书阅读对于阅读内容的整合可以达成阅读认识的全面性，从而使学生进行全面而广泛的阅读研究，教师的阅读教学也可以不再局限于小范围中。

另外，整本书阅读本身就包含跨学科话题，而且在整本书阅读中必然需要整合能力，比如沟通协作、问题解决、批判思考、实践创新能力等，这也是专题探究所需要的能力。

三、专题探究式的《呐喊》《彷徨》整本书阅读教学设计

郑桂华老师认为，如何在语文课程中实施有效的整本书阅读指导教学？可以从阅读共同体的培养、阅读任务的设计、阅读过程的监控、阅读成果的强化四个方面努力。这是把整本书阅读作为一个完整的事项，从不同阶段推进及其价值的角度来建议的。笔者认为其中阅读任务的设计以及阅读成果的强化是较易把握和实施推进的，因此，对于整本书阅读指导教学可以采用"任务驱动—成果分享"的专题探究式方法。

（一）《呐喊》《彷徨》整本书阅读的教学设计思路

以"任务驱动—成果分享"的专题探究式方法为指导，对鲁迅小说集《呐喊》《彷徨》的整本书阅读指导教学设计出以下几个环节：

1. 介绍鲁迅，进行鲁迅专题阅读（名人谈鲁迅）：通过郁达夫、林语堂、梁实秋等名人对于鲁迅其人的评价，引导学生全面客观地了解鲁迅以及鲁迅所处的社会环境，知人论世。

2. 初读《呐喊》《彷徨》，引导学生简单交流初读的整体感受，可就文学文本的三个层面：文学言语层、文学形象层、文学意蕴层谈整体感受：我觉得……我认为……我感觉……

3. 进行鲁迅专题阅读（关于鲁迅小说的探究），包括鲁迅小说的叙事特色、结构安排、主题思想、人物形象，启发学生进行阅读反思。反思过程中可能有新的认识，也可能产生新的疑问，从而激发学生再次阅读的兴趣，达成反复阅读习惯的培养。

4. 提供文学类作品整本书阅读的角度，引导学生精读文本，获得对整本书阅读的价值感知，形成阅读成果：这一环节给出具体的任务，进行任务驱动型阅读。

5. 成果分享，将学生的阅读成果进行分享展示：进行生生、师生交流的阅读提升交流。将交流内容整合，作为整本书阅读课题成果的一部分保留。

（二）教学设计的重难点及建议

"任务驱动—成果分享"的专题探究式整本书阅读教学的重难点有三个：一是任务的设计，二是对学生阅读成果的评价，三是课堂的引导。

在整本书阅读指导教学中，要设计出有一定挑战又有趣的，能够激发学生深度阅读兴趣的任务是非常重要的，任务的设计要谨慎，引导学生进行任务探究的方法要有趣。

本教学设计给出的《呐喊》《彷徨》阅读探究思考题为：

1. 鲁迅小说的看客形象；

2. 鲁迅小说的女性形象；

3. 鲁迅小说的阿 Q 形象；

4. 鲁迅小说的"我"的形象；

5. 鲁迅小说的社会背景；

6. 鲁迅小说的"吃人"社会；

7. 鲁迅小说的表现手法；

8. 鲁迅小说的主题思想。

这些任务的设计在一定程度上体现了"专题研究"的意图。任务设计采用了童庆炳先生的文本层次论，即文学文本由表及里分为三个层面：文学言语层、文学形象层、文学意蕴层。这些任务涉及这三个层面，同时又兼顾学生的认识特点，既是他们能理解的，又有一定的挑战性和启发——启发学生的阅读，启发学生对任务的选择等。在任务的设计上要注意保持整体思维，不是对单篇进行简单的组合，而是整合。

如何对学生的阅读成果进行评价是整本书阅读指导教学不可回避的一个重要问题，评价既要能对大多数学生产生启发，又要能够对最后的成果分享起到引导作用。可以采用挑选典型—引导思考—集体评价的方式。

挑选典型：挑选出有代表性、有价值的阅读报告，让学生们进行通读，通读后默记下自己的评价。引导思考：通过抛出问题、思考回答、观看相关影音文字资料等方式引导学生思考。集体评价：让学生将自己默记下来的对于挑选出来的阅读报告的评价进行完善，然后交流评选出其中较好的几篇。

最后是课堂的引导，将整本书阅读向"深"的方向引导，让学生更深地从阅读书目中体悟生活与人生，需要的是"专"，专题探究式的"专"。在《呐喊》《彷徨》的阅读指导设计中，笔者选择了"文学形象层"作为支点，通过对人物形象的探究引导学生对文学言语和文学意蕴进行理解。以鲁迅小说中的女性形象探究为例：

鲁迅小说中的女性形象专题探究

探究主题	鲁迅小说中的女性形象
主题探究概述	

鲁迅的小说中，有很多以反映妇女悲苦生活和妇女解放斗争为主题或内容。他在小说《呐喊》《彷徨》中，创造了半殖民地半封建社会中一系列典型的女性形象和一个相对完整的女性世界，其中寄寓了鲁迅对中国妇女的深切同情，挖掘了她们被扭曲、被践踏的根源，深刻地揭露了她们的主体意识被抹杀的社会现实。在关注妇女、探索有关妇女的社会问题上，鲁迅成为中国现代女性文学的开拓者和奠基人，而鲁迅所揭露出的社会现实在今天依旧有其意义和价值。

划分为三个专题：

专题一：鲁迅小说中女性形象的个性和共性。引导学生通过阅读鲁迅小说，探究鲁迅小说中女性的性格特点，并在此基础上对女性形象进行分类和探究。

专题二：鲁迅小说中女性形象的生与死。在对鲁迅小说中女性人物形象的性格分析的基础上，探究其生与死，进而追溯其生死的根源。

专题三：从现代女性主义角度看鲁迅小说中的女性形象。在专题一、二的基础上谈谈鲁迅小说的现实意义。

阅读参考文篇	《明天》《祝福》《伤逝》《离婚》《药》

四、结语

在语文教学语境下，整本书阅读要落实阅读，并且让学生在阅读中构建自己的思维。这种思维是深层次、多元整合的，这样整本书阅读就是在整合思维的影响下进行的，阅读的深度与广度也受整合思维的影响而变化。在这种情况下，专题探究式方法在一定程度上为我们进行更有效的整本书阅读指导教学提供了一种新思路。

参考文献：

［1］吴欣歆．语文课程视野下的整本书阅读［J］．课程·教材·教法，2017，37（05）：22－26.

［2］赵彩玲．高中整本书阅读教学模式研究［D］．上海：华东师范大学，2017.

［3］赵飞．深度学习视域下名著整本书阅读教学的关注点［J］．教学与管理，2019（34）：58－60.

［4］陈荔平．基于多重身份指导整本书阅读的实施策略［J］．教学与管理，2020（01）：62－64.

［5］叶玲．专题探究式的整本书阅读实践——以《水浒传》的阅读教学为例［J］．

教育科学论坛，2020（01）：11–14.

作者简介

薛莉萍，女，1994 年生，陕西师范大学汉语国际教育专业硕士，中学二级教师，任职于湛江市第二中学，是一名高二语文教师。

教学理念：语文能唤醒我们感受永恒的能力，为我们打开一扇让万物涌入的门。语文学习的过程实际上就是接触生活—挖掘生活—领会生活—创造生活的过程。在语文教学中，要善于创设情境，让学生联系自己的生活体验，自觉自发地去感知、去积淀，然后去表达、去输出，从而建立真正的理解，获得语文能力。

职业目标：做一名创造型教师。

寻找爱与美——《边城》导读

梁冬青

《边城》是《普通高中语文课程标准（2017版）》（以下简称《课标》）建议阅读的读物，语言典范，内涵丰富，具有较高的文化思想价值和审美艺术价值。

汪曾祺这样评价《边城》的文化思想价值："可以说《边城》既是现实主义的，又是浪漫主义的。《边城》的生活是真实的，同时又是理想化了的，这是一种理想化了的现实。"建构"湘西世界"，是沈从文对中国现代文学的重要贡献，也是他对整个世界文学的贡献。《边城》中的"茶峒"小山城承载着沈从文对"优美、健康、自然，而又不悖乎人性的人生形式"的构想。《边城》中"湘西世界"具有现实中湘西地区质朴原始、环境优美的特点。它在政治世界之外，也在都市世界之外，它更是沈从文想象中的一个具有浓郁理想主义色彩的精神世界，也是大多数现代中国人的精神家园[1]。《边城》中对"湘西世界"的构筑体现了沈从文文化思想的价值。

刘西渭在评论《边城》时，说沈从文的个性品质："不仅仅是一个小说家，而且是一个艺术家。"《边城》的审美艺术价值主要体现在三个方面：体现在对小说人物诗性品格的塑造上，体现在"如挽歌般的怅惘体验"[2]中，体现在活泼灵动的语言表达上。

《边城》无论在文化思想上，还是在艺术审美上，都有着重要的价值。在导读《边城》时，把文化思想和艺术审美两大内容凝聚成两个关键词："爱"和"美"，分为读前指导、读中指导、读后指导三大部分。其中，读中指导又分六个专题研习，分别是梳理情节、赏析象征性意象、赏析语言、赏析人物形象、主题探究、跨媒介阅读与交流。

在读前指导课中主要明确阅读经典的重要性，激发学生的阅读兴趣。读名著是为了"在书香中修炼自己"。《课标》要求学生大量阅读。以往通过读简介版本的作品，

---

① 高玉：《论都市"病相"对沈从文"湘西世界"的建构意义》，《文学评论》，2007年第2期。

② 吴晓东：《中国现代文学中的审美主义与现代性问题》，《文艺理论研究》，1999年第1期。

读大概情节，甚至做练习题等方式去了解作品已经不再适应新的阅读要求，只有对原著进行深入阅读和分析，才能真正提高理解和分析作品的能力。要通过阅读原著作品，静心与作者进行交流。

在阅读《边城》之前，要熟悉作者的经历，"知人论世"，经由作者的精神世界更深入地走进作品。研读作品，生成自己的阅读体验，进入更理想的阅读状态。

小说文本阅读有两种方法。一是理解"说了什么"。要理解一篇小说，可以从"时间、地点、人物、事件概况、内容分层、线索"六个方面着手，初次感知文本内容。二是理解"怎么说"。这时则需借助"人称、叙述顺序、文本句子及表达效果赏析、修辞角度、描写角度、用词角度"等六种文本层析法深入理解文本内容。以"挖空填词"的新形式梳理小说的故事情节，并以线索图的形式生动形象地概括小说的主要情节。

在赏析象征性意象时，先学习什么叫"意象"，再重点分析人文意象"碾坊"与"渡船""车路"与"马路"。先从事物最基本的特征开始联想分析，比如"碾坊"和"渡船"的"拥有者"是谁？"这两个意象的'用途'是什么？""碾坊"的用途是"吃"，同时也代表着"乡绅女儿的陪嫁物"；"渡船"的用途是"行"，代表着"翠翠的陪嫁物"。小说中的一段话："我眼前有座碾坊，有条渡船，我本想要渡船，现在就决定要碾坊吧。渡船是活动的，不如碾坊固定"是理解的突破点。还要结合湘西的背景和当时人们的普遍心理，总结"碾坊"在当地人眼中的价值。当时更多的人倾向于用经济的想法去解读生活和婚姻，"碾坊"的意义是"经济地位高"，是"财富"的象征，更成了体现"封建宗法关系"中男女婚嫁的筹码——门当户对的代名词。同时，人们的评价和选择也意味着湘西世界"自然的爱情形态渐被物质化"。比较之下，"渡船"作为一种交通工具，表明了"经济地位低"，但却是翠翠和傩送相互喜欢的凭证，象征着两者的"爱情"。尽管"渡船"失却了"碾坊"的刚性价值，却更有一份柔性的情怀。"碾坊"之"碾"，"渡船"之"渡"这两组意象的意义，能够最充分地表现出沈从文所说过的"我要表现的本是一种'人生的形式'，一种'优美、健康、自然，而又不悖乎人性的人生形式'"这句话，而作者所提倡的正直朴素的人性美和饱含着良知和明慧的"人生形式"在作品中也得到完整的体现。

赏析第二组意象"车路"与"马路"。先从第十节一些具体内容入手，如"老船夫与媒人讨论翠翠与大老的婚事"，"车是车路，马是马路，各有走法……为翠翠唱三年六个月的歌"。"车路"是汉族风俗，托媒人说亲，一切由双方家长做主，这也意味着"车路"代表着"父母之命、媒妁之言"。"马路"是当地苗族的风俗，唱歌求爱，一切由自己做主，意味着"马路"代表着"自由恋爱"。在具有少数民族风情的湘西，用对唱山歌的方式求爱极为盛行，小说中描述的唱歌听歌的情景也极为动人。翠翠的父母都爱唱歌。这都表明崇尚"马路"的湘西人在婚姻选择上多么宽容、自由，与封建礼教文化的束缚不同，彰显出极其自然、率真的人性。比较探讨两组意象的深层内涵："碾坊"与"车路"代表着"封建礼教"，意味着"丧失爱的自由"；"渡船"与"马路"代表着"自然率真"，意味着"生命的自主自由"，两者互相冲击，表明"固有的传统与价值体系正在一点点地消失"。

用"梳理探究"法学习自然意象"黄昏"，把小说中出现"黄昏"的章节全部梳理出来，批注自己的阅读感悟，再进一步探讨"黄昏"的象征意义。

首先是黄昏与老船夫的关系。（1）"黄昏"意象第一次出现是在第一年端午节龙舟赛上，翠翠刚刚遇到傩送，其爱情找到归属，整个人都沉浸在幸福和快乐之中，再加上龙舟赛在一片火热中进行着，可以说当时的氛围是愉悦的、欢快的。然而此时，"落日向上游翠翠家中那一方落去，黄昏把河面装饰了一层银色薄雾"。与外公（书中，翠翠称呼外公为"爷爷"）走散的翠翠看到此景，忽然生出一个可怕的念头——"假若爷爷死了？"虽然这个想法只是一瞬，但也足以给这欢快的情境增添不少忧愁。（2）翠翠听到心仪之人为她唱歌以博取她的芳心，她为爱情即将到来感到无比的兴奋和欣喜。然而，"黄昏"的降临让她又一次想到了与祖父的生离死别，这种念头驱散了翠翠心中所有喜悦的情绪，她心中取而代之的是极度的伤感和悲哀。（3）她坐在屋后的白塔下，看着天空中被夕阳映成了红色的美丽云彩，却无心去欣赏这番景致。她只是觉得自己"好像少了什么"。这说明翠翠此时已经意识到失去外公终将成为必然的事实，她也明白了自己的渺小和无力，明白了在命运的面前，所有试图扭转局势的努力终将是微弱和徒劳的。（4）"黄昏"最后一次出现预示了老船夫的去世。雷雨将至，翠翠感到十分惊恐，外公坦然地告诉她"该来的总会来"，并鼓励她要勇敢地面对一切困难。就在这天晚上，他饱含着抑郁和苦闷，永远地离开了人世，离开了翠翠。

通过对以上情节的梳理，可以得知黄昏与老船夫的关系。黄昏代表生命的终结，对美好事物转瞬即逝的无尽慨叹，以及对生命的那种深深的热爱与崇敬之情。

其次是黄昏与翠翠的关系。翠翠在14岁左右的年纪，看到黄昏就已经想到了有朝一日外公会离她而去。在本该无忧无虑的年纪里，翠翠对生命却有着成熟而敏感的思索。黄昏与翠翠相连起来，代表着翠翠青春落寞的感伤。在小说中，翠翠与傩送的相遇不是在清新明朗的早晨，而是在昏暗的黄昏时刻，这也预示着他们之间的爱情是短暂的。这里的黄昏给小说蒙上了淡淡的忧伤。

赏析动植物意象"虎耳草""大鱼"的内涵。利用思维导图快速地找出"虎耳草"的位置，对"虎耳草"的象征意义条分缕析。"翠翠不能忘记祖父所说的事情，梦中灵魂为一种美妙歌声浮起来了，仿佛轻轻地各处飘着，上了白塔，下了菜园，到了船上，又复飞窜过悬崖半腰——去作什么呢？摘虎耳草！白日里拉船时，她仰头望着崖上那些肥大虎耳草已极熟习。崖壁三五丈高，平时攀折不到手，这时节却可以选顶大的叶子做伞。""爷爷，你说唱歌，我昨天就在梦里听到一种顶好听的歌声，又软又缠绵，我像跟了这声音各处飞，飞到对溪悬崖半腰，摘了一大把虎耳草，得到了虎耳草，我可不知道把这个东西交给谁去了。我睡得真好，梦得真有趣！"翠翠梦中的"虎耳草"和外公谈话时出现的"虎耳草"，真切地展示了翠翠对爱情尚未明晰，只是潜意识的向往——对爱情充满懵懂（情窦初开）。

"'翠翠，梦里的歌可以使你爬上高崖去摘那虎耳草，若当真有谁来在对溪高崖上为你唱歌，你怎么样?'祖父把话当笑话说着的。""虎耳草"第三次出现时，翠翠对爱情的渴望又更深了，而不再是最初的懵懂，但她依然还未弄清这份感情的归属为谁。"祖父唱了十个歌，翠翠傍在祖父身边，闭着眼睛听下去，等到祖父不作声时，翠翠自言自语说：'我又摘了一把虎耳草了。'祖父所唱的歌，原来便是那晚上听来的歌。故事情节发展到这里，这时的翠翠已经明晰了爱情，并且爱得执着，爱得深沉。""虎耳草"第五次出现的时候，翠翠已经学会了回应爱情，她爱得娇羞，对爱情寄予了无限的期待。"虎耳草"既象征着翠翠与傩送之间单纯、真挚的爱情，也象征着质朴纯真、情感内敛的翠翠。

在学习"大鱼"意象时，换了表格法，可通过填表格的形式把作品里的"大鱼"都梳理出来。"大鱼"第一次出现是在两年前的端午节，那时翠翠与祖父走散，翠翠与傩送初相见，在傩送对翠翠所说的话中就出现了"大鱼"。这是属于少年之间的调侃玩笑，并没有上升到爱情。第二次出现是翠翠回家时的心理活动，这表明与翠翠的初相见，使傩送在翠翠心里烙下了痕迹。随着故事的发展，翠翠开始回忆美好往事，心中泛起的微妙情感涟漪也寄托在了第三次出现的"大鱼"中。祖孙俩聊天聊到端午节的事情，祖父又说道："我还以为大鱼会吃掉你！"提起旧事，翠翠嗤地笑了。第四次"大鱼"的出现，让翠翠真正明确了自己对傩送的喜欢。从原文的语句中，我们可以知道，第五次和第七次"大鱼"的出现隐喻着傩送对翠翠的爱慕，而第六次则是翠翠对往事的回忆。

"大鱼"的象征意义：一是历史文化方面。在民风淳朴的湘西，"爱情"二字不会经常挂在人们嘴边，"鱼"便成为一种很好的隐喻，委婉地表达女子对爱情的向往和对男子的倾慕。二是民族文化方面。湘西是土家族和苗族的聚居区，在当地的民族文化传统中，"鱼"象征爱情和多子。苗族服中，会频繁出现鱼纹图案，借此寄托生生不息、代代繁衍的生命礼赞。

汪曾祺这样评价《边城》的语言："边城的语言是沈从文盛年的语言，最好的语言。这时期的语言，每一句都'鼓立'饱满，充满水分，酸甜合度，像一篮新摘的烟台玛瑙樱桃。"沈从文小说语言上的艺术成就在现当代文坛独树一帜，既质朴又含蓄，既抽象又抒情，虚实相容，具有浓郁的地方特色，为我们描绘了一幅幅色彩鲜丽而又独特的湘西画卷①。《边城》的语言大概可以分四个类别，每个类别都找出一组例子进行具体赏析，再总结出作品语言的四大特色。

（1）"边地俗话说：'火是各处可烧的，水是各处可流的，日月是各处可照的，爱情是各处可到的。'"

（2）"下棋有下棋的规矩，车是车路，马是马路，各有走法。大老若走的是车路，应当由大老爹爹作主，请了媒人来正正经经同我说。若走的是马路，应当自己作主，站在渡口对溪高崖上，为翠翠唱三年六个月的歌。"

（3）"翠翠太娇了……我这人就是这么一个打算，'又要马儿不吃草，又要马儿走得好'，唉，这两句话恰是古人为我说的！"

以上是第一组语言，《边城》语言的第一个特点是方言的使用。沈从文曾说："我的文字风格，假若还有些值得注意处，那只是因为我记得水上人的言语太多了。"沈从文常使用生动活泼的湘西口语，来描述当地的淳朴民情、风俗和纯情的人物。方言的使用，使得《边城》呈现出恬静、和谐、优美的乡村风情。

（1）"一本百家姓好多人，我猜不着他是张三李四。"

"顺顺船总家的二老，他认识你，你不认识他啊！"他呷了一口酒，像赞美这酒，又像赞美另一个人，低低地说："好的，妙的，这是难得的。"

（2）他还想说："二老提得鸭子，一定又会送给我们的。"话不及说，二老来了，站在翠翠面前微笑着。翠翠也不由不抿着嘴微笑着。

于是三人回到吊脚楼上去。

（3）五月端阳，渡船头祖父找人作了替手，便带了黄狗同翠翠进城，到大河边去看划船。河边站满了人，四只朱色长船在潭中划船。

（4）我们应当说一是一，不许三心二意。

以上是第二组语言，《边城》语言的第二个特点是数字的使用。汉语中，数字"一、二、三、四……"简明、清晰，可以产生一种视觉美。中国古典小说《金瓶梅》《红楼梦》中，常常有数字的出现。这些数字增添了作品的艺术性，读来赏心悦目。作为文学大家，沈从文在《边城》中常常把相邻的数字排列在一起，体现了他文字上的简洁，给人以视觉上的美感。

"……白河下游到辰州与沅水汇流后，便略显浑浊，有出山泉水的意思。若溯流而上，则三丈五丈的深潭皆清澈见底。深潭中为白日所映照，河底小小白石子，有花纹的玛瑙石子，全看得明明白白。水中游鱼来去，全如浮在空气里，两岸多高山，山中多可以造纸的细竹，常年作深翠颜色，逼人眼目。近水人家多在桃杏花里，春天时只

---

① 刘邱阳：《沈从文小说研究》，硕士学位论文，江西师范大学，2015。

须注意，凡有桃花处必有人家，凡有人家处必可沽酒……"

以上是第三组语言，《边城》语言的第三个特点是古典语言的使用。沈从文《边城》语言的典雅性得益于他在文化性的继承上。沈从文深味唐人山水小品的精髓，行文中注重骈散结合，长短句错落有致。具有诗一般的语言："水中游鱼来去，全如浮在空气里。"让人不由联想起柳宗元的《小石潭记》中的"潭中鱼可百许头，皆若空游无所依。"意境如此相似。

《边城》语言的第四个特点是修辞格的使用。

（1）通感。

①雨后放晴的天气，日头炙到人肩上、背上有了点力量。

②水中游鱼来去，全如浮在空气里。两岸多高山，山中多可以造纸的细竹，常年作深翠颜色，逼人眼目。

日头是无形的，但"炙到"人的皮肤上，仿佛有一种压力，可见日头之毒。不说水之清，而通过人的视觉，看到鱼似是浮在空气里，更形象。那翠竹浓且嫩，加上阳光一照，真可谓"逼人"了。

（2）比喻。

"翠翠在风日里长养着，把皮肤变得黑黑的，触目为青山绿水，一对眸子清明如水晶，自然既长养她且教育她。为人天真活泼，处处俨然如一只小兽物，人又那么乖，和山头黄麂一样，从不想到残忍事情，从不发愁，从不动气。平时在渡船上遇陌生人对她有所注意时，便把光光的眼睛瞅着那陌生人，作成随时都可举步逃入深山的神气，但明白了面前的人无心机后，就从从容容的在水边玩耍。"

这一段读者追随翠翠走进了山乡田野，透出一种自然的、野性的、原始的生命律动。于是翠翠生命如翠竹般单纯及忧郁，在"风日"里长大，又如小鹿般直率天真而又自然，"随时准备逃入深山"。

（3）排比。

"她欢喜看扑粉满脸的新嫁娘，欢喜说到关于新嫁娘的故事，欢喜把野花戴到头上去，还欢喜听人唱歌。茶峒人的歌声，缠绵处她已领略得出。"

文中运用排比手法来描绘环境，表现人物，抒发情感，既自由灵活，又具有鲜明的地方色彩。

沈从文的文章深受欢迎，也正是因为作家语言上的高超。他从不使用华丽的辞藻，而只是使用十分平常、朴素的语言，令文笔清新秀丽，读他的文章会联想到清新秀丽的山水田园诗，并笼罩着层层暖意。

以"那方水土，那方人"为专题，赏析作品的人物形象。沈从文写《边城》想要表达的是什么呢？沈从文的原话："我要表现的本是一种人生的形式，一种优美、健康、自然而又不悖乎人性的人生形式。"在小说中，每个人都热情诚实，人人有君子遗风。（1）山水之韵——翠翠。翠翠淳朴聪慧、天真善良、活泼可爱。她和外公相依为命，对外公充满了依恋。她是一位情窦初开、善解人意、清纯质朴、腼腆多情、矢志不渝的理想化、美化的少女形象。翠翠代表了湘西文化中恬静包容的"静态"之美。（2）生命元气——天保兄弟。天保、傩送是湘西文化中力与勇的"动态"之美，是具有满满的生命元气的踏实、能干、智慧、勇敢的新青年。（3）外公的形象：对孙女爱怜备至，为其亲事操心担忧，是中国传统美德的典范。

对《边城》的主题探究可以从四个方面入手：乡土风貌、人性之纯美、矛盾中的期许、命运中的悲剧。

（1）乡土风貌。第二章的环境描写："河底小小的石子，与有花纹的石子，皆明明白白，水中游鱼来去，皆如浮在空气里。两岸多高山，山中多可以造纸的细竹，长年作深翠颜色，逼人眼目……"，闭上眼睛想象，鱼儿就似在空中飞一般，两岸的细竹绿油油地映在水面上，一种自然而朴素的美蕴藏在其中。而这种美感也正是边城景色的最大特点——朴素而自然。这是人们生活的环境：深潭清澈见底，水中有快乐的游鱼，山中翠竹逼人眼目。春夏秋冬每个季节都会有不同的色彩，青色、翠色、桃红、杏黄、紫花、黄泥的墙，乌黑的瓦……那么有生气、有色彩。所以人们生活的环境不仅是朴素、自然的，更是古朴、自由、安宁、优美的。正是这样的自然环境，才使得人们的心灵更加淳朴、善良。

端午节的赛龙舟，表达爱情的车路、马路，中秋夜的舞狮、放焰火……比如，文本中有"几只从对河取齐的船，直向这方面划来……如四支箭在水面射着……"这是属于那个地处湘西边界的茶峒小城的风俗习惯，它们基本上都是积极向上的美好文化。这些正是边城人生活的一个真实写照，同时也融入了作者自己的情感。作者正是因为对家乡的深爱，所以才愿意把美好的事物展现给读者。作者通过对这些各式美好而奇特的湘西风俗的描绘，使得我们读者了解到了边城茶峒的淳朴与美好。

沈从文在《〈从文小说习作选〉代序》中提到，"我实在是个乡下人"，"你们……从一个乡下人的作品里，发现一种燃烧的感情，对于人类智慧与美丽永远的倾心，康健诚实的赞颂……"。作品《边城》充满了浓郁的乡土气息。作者用朴素的笔墨向读者展示了具有浓浓地方情调的湘西乡土生活图景，创作出了一幅具有田园情调的风俗画。

（2）人性之纯美。沈从文在《〈从文小说习作选〉代序》中说道："我主意不在领导读者去桃源旅行，却想借重桃源上行七百里路酉水流域一个小城小市中几个愚夫俗子，被一件普通人事牵连在一处时，各人应有的一份哀乐，为人类'爱'字作一度恰如其分的说明。"的确，作品为我们展示出许多种爱，有祖孙之爱、父子之爱、兄弟之爱，原始乡村孕育下的自然男女之爱。作者说，"我只想造希腊小庙。……这神庙供奉的是'人性'","我要表现的本是一种'人生的形式',一种'优美、健康、自然'而又不悖乎人性的人生形式"。作品中描写的人们的淳朴、善良、感情清新而健康,正是作者为我们描绘的自然、原始的生命状态。

(3)矛盾中的期许。沈从文先生的《边城》于1934年春创作完成,此时中国社会正处在一片动荡之中。沈从文在《黔小景》中写道:"用稻草扎成的小兜,担着四个或两个血淋淋的人头。""路旁有时躺的有死人,商人模样或军人模样,什么原因,在什么时候死到这里,无人敢去过问,也无人敢去掩埋。"这是作者描绘的当时的场景,人们对死亡、人头麻木无感,甚至是习以为常,这是十分令人畏惧的事情。但在这样的背景下作者创作出这样一部健康、优美、清新的小说,这就形成了一种矛盾。

边城环境的美,以翠翠为代表的边城人民的美,边城邻里之间和谐相处的美。作者借作品中描述的美与善与社会现状形成对比,进而讽刺现实社会中的丑与恶。作品以大老出走为中心,可以将其划分为前后两个部分。作品的前一部分,作者描写的都是美好。从大老出走被淹死后,作品中出现了一个接一个的悲剧情节。这映照出了当时社会的不稳定性,同时,也写出了人们在不稳定的社会环境中生存的不可预知性。

作者的内心渴望着和平安逸的生活,但是现实是残酷的,长达二十年的内战让他感到悲哀与苦痛。沈从文用边城中的"美"与真实的社会作对照,无疑是抨击和批判丑恶的一种强有力的手段。就如陶渊明的《桃花源记》一般,沈从文先生的《边城》也是他心灵能够栖息的处所,是他构筑的一个理想中的社会,并在此得到片刻的安宁。

沈从文在《长河·题记》里自述他创作《边城》的目的,"不是逃避现实,也不只是思古怀旧,而是痛感于当前现实的黑暗,企图将过去的生活的美对照现实的丑,让人们来鉴别真善美和假恶丑,从而启发人们弃恶向善,舍丑求美"。"《边城》中人物的正直和热情,虽然已经成为过去了,应当还保留些本质在年轻人的血里或梦里,相宜环境中,即可重新燃起年轻人的自尊心和自信心。"可见,作者虽然眼见社会的丑恶与不堪,但"优美、健康、自然,而又不悖乎人性的人生形式"正是他对人类生活状态的永恒的期待。

(4)命运的悲剧。忙碌了一生的祖父,最终孤独地死在了一个雨夜。翠翠是一个情窦初开的少女,内心寂寞惆怅,对爱情懵懵懂懂,但无人诉说、无人理解。她天真、善良、真挚、纯美、腼腆,但却是一个内心孤独的形象。二老跟翠翠是互相喜欢的,他们本应该有一个完美的结局。可是由于大老的死,顺顺的逼迫以及翠翠的不回应,他无奈之下选择出走,留下翠翠一个人孤独地等待着。学生会感受到二老内心在做选择时的纠结心情,但可能会认为他因为赌气,因为埋怨,因为不安,选择出走更是一种逃避。

小说的悲剧情节,其实或许在文章的一开始就似乎定下了。第一章的第一自然段用了七个"一"字和"单独"的词语。"一条官路""一个地方""一小溪""一户""一个老人""一个女孩子""一只黄狗",这些字词的运用,读来让人孤独感油然而生。在作品的一开始就蒙上了一层淡淡的哀愁。这又和小说的结尾句形成了照应,"这个人也许永远不回来了,也许'明天'回来!"

沈从文在《〈从文小说习作选〉代序》对那些不能真正体味他作品的"城里人"说过:"你们能欣赏我故事的清新,照例那背后蕴藏的热情忽略了;你们能欣赏我文字的朴实,照例那作品背后隐伏的悲痛也忽略了。"

朱光潜在《从沈从文先生的人格看他的文艺风格》中写道:"《边城》表现出受过长期压迫而又富于幻想和敏感的少数民族在心坎里那一股沉忧隐痛,翠翠又似显出从文自己的这方面性格。他是一位好社交的热情人,可是在深心里却是一个孤独者。"

文中虽然写了许多的悲情之处,但其背后所蕴含的人们的亲情、爱情、兄弟情,正是世界上最美好的事物。在那混战的时代,作者用独特的眼光写出这悲情之美,他要呼唤人们善良的内心,他要让所有人都知道悲情也很美。

《课标》关于跨媒介阅读,现在已经有了权威阐释。"跨媒介阅读与交流"的学习任务群,旨在"引导学生学习跨媒介信息的获取、呈现与表达","提高跨媒介分享与交流的能力,提高理解、辨析、评判媒介传播内容的水平"。所谓"跨",就是指整本书阅读命题选材或题干叙述材料,是跨媒介阅读材料。跨媒介往往是由文字阅读媒介,跨入图画媒介、影视媒介等。

一千个读者心中,有一千个翠翠的形象。读者既可沉浸在内容中,又可游离于内容,发挥无限的想象和创造。电影《边城》的改编无限靠近原著,让观众在观看的过程中产生身临其境之感,能够跟随影片的内容产生情绪上的共鸣和反应。

小说《边城》描述的人情、自然、风俗,源于作者的理想世界,是他发于自己所生长的故乡,又将其进行美化和赞扬后的产物。小说和电影,都具有假定性,都是对真实世界的抽离和升华,两者有着相似的美学特点,也因自身的媒介属性不同带来的差异。

电影让优秀的文学作品走入群众中去。同时,优秀的视觉、听觉设计和制作也给人带来享受。小说则是电影创作无限的源泉,离开文学的沃土,电影就丧失了艺术价值的根基。

小说和电影不是竞争的关系,而是相互促进、互荣共生的关系。

舞剧是舞台剧的一种,是以舞蹈作为主要表达手段,戏剧、音乐相结合的舞台艺术。舞剧由若干要素组成,其中最主要的是人物、事件、矛盾冲突。代表作有《红色娘子军》《白毛女》《红梅赞》《霸王别姬》等。

在充分理解原著的基础上,挖掘舞剧自身的特点是舞剧编导最基本的出发点。正基于此，舞剧中无论抒情或叙事，编导都力求在散文诗般的意境中铺陈，使之处处体现原著文体上的风格特点。其中尤为典型的是舞剧的开场，全方位调动加盟创作的各项积极因素。舞剧《边城》中细腻、别致的语汇编排风格恰恰暗合了小说隽秀、清丽的诗品，这也正是舞剧"以小见大"忠实于原著的显著表现。舞剧《边城》最为成功之处，在于用舞剧的最基本元素——舞蹈动作来叙事言情，而非一丝一毫推诿于道具、哑剧手势等舞蹈之外的其他手段，并在此基础上连同舞美、灯光、服装等加盟舞剧艺术的方方面面以高度统一的综合，一展小说《边城》的舞蹈艺术之舞台风采。

由杨天解作曲的舞剧《边城》荣获文化部（现为文化和旅游部）颁发的 1996 年"文华大奖"。

思考与探讨：

1. 探讨舞剧或电影中的人物（如外公、翠翠等）与原著的吻合度，是超越了原著？还是不如原著？是否符合你心目中的人物形象？

2. 一个成功作家的作品总有其独特的地域风情，如沈从文在《边城》里呈现了一座柔情的湘西古城，塑造了一个"带着美丽的忧愁"的翠翠。你还阅读过哪些作品，给你留下印象深刻的地方和人物？选择二三，谈谈其突出点。

读中指导，除了赏析作品，还要落实导读中的各种写作小任务（片断练习）和大作文（《我看〈边城〉的人物美》）。读后指导，主要是跟进"跨媒介阅读与交流"研习专题的写作任务，这个写作任务难度偏高，要仔细指导学生下笔，并让学生多次修改。在读完《边城》后，还可以到湘西进行研学旅行活动，研究主题可以定为"当乡村文明遇上了都市文明——《边城》文化内涵探究"，或"如何在商业发展和传承优秀传统文化中取得平衡"。

温儒敏教授说："读书养性，统编高中语文教材提倡整本书阅读，其中一个指导思想就是给学生'磨性子'，培养阅读兴趣。"养成良好的读书习惯会让我们受益终身。

参考文献：

[1] 关惠文，叶硕，景娟，等 . 如何阅读《边城》[M] . 北京：北京师范大学出版社，2018.

作者简介

梁冬青，出生于 1978 年，高中语文高级教师，省级骨干教师，廉江市第三中学春蕾文学社社长兼总编辑，擅长班级管理及文学社团管理工作，是学校经典名著导读的顶层设计者，获得"全国校园文学社团优秀主编""全国校园文学社团模范社长""廉江市高考先进工作者""湛江市高中教学质量管理工作积极分子""湛江市'特色示范课堂'高中语文组三等奖""湛江市统编教材名著阅读教学案例二等奖""湛江市第二届中学语文教师下水作文二等奖"等荣誉。

《乡土中国》导读

晏 菱

一、文本类型

    《乡土中国》是费孝通先生写于 20 世纪 40 年代的一部社会学著作,这是一部堪称经典的学术著作,凝聚了一流学者的智慧,有翔实的考证和严密的推论。阅读本书有助于学生了解社会学的相关知识,获得整本学术类著作的阅读经验,能帮助学生认清传统中国社会结构,指导学生调整处事态度,以便更好融入社会。

二、作者介绍

    费孝通(1910—2005),字彝江,祖籍江苏吴江,著名社会学家、人类学家、民族学家、社会活动家,被誉为中国社会学和人类学的奠基人之一。1936 年赴英留学,1938 年获伦敦大学哲学博士学位,同年回国。先后任云南大学、西南联合大学、清华大学教授,清华大学社会学系主任、副教务长。1949 年后历任中央民族学院教授、副院长,中央人民政府民族事务委员会副主任,中国社会科学院民族研究所副所长、社会学研究所所长,北京大学社会学系教授等职。曾获美国马林诺夫斯基纪念奖、英国皇家人类学会的赫胥黎奖章、菲律宾"麦格赛"社会领袖奖等奖项。主要著作有《江村经济》《乡土中国》《生育制度》《民族与社会》《中国士绅》《行行重行行》《乡土重建》等。《江村经济》介绍中国农耕文明;《中国士绅》介绍中国士大夫阶层;《乡土中国》介绍乡土中国人的观念,费先生认为,这些乡土、这些农民代表了中国现代化的出发点。在他的所有著作中,《乡土中国》及《生育制度》是学术界公认的中国乡土社会传统文化和社会结构理论研究的代表作。

三、核心概念

文中涉及的重要概念较多，概念理解是准确把握整本书内涵的重要环节，把握的过程往往需要阅读一些相关语段，甚至跨章节阅读。

本书概念可以分为以下几类：

第一类是作者的原创概念，如差序格局、团体格局、礼治社会、横暴权力、同意权力、长老权力等。

第二类是作者从其他学术著作中沿用的概念，如乡土社会、感情定向、阿波罗式、浮士德式、空间阻隔、时间阻隔、社会冲突、社会合作等。

第三类是作者将普通词语临时借用为社会学术语，如欲望、需求、功能、注释、仪式等。

概念含义注：

1. 差序格局：是指乡土社会里的人际关系是以个人为中心，依据私人关系向外不断延伸而形成的可以自由伸缩变化的具有差等次序的关系圈。

2. 团体格局：是指各种各样由若干人组成的关系平等，界限分明，互相合作的团体构成的社会形态。

3. 横暴权力：发生在阶级斗争里的以自己的意志驱使被支配者的，带有压迫性质的权力。

4. 同意权力：在社会分工的状态下人们必须遵守契约来维持每个人的工作，维持每个人互相监督的责任的权力。

5. 长老权力：区别于横暴权力与同意权力的，由教化形成的礼的统治形式。

6. 感情定向：文化规定的感情可以发展的方向。

7. 阿波罗式：关于人需接受超于人力创造而由宇宙来安排、完善的秩序的文化观念。

8. 浮士德式：生命的价值在于不断克服各种冲突形成的阻碍的过程。

9. 村落：依附于土地的人们因为耕地面积小、需要合作、为了安全、平等、继承等诸方面原因而聚集在一起居住的社区。

10. 熟悉社会：因见证了每个人的生长过程从而使人和人、人和物形成了最为熟悉的社会关系的村落式社会形态。

11. 面对面社群：由于人们终日面对面相处而形成的直接交流会意，有时甚至无需语言这一媒介的社区形态。

12. 文化：依赖象征体系和个人的记忆而维持着的社会共同经验。

13. 自我主义：一切价值是以"己"为中心的主义。

14. 小家族：以父系关系为主线，沿亲属序差向外扩大而形成的具有经营事务功能的团体性社群。

15. 家：亲子所构成的生育社群。

16. 男女有别：为了社会稳定，在男女间不必求同的理念之下从行为到心理形成的男女之间的鸿沟。

17. 人治：人依据礼的规则来治理社会。

18. 法治：是人依法而治的治理模式。

19. 礼治社会：运用教化的形式让人们主动服膺于传统习惯的维持社会稳定的方法。

20. 社会契约：在社会分工的前提下，人们为了保障每个人的责任与义务而形成的共同授予的权力。

21. 血缘：由生育所发生的亲子关系。

22. 地缘：是从商业里发展出来的以契约社会为基础的社会关系。

23. 时势权力：当社会结构不能答复人的需要的时候，一些有能力、有办法改变社会结构并能获得群众的信任的人拥有的支配他人的权力。

24. 反对与反抗：在同意权力结构中行使监督权时所发表的异议就是反对；在横暴权力中的对立行为就是反抗。

25. 欲望与需要：乡土社会的欲望是人类经过时间累积的自然选择而形成的印合于生存条件的文化事实；需要则是人们为了生存，经过分析研究后作出的理性选择。

四、内容简介

（一）主要内容

《乡土中国》是从费孝通先生在 20 世纪 40 年代后期在西南联大和云南大学所讲"乡村社会学"的课程讲义中整理出来的一部分，包括 14 篇论文：《乡土本色》《文字下乡》《再论文字下乡》《差序格局》《系维着私人的道德》《家族》《男女有别》《礼治秩序》《无讼》《无为政治》《长老统治》《血缘和地缘》《名实的分离》《从欲望到需要》。

各篇章主旨简介：

第一篇 《乡土本色》开宗明义，点明中国社会的乡土性的原因及特点。在这一篇中，作者从中国社会的"乡土性"切入，探讨了乡下人的"土气"所涉及的"信用”以及中国乡土社会发展的农业基础。更为重要的是，从社会学的角度提出了礼俗社会和法理社会两种不同性质的社会。在这里礼俗社会指的是“熟悉人”的社会，是带有乡土性的；而法理社会则是“陌生人”的社会，是“机械的团结”。通过对这两种社会的比较，赞扬了乡土社会的“本色”——土气。

第二篇　《文字下乡》从文字的产生与功用的角度说明在乡土社会里，文字语言相比于“特殊语言”（包括表情、肢体动作等）所天生固有的局限性，从而反思文字下乡运动的现实可操作性和必要性。

第三篇　《再论文字下乡》从时间格局中说明乡土社会没有文字发展的土壤，同时为被指作“愚”的乡下人作辩护。

第四篇　《差序格局》阐明了“差序格局”这一全新的概念，并与西方的团体格局作比较。介绍了中国乡土社会中“以己为中心”（石子投入水中的波浪式）的深受儒家文化影响的差序格局。

第五篇　《系维着私人的道德》指出，在中国差序格局下，缺乏团体道德，道德体系中最大的特点是私。

第六篇　《家族》区别了“家”与“家族”，并具体论述了它们的结构、原则及功能。与西方国家相比，中国的家族主轴是纵的，而夫妻成了配轴。

第七篇　《男女有别》阐述了中西方两种截然不同的家庭观和爱情观，探讨了中国传统感情定向的基本问题，用两种文化模式的对比分析了乡土社会男女隔阂的原因。

第八篇　《礼治秩序》说明了礼作为一种行为规范在乡土社会中的必要性和重要性，礼治社会中人们主动地服于成规。

第九篇　《无讼》点明了中国在从乡土社会蜕变的过程中产生的法治秩序与礼治秩序的矛盾，现行的司法制度在乡下产生了很多的副作用。

第十篇　《无为政治》论述了社会冲突中的“横暴权力”与社会合作中的“同意权力”，提出在农业性的乡土社会中“无为”的政治是最现实也是最理想的。

第十一篇　《长老统治》指明了在中国传统乡土社会的权力结构中，与“横暴权力”和“同意权力”并存的还有教化式的权力。中国政治性质用民主或不民主形容都是不合适的，于是作者使用了“长老统治”一词。

第十二篇　《血缘和地缘》说明了血缘是身份社会的基础，而地缘是契约社会的基础，在亲密的血缘社会中契约是很难生存的。

第十三篇　《名实的分离》论述了在长老统治下，注释的变动方式可以引起名实之间的极大分离，虚伪在这种情景下是必需的。承接第十、十一篇，引出第四种权力——时势权力。

第十四篇　《从欲望到需要》详细区分了欲望和需要。在乡土社会中自然已经做好选择，人们只需靠经验、按欲望去行事，而在城市却不然。

这14篇文章看似独立而又相互关联，大体的关系是：《乡土本色》为总论；《文字下乡》《再论文字下乡》主要论述乡土社会中文字的使用；《差序格局》《系维着私人的道德》主要论述乡土社会的社会结构；《家族》《男女有别》主要论述中国传统感情；《礼治秩序》《无讼》《无为政治》《长老统治》主要论述宗法制度；《血缘和地缘》《名实的分离》《从欲望到需要》主要论述社会变迁如何产生。当然这样的划分不是固定的，可以有不同的划分方式。

各章节之间的具体关联如下：

1.《乡土本色》是全书的总论。"从基层上看去，中国社会是乡土性的。"在这一章中，费孝通将中国社会的基层定义为乡土性的，这"乡土性"带有三方面特点：其一，"乡下人离不了泥土"。乡下人以种地为最普通的谋生方法，因而也最明白泥土的可贵。其二，不流动性。靠农业谋生的人是"粘在土地上的"，并不是说乡村人口是固定的，而是说在人与空间的关系上是不流动的，安土重迁，各自保持着孤立与隔膜。其三，熟人社会。乡土社会的这种人口流动缓慢的特点使乡村生活很富于"地方性"特点，聚村而居，终老是乡。所以，乡土社会是熟人之间的社会，这才有了"从心所欲不逾矩"的自由。这一章描述了中国社会的基础，同时也是全书的基础，后文差序格局，礼俗社会之根源，都在于"乡土性"。

2.《文字下乡》与《再论文字下乡》这两章说明了一个问题——乡土社会不用文字绝不能说是"愚"的表现。文字是人和人传情达意的过程受到阻隔的产物，但在乡土社会中，"面对面的往来是直接接触，为什么舍比较完善的语言而采用文字呢？"其实，还有更多的不需要声音和文字参与的"特殊语言"可用来作象征的原料，如表情、动作等，它们比语言更有效。"所以在乡土社会中，不但文字是多余的，连说话都不是传达情意的惟一象征体系。"《文字下乡》说的是传情达意的空间之隔，《再论文字下乡》则说的是时间之隔，包括个人的今昔之隔和社会的世代之隔。由于乡土社会是一个很安定的社会，一个人所需的记忆范围本来就很狭窄。而同一生活方式的反复重演，也使得语言足够传递世代间的经验而无需文字。

3. 从《差序格局》到《男女有别》四篇，讲的是家、国、天下三者的伦常关系在社会学上的意义。"差序格局"是费孝通提出的一个极其重要的社会学和人类学观点，指的是由亲属关系和地缘关系所决定的有差等的次序关系。中国人独特的"私"的个性，造就了中国独特的"差序格局"。不同于西洋社会有如捆柴的团体格局，费孝通在书中将中国的格局比作"一块石头丢在水面上所发生的一圈圈推出去的波纹"。每个人都是他的社会影响所推出去的圈子的中心，被圈子的波纹所推及的就发生联系。每个人在某一时间某一地点所动用的圈子不一定相同。每个网络都是以"己"作为中心，每个网络的中心也各不相同，这就是一个差序格局，伦理的格局。

4.《家族》《男女有别》这两篇讲的都是中国传统感情定向的问题。在西洋，家庭是团体性的社群，这个社群能经营的事务也很少，主要是生儿育女。但在中国的乡土社会中，家并没有严格的团体界限，可以沿着父系这一方面扩大。当其扩大成为氏族和部落时，其功能显然不只生育，还具有政治、经济、宗教等复杂的功能。在中国的乡土社会，家是个连绵延续的事业社群，它的主轴在父子之间、婆媳之间，是纵的。所以，对于两性之间的感情，中国人就矜持和保守得多，纪律排斥了私情，这在"男女有别"中有进一步的说明。乡土社会是一个男女有别的社会。浮士德式的恋爱精神，在乡土社会中是不容存在的。因为乡土社会不需要新的社会关系，更害怕旧的社会关系被破坏。乡土社会具有阿波罗式的文化观，男女关系必须有一种安排，使他们之间不发生激动性的感情。这便是男女有别的原则，即干脆认为男女之间不必求同，不必了解，在生活上加以隔离。

5.《礼治秩序》《无讼》讨论乡村社会中人们如何基于宗法制家庭的感情进行道德判断和约束。乡土社会治理方式是"人治"而不是"法治"。"所谓人治和法治之别，不在于'人'和'法'这两个字上，而是在维持秩序时所用的力量和所根据的规范的性质。"在乡土社会中，人们的社会关系不是靠法律来调节，而是靠"礼"这种社会规范来调节。维持"礼"这种规范的是传统，它正是与乡土社会的"差序格局"相互配合适应的。通过不断重叠、蛛网式的社会关系网影响到其他人，进而在整个社会营造一种合适的统治秩序。"在乡土社会中，维持礼治秩序的理想手段是教化，而不是折狱。"这也正是讼师在乡土社会中没有地位的原因。在中国传统的差序格局之下，原本不承认有可以施行于一切人的统一规则，而现行法却是采用个体平等主义的。现行的司法制度，破坏了原有的礼治秩序，但并不能有效地建立起法治秩序。

6.《无为政治》《长老统治》和《名实的分离》讲的是四种权力。关于乡土中国的权力结构，该书在《无为政治》《长老统治》和《名实的分离》三篇中分别加以阐述。费孝通认为社会权力共有四种形式：一是在社会冲突中所发生的横暴权力；二是在社会合作中所发生的同意权力；三是在社会继替中所发生的长老权力；四是在社会变迁中所发生的时势权力。

五、写作特点

1. 文章中多次运用比喻。如在《无讼》一篇中，用足球比赛这个比喻来说明礼治秩序的性质；在《差序格局》一篇中将西洋社会的团体社会格局比喻成一捆捆扎清楚的柴，而将中国的差序格局则比喻为一块石头丢在水面所发生的一圈圈推出来的波纹。

这些比喻都是形象而具体的，是对抽象概念的很好说明。

2. 大量举实例，用以加强说明效果。如《差序格局》一篇中列举苏州人家后门的河；在《礼治秩序》中提到抗战时期自己的孩子牙根上生"假牙"，哭啼不停，找不到医生而请教房东老太太；在《无讼》一篇中提及的自己作为教书先生而被请参加乡村里的调解集会，以及因抽大烟父子闹矛盾的案子的调解等。这些真实的事例加强了说明效果能使读者更容易理解，正所谓"事实胜于雄辩"。

3. 善于引用历史文献和故事。如在《差序格局》一篇中多次引用的孔子及其弟子的对话和《大学》里的句子；《系维着私人的道德》中引用的《论语》中孔子及弟子司马牛、孟武伯问"仁"的事，以及子张与孔子的对话；《礼治秩序》中引用的颜渊问"仁"的对话等。从这些引用中可以很好地体现出中国社会的乡土性，同时也可以看出费孝通先生渊博的学识。

4. 大量进行中西对比。如《差序格局》一篇中用波纹与柴的不同比喻来对比中西方社会格局的不同；《家族》一篇中用中西方家庭的对比，来说明团体性的社群与事业社群，点明中国乡土社会的又一特点。

5. 注意各篇的先后联系。如《文字下乡》与《再论文字下乡》，《差序格局》与《系维着私人的道德》中，四种权力的相互联系，使得整部著作形成一个有机整体，让读者对乡土中国有一个框架性的了解，给读者以清晰的框架感。

六、写作意义

费孝通先生的《乡土中国》是一本运用社会学和文化人类学的比较研究方法分析中国传统基层社会的著作，其目的是回答"作为中国基层社会的乡土社会究竟是个什么样的社会"这个问题。在该著作中，作者从宏观的角度审视整个社会，分析社会的整体架构，同时运用深刻而又形象鲜明的比喻，深入浅出地对一些现象或理论进行解释，从多个层面对传统基层社会作了深入的剖析，提出了一系列具有启发性的概念和范畴，并从功能主义的视角出发阐释了这些现象产生的原因和现实的功能，不仅为我们理解整个中国传统社会的结构和秩序提供了重要的理论资源，而且对我们的文学创作以及对文学作品的理解提供了理论依据和参考，具有非常丰富的价值。

作者简介

晏菱，湛江市第四中学高中语文高级教师，湛江市中学语文骨干教师，从教近 30 年。2003 年参加霞山区教学竞赛，获一等奖。2004 年被评为霞山区优秀班主任。1999、2002、2005、2008、2011 年因成绩显著被评为霞山区先进教师和先进工作者。2006 年获湛江市说课竞赛一等奖。在第 12、13、14、18、20、21、22 届"语文报杯"全国中学生作文大赛中，荣获写作指导特等奖、一等奖和优秀奖。在学校 2017 年第九届、2020 年第十二届诗歌话剧比赛中，其指导的学生分别获得诗歌朗诵一等奖、二等奖，本人荣获优秀指导教师奖。2017 年指导学生参加湛江市中小学生安全知识总决赛，荣获高中组第一名。

再读《我与地坛》

李林蔚

再读史铁生时，已是我从教的第三个年头了。八月中旬的暑假，在家翻看新拿到手的统编语文教材，读到了《我与地坛》的节选，不知为何，在读到"我常常觉得这中间有着宿命的味道——仿佛这古园就是为了等我，而历尽沧桑在那儿等待了四百多年。它等待我出生，然后又等待我活到最狂妄的年龄上忽地残废了双腿"这句话时，心中颇有感慨。

前不久与同样做老师的同学聊到，那些被选进课本里的文章都值得我们成年后再好好读一读，那些曾经让我们昏昏欲睡的课文，那些十几岁时无法理解的情感，在多年后的这一天，当我再次翻开它们，脑海里突然就想起我的语文老师在课堂上范读时，发出的那一声叹息。或许，年少时读书读的是想象，而成年人读书读的更多是感同身受。

该如何让涉世未深的孩子们体会到这些作品的魅力呢？这是我们作为语文教师一直苦苦思索的。若孩子们能感受史铁生遭遇横祸的痛苦，能想象他走出残疾阴影的心路历程，能理解他对于生死的释然和豁达，或许很多青春期的"心理疾病"也就自愈了。若孩子们能想象"这园中不单是处处都有过我的车辙，有过我的车辙的地方也都有过母亲的脚印"背后无数个重复的场景，能理解史铁生的母亲用她"艰难的命运，坚韧的意志和毫不张扬的爱"在支撑着史铁生活下去的深沉情感，能为史铁生对母亲的愧疚与怀念所动情，或许也就能自发地给自己的父母多一点问候、理解和关爱了。

而对于成年人来说，《我与地坛》一文同样起着疗愈自我心灵的慰藉作用。是啊，当你觉得生活很难，找不到存在的意义的时候；当你被繁杂的俗事所困，无法安静下来的时候；当你拿着手机消磨掉无数个无眠的夜晚的时候，或许，你就该静下心来看看这座园子，以及在这园子里发生的事，它曾为一个如你般年轻，却比你更加不幸的人准备好了一切。

一、他的二十一岁

二十一岁的年纪是怎么样的？

是中学生期待的大学，是过来人不想离开的青春。

二十一岁的男孩可以做什么？

可以在球场上肆意流汗，可以跑到喜欢的女孩面前笑得灿烂。可史铁生却在二十一岁生日的第二天，住进了友谊医院神经内科的病房。那时他还勉强能走，在父亲的搀扶下，举步维艰，心灰意冷。他在心里默默地下定决心：要么好，要么死，一定不再这样走出来。十天，一个月，就算三个月，或许就可以恢复成之前的样子了。可是，一切都没有如他所愿。

人们总是在无助的时候，把希望寄托于神明。即使是史铁生这个平日里冷静纯粹的唯物主义无神论者，也在内心无数次祈祷，也在没人看到的时候双手合十出声地向神灵许愿：如果上帝不收我回去，就把能走路的腿也留下吧！

之后的日子里，几进医院，看着家人与朋友的欲言又止，听着医生护士的扼腕叹息，他接受了自己之前怎么也没想到的结果：没有死，也再不能走。他望着被囚禁在区区一个轮椅里的躯体，万念俱灰。

最初的时候，他找不到工作，也找不到去路，直到一个下午，这个濒临绝望的年轻人遇到了一个与他同命相连的荒芜冷落的园子。曾经，玻璃朱瓦、玉砌雕栏；如今，朱红剥落、断壁残垣。他与它一样，有着喧嚣的过去、失意的现在、破败的未来。于是，他对它寄予了一种特殊的情感，他在这里看过四季，待过一天中的每一个时辰，经过每一棵树下，轧过每一寸土地。在沉静的时光中，渐渐地，园子里的每一处光景，都变得鲜活起来。那分明的四季，那鲜活的花虫草木，那纯净的自然气息，令他开始感恩天地间的美好，令他开始想象与这片天地分离的悲痛与思念。静静地看着那对散步的夫妇，那对嬉戏的兄妹，那个练歌的小伙子，那个捕鸟的汉子，那个饮酒的老头……日复一日，或总是那几个熟悉的陌生人，或只是偶尔映入眼帘的匆匆过客。他想，如果差别是一定会存在的，痛苦一定会降临在某个人身上，那么只好听凭偶然，休论公道。

这个年轻人就这样与这院子相依相伴。他在这里思考生命，思考人生，他慢慢懂得了"我残疾但不能颓废"，应该像地坛一样，让生命重新绽放活力。

二、他的体育梦想

现在的孩子最怕谈及梦想，当家长和老师与他们聊起时，即使他们的脸上没有表现，也能感受到他们心里的那一股不屑。可他们大概忘了，小时候的自己也曾为了梦想辗转反侧，激动难眠。做能发明出各种各样神奇东西的科学家？做遨游璀璨星河的宇航员？成为万人瞩目的歌星、舞者、演员？当一名教书育人的老师？当一名妙手回春的医生？好呀，这一切听起来一点不蠢，可现在为什么他们不敢说也不想说了呢？

或许你不再热爱，或许你觉得那太不现实了。但你可知道，对于坐在轮椅上的史铁生来说，他最喜爱的却是他永远无法再亲历感受的体育运动。他说，他第二喜欢足球，第三喜欢文学，第一喜欢的，是田径。我在心底问他，这样的喜好不会让你觉得痛苦吗？他告诉我："作小说的人多是白日梦患者，好在这白日梦并不令我沮丧，是因为现实的这个史铁生太令人沮丧，才想出这个法子来给他安慰或向往。我想若是有什么办法能使我变成他（史铁生最喜欢的短跑健将刘易斯），我肯定不惜一切代价。"

那么你们呢，你们还有没有那为了儿时的、现在的不足以为外人说道的梦想而不惜一切代价的勇气呢？

其实，转念一想，对于我们成年人，貌似更难谈及梦想。与其说是梦想，不如换成是欲望，精神上的或是物质上的。有时，人们总觉得自己被欲望压得透不过气来，想要寻找解脱，想要自己变得无欲无求，要做到心无挂碍。可我们忘了一件事：不是人有欲望，而是人即欲望，这欲望就是能量，是推动人走向未来的动力，是铸成生命不可或缺的重量。史铁生在提到昆德拉所说的"生命不能承受之轻"时也这样写道："人的根本恐惧就在这个'轻'字上，比如歧视和漠视，比如嘲笑，比如穷人手里作废的股票，比如失恋和死亡。轻，是最可怕的。因而得有一种重量，你愿意为之生，也愿意为之死，愿意为之累，愿意在它的引力下耗尽性命。"

不要熄灭破墙而出的欲望。

三、他在合欢树下的思念

《我与地坛》中有很多描写母亲的片段，没什么虐心的情节，却总让人一次又一次地红了眼眶。让我印象最深的一个场景是，史铁生与一个作家朋友聊天，他问那位作家写作的最初动机是什么，朋友想了一会儿说："为了我母亲。为了让她骄傲。"他听后心里一惊，良久无言。朋友又说："我那时真的就是想出名，出了名让别人羡慕我母亲。"这动机几乎可以击中每个人的心，孩子想考一个好成绩、想要出人头地，不说都是为了让父母骄傲，但这动机绝对占了很大的比重。

双腿瘫痪后的史铁生脾气变得暴怒无常，望着天上北归的雁阵，会突然把面前的玻璃砸碎；听着李谷一甜美的歌声，会猛地把手边的东西摔向四周的墙壁。母亲就悄悄地躲出去，在他看不见的地方偷偷地听着他的动静。当一切恢复沉寂，她又悄悄地进来，眼边红红的，看着他。他狠命地捶打那两条瘫痪的腿喊着："我可活什么劲儿！"母亲扑过来抓着他的手忍住哭声说："咱娘俩在一块，好好儿活，好好儿活……"他不知道，这个时候母亲已经病入膏肓，后来妹妹告诉他，母亲常常疼得整宿整宿翻来覆去地睡不了觉。

他到后来才想到，当年自己总是独自跑到地坛去，给母亲出了怎样一个难题。她知道儿子心里的苦闷，知道不该阻止他出去走走，但她又担心他一个人在那荒僻的园子里。他那时从没想到，当母亲无言地帮他准备好，帮助他上了轮椅车，看着他摇车拐出小院后会怎样。他曾无数次地看到母亲在夜幕降临后来地坛找寻他的身影，但也有时候就是倔强着不肯吭声。那偌大的园子里，要在其中找到她的儿子，母亲走过了多少焦灼的路。是啊，那园中不单是他留下的车辙，还有他车辙后面重叠着的母亲的脚印。

后来，在史铁生发表头一篇小说的时候，在他小说获奖的那些日子里，他如同每一个子欲养而亲不待的子女一样，忍不住哀怨：母亲为什么不能多活两年？为什么在她儿子就快要撞开一条路的时候，她却忽然熬不住了？莫非她来此世上只是为了替儿子担忧，却不该分享儿子的一点点快乐？

我也同样心怀对母亲的歉疚。这种歉疚不仅来自经济能力的有限，更多的是缺少生活的陪伴和精神上的理解。我们往往只会在最爱的人面前放下一切伪装，暴露自己最糟糕的情绪，而我们对他们默默承受的伤害却是后知后觉的。每每想到那千里之外的父母，心中的滋味总是不好受的。

已经五十多岁的妈妈总是跟我唠叨："要是你的姥姥姥爷还活着就好啦，能来住一下女儿的大房子。你姥爷爱吃肉呀，现在我可以天天给他炖肉吃，换着花样做，他想吃什么我都依着。可惜呀，没有跟儿女享到福。"或许，这就是我们总是急于成功，想着快些做出成绩的原因吧。三十岁的人生或许还长，可我们的妈妈能等我们多久呢？

虽然最终史铁生还是没能在秋天带着母亲去北海看一看那开得烂漫的菊花，但那长到房高了的、年年都开花的合欢树总归还是在他思念母亲的时候给了他一些安慰吧。而我们，无论是尚在求学的学子，还是已然在社会摸爬滚打许久的成年人，都应该回头看看我们的父母、我们的亲人，不留遗憾，弥补歉疚。

天高地阔，草长莺飞。如今，史铁生笔下的地坛变成了古香古色、人人慕名前来的景点，不知道今天的人们还能不能在这片喧闹中感受到史铁生那时感受到的宁静呢？也许，我们可以在宁静中去阅读《我与地坛》，跨越时空，与史铁生展开一场心灵的对话。

作者简介

李林蔚，女，湛江市第四中学高中语文教师，硕士学位。作为语文教师，在教学上不断磨砺，提升教学水平。承担公开课、交流课、示范课等教学，获得业内好评。同时还注重自身综合素质的发展，在湛江市"不忘初心、牢记使命"演讲比赛、霞山区"制度与治理"百姓宣讲等比赛中荣获一等奖数次，辅导学生多次在征文、诵读、演讲等比赛中获得佳绩，多次被评为麻章区优秀教师。她坚信课堂是让学生向知识天空和幸福生活迈进的阶梯，而不是平淡甚至痛苦的回忆。学生们评价她的课堂"雅俗共赏"——充满语文的典雅，总是干货满满，又深入浅出，接地气，和他们快乐、和谐相融。独具一格的课堂风格深受学生的青睐。

活着，只是为了活着本身的意义

刘　玏

一直不敢看《活着》，因为很多人看过之后都觉得沉重。轻易不敢去触碰那凄楚的故事，担心自己把控不住，走不出来。

然而，就在一场冬日的散步，看到了地上枯叶的寂美，万物以自己的方式在倾诉时，突然想起余华写的《活着》：生活是属于每个人自己的感受，不属于任何别人的看法。

于是，一口气读完了这本让人看着看着就笑了，笑着笑着就哭了的小说……

一、诙谐的开篇愉人无数

余华的文字真的生动，轻松几笔的勾勒就可以将读者带入他设定的场景中，不刻意却也不随意。

诙谐的开篇甚至让人已然忘却了这是一部悲凉的小说，"我比现在年轻十岁的时候，获得了一个游手好闲的职业，去乡间收集民间歌谣，如同一只乱飞的麻雀，游荡在知了和阳光充斥的农村。"据说《诗经》就是由这些"游手好闲"的职业人收集出来流传百世的文字，这段文字不知勾起了多少人的职业向往……

而这位职业人，他在孩子们眼里是那个老打哈欠的人，在村里人眼里是那个会讲荤故事、会唱酸曲的人。仅不足三页的篇幅就把农村里最原始的情感，云淡风轻地细述一番，就像绿色的土地，庄稼长得无比旺盛，生活在这片土地上的人也有着旺盛的精力……

而在那个夏季听来的故事，则是由一位老人开导一头老牛开始的：

"做牛耕田，做狗看家，做和尚化缘，做鸡报晓，做女人织布，哪头牛不耕田？这可是自古就有的道理，走呀，走呀。"老人自鸣得意地用粗哑的嗓音唱着"皇帝招我做女婿，路远迢迢我不去"，继而吆喝："二喜、有庆不要偷懒，家珍、凤霞耕得好，苦根也行啊。"

疲倦的老牛，有趣的老人，两个进入垂暮的生命引起了职业人的好奇。走上前去询问牛的名字，老人的回答却令人哑然失笑。"它只有一个名字，叫福贵。我怕它知道只有自己在耕田，就多叫出几个名字去骗它，它听到还有别的牛也在耕田，就不会不高兴，耕田也就起劲啦。"

二、老人与老牛

幸福的家庭都是相似的，不幸的家庭各有各的不幸。

列夫·托尔斯泰的这句至理名言真是概括了世间所有一样的幸福与不一样的不幸，古今中外都适用，跨越了时间和空间，精简而精确。

当你看完《活着》这部小说以后，再回头来看开篇的这段描写，就能再次体会到余华的文字功底有多深厚，谋篇布局的功力有多娴熟。开篇可以让你眉眼笑得有多无邪，结尾就可以让你的心痛得有多彻底。

处于相同生命阶段的老人与老牛相依为命，在这人世间，彼此是唯一陪伴的亲密伙伴。这位名叫福贵的老人对职业人回忆着他的过往岁月，"他喜欢回想过去，喜欢讲述自己，似乎这样一来，他就可以一次一次地重度此生了"。

老人年少时放浪不羁，嫖赌败家，把家里一百多亩地都输光了，气死了亲爹。年迈的老娘和他怀着身孕的媳妇家珍还有女儿凤霞从祖屋搬到了茅屋，一家人过起了清贫的日子。由少爷突变成佃户让这位浪子体验到了生活的艰辛，下决心痛改前非。但上苍对他的迟悟并不仁慈，将他身边的亲人一个又一个地夺走了。而其中的苦楚与悲怆并没有损坏这位老人对岁月以及家人的记忆，他可以准确地记得自己年轻时的样子，也可以看到自己衰老的轨迹……

三、每一个在这世间活过的人都有迹可循

• 余华在《活着》这本小说里塑造了许多栩栩如生的人物，哪怕是一笔带过的坐在田边闲聊的妇女们，我们都可以通过文字看到她们的音容笑貌，更不用说书中那些行走在余华故事中浓墨重彩的人物了。

我们看不到任何大篇幅的外貌描写，但《活着》里的那些人就在你眼前，自如地生活，说着自己的话，干着自己的事。那么鲜活，那么自然，一丁点儿的违和感都没有。

故事的许多背景梗概也不是按时间顺序来叙述的，合理地穿插在家庭成员的交流

对话中，合情又合理：

在福贵还是少爷，又赌又嫖的时候，徐老爷常常唉声叹气，训斥福贵没有光宗耀祖，而由福贵的反驳中我们看到了徐老爷年轻时候的样子："凭什么让我放着好端端的日子不过，去想光耀祖宗这些累人的事。再说我爹年轻时也和我一样，我家祖上有两百多亩地，到他手上一折腾就剩一百多亩了。"短短几句话，两个败家子都跃然纸上，真是上梁不正下梁歪，谁也没有资格教育谁了，讥讽得几近滑稽。

父子俩每人败家一百亩地，就把祖上积攒下来的家业全"洗白"了，为了还清赌债，连祖屋都没有保住。在一次席间，我们才知道徐家的发家史："从前，我们徐家的老祖宗不过是养了一只小鸡，鸡养大后变成了鹅，鹅养大了变成了羊，再把羊养大，羊就变成了牛。我们徐家就是这样发起来的。"爹的声音咝咝的，他顿了顿又说："到了我手里，徐家的牛变成了羊，羊又变成了鹅。传到你这里，鹅变成了鸡，现在是连鸡也没啦。"爹说到这里嘿嘿笑了起来，笑着笑着就哭了，他向我伸出两根指头："徐家出了两个败家子啊。"我们可以深切地感受到徐家老爷恨铁不成钢的气愤，也能感受到徐家少爷"天经地义"的浪荡。那些底气不足的教诲更加让人明白：身教胜于言教的残酷，来不得半点儿侥幸。

短短的几行字浓缩着徐家多少代人的努力。从鸡变鹅、变羊、变牛的过程中，不单是动物体形的增大，也寓意着家产的丰厚。而在这个变大的过程中，时间是漫长的。但由大变小的过程，速度是惊人的，两代人就可以实现祖业从有到无的质变。这些形象的对比，浅显而深邃，唏嘘间，为徐家叹息；文字里，为余华拍案叫绝。

所有昨天的努力一定会铸就今天的丰厚，比如徐家祖辈从鸡到牛的巨变；所有昨天的颓废一定会导致今天的贫瘠，亦如徐家产业从有到无的质变。而现实中的一切都是经由人自身志向所决定的，是人自身行动的选择，一步一步无限接近真实。

人生在世所有的路，都是自己走出来的，每一步都有迹可循。

四、那些真挚而热烈的爱

张爱玲说过一句话："不管你有多优秀，总会有一个人不喜欢你，不管你有多差劲，总有一个人始终在爱着你。"

这里就不得不提及福贵的媳妇家珍了。她真的就是中国农村妇女的典型代表，"嫁鸡随鸡嫁狗随狗"的根深蒂固的观念让她始终爱着自己的男人，不论富贵，不论贫贱。不管男人爱不爱她，她都一直爱着，在心里真正地爱着……

那个腆着大肚子，怀孕7个月的家珍跪在赌桌边央求着自家男人回家，当众忍受着丈夫的谩骂与巴掌，然后一个人在夜色中独自步行几十里回到家中……

这份爱里，掺杂着太多的隐忍与凄苦，无能为力的无奈但依然不放弃。如果说还有一丝衣食无忧可以支撑的话，那这份爱也显得太单薄了。

家珍也是出身富贵人家的，念过书且聪慧美丽，与福贵结为夫妻也是门当户对的，但她的爱如此真挚、纯粹，不含一点儿杂质！即便福贵输得分文不剩，娘家人心疼家珍，实在看不下去，接她回家，但这也不能阻断她对那个男人的痴心，当然对一双儿女的不舍也蕴含其中。

家珍这位苦命的女人最后得了软骨病，还是坚持劳作，与自己的男人福贵共同支撑着这个清贫的家。但即便这样，她也要在病榻上经历丧失一双儿女的悲痛。

《活着》里的福贵的一家，虽穷苦但有爱，亲人之间的爱是浓烈的，那种血浓于水的亲情扑面而来，令人动容于每一个生命逝去的悲愤中。

女儿凤霞因为一场高烧变成了哑巴，这也是一个苦命人。为了供弟弟有庆上学，父母把她送给别人领养，她的不舍撕扯着读者的心，她的眼泪一直无声，就这么默默接受着命运安排的一切！老天悲悯，让凤霞最后遇到了质朴的二喜，二喜的歪脖与凤霞的失语丝毫不影响二人的相处，反倒更加彰显人格的健全。两人真心相爱，在这人世间终于拥有了一段美好时光，然而，凤霞在生产儿子苦根时大出血而亡，也许这是老天对凤霞最慈悲的怜爱，再也不愿看到她在人世间受苦了……

如果说凤霞还曾过过几年小姐的生活，那么福贵的儿子有庆真是一出生就过着贫苦的生活了。他吃不饱穿不暖，上学期间来回奔跑于家和学校之间，就是为了割草喂给他的羊吃。他与羊之间的感情超越了人与动物的饲养关系，有庆把羊当朋友来看的。羊被养得肥圆，可怜的有庆精瘦。为了减少奔跑对鞋的磨损，大雪天他即使拿着鞋光着脚跑，也要让他的羊吃上草……

长年的奔跑让有庆有了一技之长，跑步速度极快，这是优点也是致命伤。因为县长的妻子生孩子需要输血，有庆跑得快，在医院被庸医抽血过多而夺去了生命。看到这里，无语凝噎，这个世界对待生命的方式一旦被赋上了社会功利的颜色，简直毫无人性可言。

那个在《活着》里奔跑的少年，静静地离开了人世。他甚至还来不及看到更多的美好。在这世间的一程里，他只知道父母爱他，姐姐爱他，他的羊爱他……

感谢歪脖二喜给凤霞一段人间质朴的爱情，伴着凤霞的离去，二喜的生命多了回忆与抚养儿子苦根的责任。这个歪着脖子的男人为天下人立了一个顶天立地男子汉的榜样：为了生活，背着苦根从事搬运工作，背篓上支着孩子的尿布……

命运一样没有放过这对父子，一个在工地被碾去了生命，一个被豆子夺去了生命……

所有的他（她）们都已离去，但所有的他（她）们都在这片土地播种过——爱！

作者简介

刘玏，笔名墨默，从事信息技术工作，高级信息系统项目管理师，中级网络工程师。热爱无声的文字，业余喜好记录生活中的点滴，拾撷生命中的美好，并将其凝结成字，用自己的笔写出来……

以《活着》为例，浅谈如何开展
高中生的整本书阅读与研讨工作

谢香儿

导言： 在新高考的背景之下，如何更好地践行新课标的第一个学习任务群——整本书阅读与研讨，是高中语文教师不可回避的教学重点。本文将以余华的《活着》为例，根据高中生的学情特点，综合运用精读、略读与浏览等多种方法，通过引导学生阅读整本书，以期达到拓展学生的阅读视野，增加学生的阅读量，建构起学生阅读整本书的经验，形成适合学生自己的读书方法，丰富学生的精神世界的目的。

一、开展整本书阅读与研讨的背景

（一）高中生的阅读现状

有计划地系统地培养学生广泛的阅读兴趣，拓宽学生的阅读视野，提升学生的阅读水平，是高中语文课程教学的目标之一。目前高中生课外阅读存在的问题主要有：一是由于阅读时间少，出现阅读功利化的现象。繁重的课业占据了高中生的阅读时间，学生阅读多以手机网络阅读为主。二是阅读内容过于碎片化娱乐化，网文、杂志、漫画这类快餐式的读物，成了高中生阅读的首选，经典作品被束之高阁，陷入无人问津的尴尬境地。三是在实际教学中教师肩负着升学的压力，因此在课堂阅读教学中缺乏对学生的阅读技巧的指导。

（二）新课标对整本书阅读与研讨的要求

《普通高中语文课程标准（2017 年版)》中学习任务群 1 对于"整本书阅读与研讨"的概述为："本任务群旨在引导学生通过阅读整本书，拓展阅读视野，建构阅读整本书的经验，形成适合自己的读书方法，提升阅读鉴赏能力，养成良好的阅读习惯，促进学生对中华优秀传统文化、革命文化、社会主义先进文化的深入学习和思考，形成正确的世界观、人生观和价值观。"

综合上述的高中生阅读现状和新课标学习任务群 1 对于整本书阅读与研讨的要求可知，开展整本书阅读与研讨的教学活动，迫在眉睫，尤为必要。

二、开展整本书阅读与研讨的具体做法

（一）确定合适的阅读书籍

"指定阅读的作品，应语言典范，内涵丰富，具有较高的思想水平和文化价值。"这是新课标在整本书阅读与研讨教学提示 1 中的表述，基于我所任教的高二学生正处于面临升学压力，对社会生活没有过多经验，世界观、人生观、价值观形成的关键时期，我挑选了余华的《活着》，这是一本写人对苦难的承受能力，对世界乐观的态度的作品。

（二）以教师的"导"为辅，加强对学生的阅读方法的指导

如何开展整本书阅读与研讨的教学活动？新课标在整本书阅读与研讨教学提示 3 中表述道："阅读整本书，应以学生利用课内外时间自主阅读、撰写笔记、交流讨论为主，不以教师的讲解代替或限制学生的阅读与思考。教师的主要任务是提出专题学习目标，组织学习活动，引导学生深入思考、讨论与交流。"对此，我的理解是，做学生开展整本书阅读的"旁观者"，要在学生开展阅读活动之前，就只做好"导读"的"导"这一件事情就好。如何"导"学生，让学生真正读进去书本呢？布置这项任务的时间点正值寒假期间，这是非常有益于读书工作开展的。我对学生的阅读进行了以下 3 点的阅读前的指导培训工作：

1. 制定好《活着》的阅读时间进度表的导学案。

2. 准备好三个"一"：一支笔、一个本子和一颗安静舒展的心。

3. 明确各种以"读"为重点的读书方法要求，包括导读、通读、精读、赏读、研读、个性化阅读等。

这样设计的意图在于使学生明确整本书阅读是一个连续性的阅读行为，要有计划性，争取每天开篇阅读都可以做到"开卷有益"。并对学生提出了具体实际的要求，对读过的书"圈点勾画"，有所摘抄，要有阅读的痕迹，要做到"眼到、手到、口到、心到"。

（三）以学生的"读"为主，综合运用导读、赏读、研读多种读书方法

对于阅读活动的开展，只有学生真正地读进去了，才是有效的。为此，我把对《活着》这本书的阅读与研讨划分为阅读与梳理、表达与交流、实践与分享这三个阶段，并依据对学生的学情特点的预判，分别设置了以读为主线的、贯穿始终的、具有循序渐进特性的学习任务卡。

1. 第一阶段——阅读与疏理

本阶段主要目的是激发学生的阅读兴趣，让学生初步了解《活着》整本书的主要内容。设置了导读和通读两部分的内容：①导读。在这一阶段，读什么呢？读的内容可以是课题，可以利用书中的目录、序跋、注释等，学习检索作者信息、作品背景、相关评价等资料。②通读。在导读的基础上，鼓励学生一鼓作气，进入对整本书主要内容的大体了解把握的层面。

导读任务卡

1. 作者简介。

余华，浙江海盐县人，祖籍山东高唐县，20世纪90年代凭借《活着》一书，成为东亚地区第一个获得意大利格林扎纳·卡佛文学奖最高奖项的作者。著有中短篇小说《十八岁出门远行》《鲜血梅花》《一九八六年》《四月三日事件》《世事如烟》《难逃劫数》《河边的错误》等，长篇小说《在细雨中呼喊》《活着》《许三观卖血记》《兄弟》，还写了不少散文、随笔及音乐评论。

2. 作品简介。（请你简要说明一下写作缘由和时代背景）

①写作缘由："我听到了一首美国民歌《老黑奴》，歌中那位老黑奴经历了一生的苦难，家人都先他而去，而他依然友好地对待世界，没有一句抱怨的话。这首歌深深打动了我，我决定写下一篇这样的小说，就是这篇《活着》。"②作品简介：小说讲的是在内战、三反五反、文化大革命等重大社会变革的进程中（时代背景），福贵因好赌而败光家产，后来经历被抓壮丁，母亲死了，女儿哑了，妻子得了软骨病，儿子抽血过多而死，女儿难产而亡，女婿意外死亡，外孙吃豆子撑死了，最终和一头老牛相依为命的故事。

通读任务卡

1. 概括作品主要内容。

2. 梳理人物关系脉络图。

主要内容：书中记叙了"我"在年轻时获得了一个游手好闲的职业——去乡间收集民间歌谣。在夏天刚刚来到的季节，遇到那位名叫福贵的老人，听他讲述了自己坎坷的人生经历：地主少爷福贵嗜赌成性，终于赌光了家业，一贫如洗，穷困之中福贵因母亲生病前去求医，没想到半路上被国民党部队抓了壮丁，后被解放军所俘虏，回到家乡他才知道母亲已经过世，妻子家珍含辛茹苦带大了一双儿女，但女儿不幸变成了聋哑人。然而，真正的悲剧从此才开始渐次上演。家珍因患有软骨病而干不了重活；儿子因与女校长血型相同，为救女校长（在医院里生孩子后大出血），被抽血过多而死亡；女儿凤霞与队长介绍的城里的偏头二喜喜结良缘，生下一男婴后，因大出血死在手术台上；而凤霞死后三个月家珍也去世了；二喜是搬运工，因吊车出了差错，被两排水泥板夹死；外孙苦根便随福贵回到乡下，生活十分艰难，就连豆子都很难吃上，福贵心疼便给苦根煮豆吃，不料苦根却因吃豆子被噎死……生命里难得的温情被死亡一次次撕扯得粉碎，只剩下老了的福贵伴随着一头老牛在阳光下回忆。

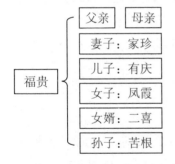

2. 第二阶段——表达与交流

本阶段的重点在于唤醒学生构建起自己与文本对话的意识，鼓励学生把自己所观所想表达出来，并与人交流。为此，我设计了精读、品读、研读三个环节。

①精读：这是一个帮助学生"走近文本"，熟悉作品的主要情节、重点人物的过程。

②品读：在精读的基础上，学生熟悉文本内容之后，走进文本，与作者对话，与作品中的人物对话，与书本中的某些观点产生共鸣。强调加深读者（学生）对文本的理解和体验，培养审美意识。在这一过程中，根据学习任务，师生一起或诵读，或细读，或按原作顺序整本读，或选择有代表性的章节反复读。

③研读：研究性阅读，从文本中发现深刻、有价值且值得研究的问题，然后收集、筛选、分析、归纳和整理相关资料，进而总结规律，形成自己的观点。读书要"读出来"，把书读得"通透"，客观地、结合实际地去读。

精读任务卡

1. 用思维导图或折线图绘制福贵的人生轨迹图。要求：用福贵的重要事件表示，情节具体，概括准确。

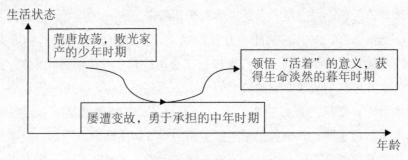

福贵的人生轨迹图

关于对福贵的人生轨迹图的解读：福贵的一生，不能简单地用棱角分明的直线向上或向下地描绘，这是基于福贵沉沉浮浮的人生经历所决定的。处于少年时期的福贵，一出生就富贵，而后因为自己的吃喝嫖赌，慢慢使得自己走向人生下坡路，跌落社会底层，几经曲折，他终于参悟"活着"的真谛，死了的人已经死去，活着的人继续好好活着。

那么福贵人生的三个主要阶段，都经历了哪些事情呢？现归纳如下：

一、荒唐放荡，败光家产的少年时期：1. 不好读书，气得先生说，"你家少爷长大了准能当个二愣子"。2. 吃喝嫖赌，样样精通。和龙二赌钱，败光祖业；天天往青楼跑。3. 没有时间观念，不爱护家人。

二、屡遭变故，勇于承担的中年时期：1. 父亲离世。2. 妻子家珍被丈人接走。3. 迫于一家人的生计，找龙二租田，放下架子，戒掉嫖赌，专心干农活。4. 妻子家珍带儿子有庆回归，家庭完整，学会疼爱妻子，学会换位思考。5. 主动提出"赡养"长工，懂得责任与尊重。6. 被拉壮丁，结识春生和老全，三人坚持"有福同享"，用胶鞋煮米解饿。

三、领悟"活着"的意义，获得生命淡然的暮年时期：1. 福贵死里逃生，回到家后，母亲已去世。2. 女儿凤霞因为大病一场而不能言语。3. 有庆给县长夫人献血而失去生命。4. 家珍因为软骨病去世。5. 凤霞难产而死。6. 二喜被水泥板夹死。7. 孙子苦根因吃豆子而噎死。经历身边人接连离世的福贵，慢慢参悟"活着"真谛。

精读任务卡的设计意图：让学生通读全书，整体把握其思想内容和艺术特点。从最使自己感动的故事、人物、场景、语言等方面入手，反复阅读品味，深入研究，欣赏语言表达的精彩之处，体会小说的感人场景乃至整体的艺术架构，厘清人物关系，感受、欣赏人物形象，探究人物的精神世界，体会小说的主旨，研究小说的艺术价值。

品读任务卡

《活着》有两个叙述者，收集民间歌谣的年轻人和福贵，他们都是用第一人称叙述的，一主一次。这种第一人称的视角组合有什么样的艺术效果？请结合文本来谈谈。（叙述艺术）

《活着》有两个叙述者，不管是收集民间歌谣的年轻人还是福贵，他们都是以第一人称叙述的，一主一次，这种第一人称的视角组合聚焦福贵的一生。通过福贵自述的内视角的方式，让我们更加真切地感知到人物的情感波澜。另一方面又以年轻人的外视角的方式呈现福贵的状态，这种时空交错的视角组合，全面而立体地展现了福贵的形象。

余华在《活着》的《麦田新版自序》中说道："用第三人称的方式写作时无法推进，用第一人称的方式写作后竟没有任何的阻挡。""'我'（年轻人）掌握着故事讲述的进程，控制着小说叙述的节奏，还对作品的感情基调和抒情承担着调节的作用。""在每大段的内容之间总是会穿插一段年轻人的叙述，而且一定会有轻松的描写，好像在那看似悲剧的苦海中，放了一些乐观的岛屿，让读者上去歇一会儿，让精神在紧张绷紧中得以稍微放松，同时还让我们看到了年轻人眼中当下的福贵，强化了我们的阅读判断，让我们对主人公有更完整的感知"。

品读任务卡的设计意图：读小说，不仅要关注写的是什么，还要关注怎么写。高中生阅读小说，应该要理性地解读文本，去学会揣摩小说的表达技巧。从叙述学的角度关注小说人称视角的变化，有助于培养学生的思辨能力。

研读任务卡

1. 作品题目为《活着》，但是文中却有很多关于"死"的句子，二者是否有矛盾？请把这些句子找出来，谈谈你的想法。

附【经典语录】

（1）以笑的方式哭，在死亡的伴随下活着。

（2）死了的人已死去，活着的人继续好好地活着。

（3）人是为了活着而活着。

（4）你千万别糊涂，死人都还想活过来，你一个大活人可不能去死。

（5）人是为了活着本身而活着，而不是为了活着之外的任何事物而活着。

（6）可是我再也没遇到一个像福贵这样令我难忘的人了，对自己的经历如此清楚，又能如此精彩地讲述自己是如何衰老的。这样的老人在乡间实在是难以遇上，也许是困苦的生活损坏了他们的记忆，面对往事他们通常显得木讷，常常以不知所措的微笑搪塞过去。

（7）一个人命再大，要是自己想死，那就怎么也活不了。

（8）你的命是爹娘给的，你不要命了也得先去问问他们。

（9）人啊，活着时受了再多的苦，到了快死的时候也会想个法子来宽慰自己。

（10）做人还是平常点好，争这个争那个，争来争去赔了自己的命。像我这样，说起来是越混越没出息，可寿命长，我认识的人一个挨着一个死去，我还活着。

《活着》一书中，一共有8个主要角色，死去了7个，老爹被气死，母亲病死，儿子有庆惨死，哑女凤霞难产而死，妻子家珍病亡，女婿工地惨死，苦命小外孙吃豆子噎死。一系列变故后，徒留下年迈的福贵和一头名唤福贵的老牛相依为命。

②在余华冷静深刻的笔调下，活着到底是什么？整部书，凝结成一句话，或许就如余华所说"人是为了活着本身而活着，而不是为了活着之外的任何事物而活着。"活着，就是对生命致以的最高敬意。活着的福贵带着死去亲人的希望，好好活着，谁说不是一种爱与坚强的延续呢？

研读任务卡的设计意图：读书要"读出来"，把书读得"通透"，客观地、结合实际地去读，读懂作者的创作意图，跳出局限性地看到主人公对待生命、生活的态度。

小结：韩雪屏老师曾说过："在师生、生生的对话互动过程中，学生会经常发现与自己不同的见解。这些差异有助于学生产生认知的矛盾。这些认知矛盾正是学生进一步深入阅读对话的内驱力。"通过阅读他人的随笔，学生可以感受到他人的思想轨迹和结晶，获得更多的思想感悟。

不管是精读，品读，还是研读，我都会有意识地收集学生的读书笔记，进行读书笔记漂流活动。具体做法是：我将学生的读书笔记收集起来，以漂流的方式随机派发到不同的学生手中，由他们阅读并进行批阅。这样每个学生都对自己读完或者没读完的小说作了自主的思考并写下了感悟，而小组之间的传阅可以加强学生对小说的理解。把教师的批改放在最后进行，旨在发现问题，寻找学生的闪光点。

3. 第三阶段——实践与分享

新课标在整本书阅读与研讨教学提示4中表述："教师应善于发现学生阅读整本书的成功经验，及时组织交流与分享。应善于发现，保护和支持学生阅读。"本阶段的重点在于引导学生联系个人经验，深入理解作品，享受读书的愉悦，从作品中汲取营养，丰富自己的精神世界，逐步形成正确的世界观、人生观和价值观。为此，我设计了个性化阅读任务，以设置题目的方式要求学生写读书报告。

个性化阅读任务卡

①福贵的一生是几经波折，最终顿悟生活真谛的一生，你从他的身上读到了什么？面对生活中无法避免的挫折苦难，你又是怎样做的？

（节选自学生读书报告）从平静到无常，勇敢扛起生命的无常。福贵一生也曾和命运斗争过，最终和命运握手言和，共同归于尘土。"做人还是平常点好，争这个争那个，争来争去赔了自己的命，像我这样，说起来是越混越没有出息，可寿命长，我认识的人一个挨着一个死去，我还活着。"历经生死，福贵都没有放弃自己的生命，一心向阳，坦然面对生命的无常，过好余生的每一天。生命无常，我们应该懂得珍惜。命运多坎坷，我们应该努力向阳，因为活着本身就是希望。

个性化阅读卡的设计意图：阅读完《活着》整本书，理应让学生学会把书"读出来"，用以指导自己的人生。读书报告，既是学生对本阶段的整本书阅读的总结，也是其自我享受阅读的乐趣的途径。

（四）完善课外阅读评价，持续性地推进学生的阅读工作

完善课外阅读评价，有助于督促学生重视阅读、坚持阅读，进而提升阅读水平。

本次阅读活动中，我通过以教师为学生课外阅读的评价主体，提倡学生之间相互评价、自我评价的模式，收集学生的摘抄笔记，完成学习任务卡的质量和进度，读书报告等材料，掌握学生的阅读动态，包括阅读数量和阅读质量，关注学生课外阅读过程表现出来中的态度、习惯、计划性等方面，对学生课外阅读进行有效的评价，鼓励他们对阅读材料进行个性化的阅读和创造性的解读，提升学生的整体阅读水平。

三、教学反思：提高教师自我阅读修养，争取做学者型教师

为在阅读教学工作中有所建树，语文教师应不断提高自身的文化素养，才能让阅读教学活动保持活力和生机。具体从以下几点展开：第一、根据自身教学学科性质特点，合理选择恰当的阅读资料，作者的自传、节选课文的原著、名家的评述等都可纳入阅读的范围。这类作品读得越多，教师对作者的了解越全面，对教材的体会越透彻，课堂教学就会越有活力，也越能激发学生的阅读兴趣。第二、掌握阅读要领，培养独立阅读的能力：根据不同体裁采用不同的阅读方法，对文章进行逐字逐句的分析，一遍遍揣摩文本的内涵。第三，积极参加读书文化沙龙活动，克服惰性，勤写读书笔记。教师的阅读不仅要涉及课内教学有关的读物，还有课外阅读的"诗和远方"。我有幸加入了"陈骏名师工作室"，成为其中的一员，是机遇，是挑战，更是责任。面对繁重的教学任务，唯有适当地增压，担当起语文教师的阅读责任，才不至于被生活的温水吞噬。

四、结语

加强对高中生整本书阅读与研讨的引导，需要教师加强对学生阅读技巧的指导，以学生的"读"为主，综合运用导读、赏读、研读多种读书方法，鼓励学生积极"读进去"，加强与文本、作者的对话交流意识，也要教导学生"读出来"，尝试建构起自我的读书经验，从中汲取养分，指导自己的人生。让学生形成正确的世界观、人生观和价值观，才是开展整本书阅读与研讨的最终目的。

参考文献：

［1］中华人民共和国教育部．普通高中语文课程标准（2017 年版）［S］．北京：人民教育出版社，2017.

［2］张诗嫣．高中生如何提高语文自主主题阅读能力［J］．语文天地，2016（03）：80－81.

［3］童靓. 朱自清阅读教学对高中阅读教学的启示［D］. 武汉：华中师范大学，2016.

［4］刘正文. 在语文教学中如何提高高中生阅读能力［J］. 教学实践探索，2016（05）：187.

作者简介

谢香儿，湛江市第四中学高中语文教师，大学本科学历，教学基本功扎实，工作认真负责，具备完整的高中三年的教学工作经历，参与了校本教材《趣味语文——湛江市第四中学初高中衔接校本教材》的编写工作。所带班级班风正，学风浓；所辅导学生多次荣获语文报杯作文大赛国家级奖项和省级奖项，本人也荣获优秀指导教师荣誉，所撰写的教学论文《二轮复习诗歌鉴赏如何巧借慧眼，明辨手法之我见》荣获全国第十三届语文教师"四项全能"竞赛一等奖，《五步读书法走进陶渊明亦仕亦田的内心世界》（《归园田居》其一）教学设计荣获湛江市中小学教师课堂教学改革征文比赛一等奖。人生格言：上好每一节课，改好每一份作业，过好每一个日子。

温暖和爱——迟子建小说阅读指导

徐 颖

迟子建，1964 年，出生于黑龙江省大兴安岭地区漠河市北极村。1981 年，进入大兴安岭师范学校中文专业学习。1983 年，开始写作。其作品《雾月牛栏》《清水洗尘》《世界上所有的夜晚》分别获得第一、第二、第四届鲁迅文学奖，是国内首位三次获此大奖的作家。《额尔古纳河右岸》获第七届茅盾文学奖。迟子建是丰产而作品质量又高的作家，是当代中国具有广泛影响力的作家之一。

苏童老师曾经这样评价迟子建老师以及她的创作："大约没有一个作家会像迟子建一样历经二十多年的创作而容颜不改，始终保持着一种均匀的创作节奏，一种稳定的美学追求，一种晶莹明亮的文字品格。每年春天，我们听不见遥远的黑龙江上冰雪融化的声音，但我们总是能准时听见迟子建的脚步。"莫言说："她的作品具有很博大的情怀。"阎晶明认为："迟子建是一位职业作家，专注于小说创作。她的作品，亦始终具有一种温馨浪漫的思想内涵。"

迟子建以她丰沛的创作实践给自己的小说创造了一种判断标准，那就是书写温暖和爱。这美好的情怀在她笔下的小说中氤氲开来，浸润到文字中、故事里，这便是迟子建小说的最大魅力。

迟子建一直坚持性善论，她说："人性的恶，恰恰是理性思考得出的结果，而善则是一种生活状态，我的小说便是展示这么一种状态，它并不是思考的结果。"于是她给我们讲述了一个又一个人性善良温暖的故事，以悲悯情怀，描写蕴藏在普通人身上的人性光辉，传达对他们生命状态的关怀和尊重，讴歌他们的善良、宽厚、自尊、诚挚的心灵及对生活的热爱，表达了她对生命价值的尊重和肯定，使我们能看到人性中的善良和感动，更能体会到人性力量的伟大。

一、情爱之美

迟子建始终用一种温情的目光注视这世间的一切，平静而温暖的叙述背后有一种无形的美和力量，那就是爱。在她讲述的故事中，情爱是一个重要的内容，它或直白，或隐晦在故事之中。构建迟子建心中向往的美好爱情，她认为："上帝造人只有两种：男人和女人。这决定了他们必须相依相偎才能维系这个世界。宇宙间的太阳与月亮的转换可以看作是人世间男女之间所应有的关系，它们紧相衔接，不可替代，谁也别指望打倒谁。只有获得和谐，这个世界才不至于倾斜，才能维系平衡状态。"

《花瓣饭》中的妈妈被判为"苏修特务"，要戴高帽游街，爸爸被撤职下放到粮库做搬运工。夫妻相濡以沫，在一个下雨的黄昏，妈妈出去接爸爸，爸爸出去找妈妈。

爸爸皱起了眉头。他走向茶柜，盯着那顶高高的纸帽子问我们："你妈妈今天又游街去了？"

"去了。"姐姐放下笔，转过身来对父亲说，"是上午去的，下午她就上地里干活儿去了，她晚上回来时还摘了一篮子菜。"

"游街时没人打她吧？"爸爸问完后，又打了一个喷嚏。

"跟过去一样，没人打她。她戴着高帽子走，好事的人跟着看看。除了杨菲菲往她身上扔了一个臭鸡蛋外，别人谁也没有碰妈妈一个指头。"姐姐说。

……

妈妈的心情已经明朗了许多。姐姐又不失时机地告诉她，爸爸很惦念她，向我们打听她上午游街时受没受委屈。这个"苏修特务"听到这番话后，眼睛里就泛出温柔的亮色了。她看了看墙上的挂钟，嘟囔一句："这么晚了，他别是因为上老梁家遭了白眼，想不开了，我得出去找他。"

……

姐姐简短地把妈妈遭梁老五老婆羞辱的事告诉了爸爸，爸爸更加着急了，他说："我得赶快去找她，她哭完了出去，别再出点什么事。"

……

他们进了屋里，一身夜露的气息，裤脚都被露水给打湿了。爸爸和颜悦色地提着手电筒，而妈妈则娇羞地抱着一束花。那花紫白红黄都有，有的朵大，有的朵小，有的盛开着，有的则还打着骨朵。还有一些，它们已经快凋谢了。妈妈抱着它经过饭桌的时候，许多花瓣就落进了粥盆里。

那苞米面粥是金黄色的，它被那红的黄的粉的白的花瓣一点缀，美艳得就像瓷盘里的一幅风景油画。爸爸妈妈的头上都沾着碧绿的草叶，好像他们在草丛中打过滚。而妈妈那件洋红色的衣裳的背后，却整个地湿透了，洋红色因此成了深红色。

在"文化大革命"的特殊背景之下，夫妻没有互相抱怨，划清界限，而是彼此体恤。伤痕是残酷的，但情爱是美丽的，残酷和美丽相碰撞，迸发出动人的乐章。作者凝重地唤醒了人们对灾难的记忆以及抗衡这种灾难力量的寻求，从而弹奏出了一曲湿润的人情牧歌。

二、亲情之美

家庭是组成社会的最小单位，也是人间情愫最原始、最基本的载体。迟子建热衷于表现普通家庭温馨和谐的生活，即使是家庭中遭遇不幸及痛苦，它们也会消融在人物相互间的关爱之中。她小说中深厚浓郁的人情氛围是对传统文化观念中亲情伦理的重新发现。

《不灭的家族》记述了"我"的家族的贫穷和苦难，这个家族除了有一脉相承的"暴脾气""洪亮的嗓门"，还有"得脑溢血"而早逝的基因，但血脉的相连让亲情没有消逝。父亲让"我"偏袒爷爷的嘱咐、四爷爷见到"我"的泪水，让"我"坚定地认为"它是永远不会消亡的"。

> 除了手脚之外，父亲还遗传给我洪亮的嗓音和火爆的脾气。"点把火就着。"母亲是这样形容我们父女俩的脾性的。
> ……
> 父亲把他的坏脾气归咎于祖父……总之，若是祖父、父亲和我凑在一个饭桌上，开始时是一团和气，最后总是因为某种争执而各抒己见，不欢而散。……（祖父）在饭桌旁坐在上宾的位置，摆出老爷子的面孔来教训父亲，偏偏父亲是个要面子而又自觉学识渊博的人。所以祖父的教训常常被挡回去，我夹在他们之间充当帮凶，某件事向着祖父，某件事又向着父亲，气得父亲常常说我是投降派，但是若向着父亲的次数多了，祖父单枪匹马孤独无助拂袖而去时，父亲又会告诫我：
> "下次不管事情谁对谁错，都要向着爷爷说话。"
> 我问为什么。
> 父亲的回答很朴素："他肯定活不过我，他活着时让他顺心些。"
> ……
> 我知道我们这个家族不管让我喜欢也罢讨厌也罢，它是永远不会消亡的。这也是最令我骄傲和悲哀的事情了。每当我洗手洗脚的时候，许多家族的老成员便铿锵向我走来，我痛彻心头却又幸福无比。我想，家族的兴衰与荣辱，

成员间的融洽与龃龉，都将随着富有鲜明特征的手脚的永远僵硬而成为历史。
我们这个家族留给世界的，毕竟是洪亮的声音。

迟子建的短篇小说，大多是以普通人家平凡人物的日常生活为题材，通过对美好生活的期待与追求，人们之间相互扶助，共建和谐生活的描写，揭示出人性的真善与美丽。

三、悲悯情怀

迟子建一直以独行者的姿态在自己的园地上耕耘，她以自己对于生活朴素却深刻的理解，执着地表达着她对黑土地的深情、对生命的热爱和赞美。她本人也始终站在民间立场上，用平视的视角、悲悯的情怀温柔地注视着那些普通甚至卑微的民间生命。

《亲亲土豆》讲述的是秦山和李爱杰一家子的故事。得了肺癌的秦山放弃治疗，"秦山听着妻子恍若回到少女时代的声音，心里有种比晚霞还要浓烈的伤感。如果自己病得不重还可以继续听她的声音，如果病入膏肓，这声音将像闪电一样消失。谁会再来拥抱她温润光滑的身体？谁来帮她照看粉萍？谁来帮她伺候那一大片土豆地？秦山不敢继续往下想了。"妻子李爱杰无力挽救丈夫的生命，只能把自己的爱与痛埋于心底。"秦山在下雪的日子里挣扎了两天两夜终于停止了呼吸。礼镇的人都来帮助李爱杰料理后事，但守灵的事只有她一人承当。李爱杰在屋里穿着那条宝石蓝色的软缎旗袍，守着温暖的炉火和丈夫，由晨至昏，由夜半至黎明。直到了出殡的那一天，她才换下了那件旗袍。""秦山的棺材落入坑穴，人们用铁铲将微薄的冻土扬完后，棺材还露出星星点点的红色。李爱杰上前将土豆一袋袋倒在坟上，只见那些土豆咕噜噜地在坟堆上旋转，最后众志成城地挤靠在一起，使秦山的坟豁然丰满充盈起来。"

在这个坐火车要两天两夜才能到达省城哈尔滨的礼镇，靠种土豆生存的小夫妻无力改变自己的命运，但在他们悲苦的生活之下，有着温暖的亲情、和谐的生活。"爱杰最后一个离开秦山的坟。她刚走了两三步，忽然听见背后一阵簌簌的响动。原来坟顶上的一只又圆又胖的土豆从上面坠了下来，一直滚到李爱杰脚边，停在她的鞋前，仿佛一个受宠惯了的小孩子在乞求母亲那至爱的亲昵。李爱杰怜爱地看着那个土豆，轻轻嗔怪道：'还跟我的脚呀？'"

迟子建的小说用自己的视角，把她热爱的北国故土的人物风情充分表现出来。故乡黑土地的原始风貌，润泽着她的创作。她把自己对生活的领悟、对生活的追求，通过小说再现出来，那便是"温暖""爱"！

读《教师的深度幸福》，做深度幸福的教师

武 辉

杂文家徐迅雷先生写过一篇妙文，题目是《智识分子·知识分子·知道分子》。在文学阅读的领域，我充其量就是个知道分子，今天在各位面前班门弄斧了。

我要与大家分享的是张丽钧的《教师的深度幸福》。选此书，是因为"深度幸福"四个字深深地吸引了我，做教师久了，难免会有些职业倦怠。那么，什么是深度幸福？如何找寻真正的幸福？怎样破解迷茫的密码？读罢这本书，果然没有让我失望。

首先，这本书中的《深度幸福》一文为我剥去了一层厚厚的思想蔽障，让我明晰什么是幸福。文中说，人类喜欢休闲多于工作，这是一个没有争议的结论。但人类同时也有一些可贵的发现：人们在工作中的"福乐体验"比在休闲活动中获得的要多。这种矛盾说明我们对工作持有偏见，我们常常把工作与痛苦联系在一起，而把休闲与快乐联系在一起。

读到此，不由得想起之前的我。在进入七小之前，我有一段宅家的日子，那段时间确实惬意，可是时间久了，便觉得听音乐逛街也变得索然无味。当我再送女儿来七小上学时，看着曾经一度想挣脱的校园竟变得亲切起来。原来，幸福的体验便是对人生价值的不断追求。

《教师的深度幸福》一书，由五个单辑组成，分别是：青青是我师、人生课本、深度幸福、童心不凋和必然的抵达。每一辑都包括若干短文，每篇文字都是张校长的所见、所思、所忆、所想。

透过这些文字，我们能够感受到张校长是一个心思极为细腻之人。登上教学楼顶，查看学校的避雷针，她能想到为自己的学校安装一枚避雷针，雷电来袭，不闪避逃遁，巧妙地将雷电引向广袤的大地。这是在缩小困难，用革命的乐观主义精神武装自己。同时，在楼顶的缝隙，她看到一棵不知名的小草，开着一朵淡黄色的小花，她敬佩这植株的生命力，并且惊叹草儿在雷电呼啸着经过的地方，还竭力绽放出一朵惊世的小花——这是柔弱植株绽放的强大生命力鼓舞人的精神的力量。于是她写下这段文字：

"我愿，从所有的过往岁月中抽出一根灵透的金属之丝，以境界为砧，以胸襟为锤，淬以智慧之火，精心打造我生命的避雷针；还要提了感恩的喷壶，每日浇灌那一颗遗落在水泥齿缝间的种子，直到看它开出惊世的花朵。"这段话说得如此感人，也如此优美，我不禁拿出笔，用心勾抹涂画。

楼下的爬山虎，出租车后镜上折射的天空的云，《民国老课本》里的一句"燕子，汝又来乎？"一个叫勺的女生转变为"芍"……都是日常生活中最为平常的事物，但在张校长的笔下，演变成一个个感人的故事，充满了无限诗意和理性哲思。

张校长的儿子徐然作为自己妈妈的首席读者，曾这样评价妈妈，我觉得精准而到位："我一直觉得，母亲有一双善于观察的眼睛，更有一颗睿智而敏感的心。她把所见所想用生动的文字呈现出来，那一个个鲜活的人物，生动的故事，浇灌着我的心灵，陪伴着我成长。"正是因为张校长拥有渊博的知识、悲悯的情怀、敏锐的洞察力、宽阔的胸襟和超常的智慧，才会发生那些感人的故事，让那些动人的文字自然流淌。

读这本书，手头需要有一本词典。因为文中的很多字，于我是生涩的，自曝底蕴的浅薄。

当然，这本书里更多的故事透露的还是教育的真谛。读《教师的深度幸福》，我感受到了为人师的真正幸福。

做一名教师，修炼自己，提升自己，成为最好的自己，拥有获得幸福的源泉。

做一名教师，爱自己，爱生活，爱周遭的一切，既有温情的浪漫，又有理性的哲思，铺设编织幸福的地基。

做一名教师，心中怀有责任感，用最初的心情，走一生的路，修筑通向幸福的道路。

做一名教师，你站立的地方，就是你的课堂。你是一个什么样的人，你的课堂就是什么样的。钟情于你的工作，是获得深度幸福的秘籍。

张丽钧在自序中说："我不相信这些故事会风过无痕，相反，我相信它们都具备着种子般的能量——落入心壤，萌蘖繁衍，生生不息。"

张校长绝对摸透了读者的心，因为一颗种子已经埋进了我的心房。

越读越幸福。

越读越澄澈明净。

作者简介

武辉，女，本科学历，小学语文高级教师，任教于湛江市第七小学。在从教的道路上，始终怀着对教育事业无限的忠诚与热爱，用满腔的热情教书育人。从教23年来，多次获得市、区级语文教学竞赛一等奖；多次主持或参与课题研究，并在实践中撰写论文；多次获得区优秀教师、区教学质量先进工作者称号；多次指导青年教师参赛，其指导参赛教师均获得好成绩。

业余时间多用来阅读、练瑜伽。她在阅读与瑜伽中获得清明的意识和精神快乐，将这份意识和快乐进行传递，感染更多的孩子，让他们在快乐中学习，进而体现师者的人生价值。

培养科学精神，关注人类命运
——走进《三体》的宏大世界

陈　骏

高中阶段，学生的阅读书目应该包含一些什么样的作品？侧重传统经典还是偏向现代作品？注重人文培养还是侧重科学精神？主张西风东渐还是重返文化自信？阅读书目由谁提供？听凭孩子兴趣还是家长予以指导？语文老师一手包办还是各科教师集思广益？以上种种，都是阅读教学中存在的重大问题。

答案也许是多元的，也应该是多元的，但在此，我想旗帜鲜明地说，刘慈欣的《三体》系列科幻小说，是中学生不可不读的当代经典作品。对于我的提议，不少学生和老师都向我提出问题：为什么要读《三体》？读《三体》我们能收获什么？对此，特撰文予以说明。

一、《三体》简介

《三体》是刘慈欣创作的系列长篇科幻小说，由《三体》《三体Ⅱ·黑暗森林》《三体Ⅲ·死神永生》组成，第一部于 2006 年 5 月起在《科幻世界》杂志上连载，第二部于 2008 年 5 月首次出版，第三部则于 2010 年 11 月出版。

作品讲述了地球人类文明和三体文明的信息交流、生死搏杀及两个文明在宇宙中的兴衰历程。其第一部经过刘宇昆翻译后获得了第 73 届雨果奖最佳长篇小说奖。

二、《三体》的故事梗概

（一）第一部：《三体》

"文化大革命"期间，天文学家叶文洁历经劫难，被带到军方绝秘计划"红岸工程"中。叶文洁以太阳为天线，向宇宙发出地球文明的第一声啼鸣，取得了探寻外星文明的突破性进展。在三颗无规则运行的"太阳"主导下，四光年外的"三体文明"历经百余次毁灭与重生，三体人不得不逃离母星，而恰在此时，他们接收到了地球发来的信息。对人性绝望的叶文洁向三体人暴露了地球的坐标，彻底改变了人类的命运。

地球的基础科学出现了异常的扰动，纳米科学家汪淼进入神秘的网络游戏《三体》，开始逐步逼近这个世界的真相。汪淼参加一次玩家聚会时，接触到了地球为应对三体人到来而形成的一个秘密组织 ETO。地球防卫组织中国区作战中心通过"古筝计划"，一定程度上挫败了拯救派和降临派扰乱人类科学界和其他领域思想的图谋，获悉处于困境之中的三体人为了得到一个能够稳定生存的世界，决定入侵地球。

在运用超技术锁死地球人的基础科学之后，庞大的三体舰队开始向地球进发，人类的末日悄然来临。

（二）第二部：《三体Ⅱ·黑暗森林》

三体人在利用科技锁死了地球人的科学之后，出动庞大的宇宙舰队直扑太阳系，面对地球文明前所未有的危局，人类组建起同样庞大的太空舰队，同时，行星防御理事会（PDC）利用三体人思维透明的致命缺陷，制订了"面壁计划"。出乎意料地，社会学教授罗辑被选出作为四位"面壁者"之一，展开对三体人的秘密反击。虽然三体人自身无法识破人类的计谋，却依靠由地球人中的背叛者中挑选出的"破壁人"与"面壁者"进行智慧博弈。

在这场你死我活的文明生存竞争中，罗辑由一开始的逃避和享乐主义逐渐意识到自己的责任心，想到了一个对抗三体文明入侵的办法。科研军官章北海试图借一场陨石雨干涉飞船推进形式的研究方向。近二百年后，获选增援未来的他在人类舰队被"水滴"清除殆尽前，成功抢夺战舰逃离。此时罗辑证实了宇宙文明间的黑暗森林法则，任何暴露自己位置的文明都将很快被消灭。

借助于这一发现，他以向全宇宙公布三体世界的位置坐标相威胁，暂时制止了三体人对太阳系的入侵，使地球与三体建立起脆弱的战略平衡。

（三）第三部：《三体Ⅲ·死神永生》

身患绝症的云天明买下一颗星星送给暗恋着的大学同学程心，而程心因参与行星防御理事会战略情报局（PIA）向三体舰队发射探测器的工作，却想让航天专业背景的云天明放弃安乐死，作为被执行人将大脑捐献给阶梯计划。与三体文明的战争使人类首次看到了宇宙黑暗的真相，地球文明因为黑暗森林打击的存在如临大敌，不敢在太空中暴露自己。在零道德的宇宙中发起黑暗战役的战舰被诱导返航，却受到有道德的地球文明审判。

不称职的懦弱少女程心被选来充当掌握地球命运的执剑人，她因为罗辑的成功，将这看作一项只需花费时间的任务，刚刚任职，水滴就向地球发动攻击，程心为了忠于人性，做出了错误的决定。在警示下继续逃离的"蓝色空间"号飞船，受到具有发射引力波能力的"万有引力"号飞船与两个同行的"水滴"追击，其上的人员进入四维空间，摧毁"水滴"并占领了"万有引力"号，启动引力波广播向宇宙公布了三体星系的坐标。

云天明与地球取得联系，通过讲述三个自己编创的童话故事，向程心透露大量情报。人类自以为悟出了生存竞争的秘密，开始进行"掩体计划"，维德领导的空间曲率驱动研究因为程心的错误判断被终止，使得人类最终没有能够逃脱被高级文明毁灭的命运。因为宇宙中还存在更强大的文明，战争的方式和武器已经远超出人类的想象。极高文明发出了一张卡片大小的"二向箔"，使整个太阳系被压缩为二维平面而毁灭。

在地球人类接近灭亡之际，只有程心和艾 AA 两个幸存者乘坐光速飞船离开。罗辑成为设置于冥王星的地球文明博物馆的"守墓人"。她们在冥王星带走了人类文明的精华。在云天明送的恒星周围的一颗行星上，程心遇到关一帆且探讨了宇宙降维的真相。超乎一切之上的力量要求宇宙归零重生，在黑域中穿越长达 1800 万年的时空……程心没有等到云天明到来，和关一帆在小宇宙中短暂居住后重新进入大宇宙生活。

（四）创作背景

20 世纪 90 年代，随着中国政府加强对科技兴国战略的宣传，科技事业不断发展，出现了诸多有利于科幻创作的条件。同时，以科技工作者为主的创作队伍逐渐更新，一些从科幻迷中分离出的精英化读者也成长为作家。

刘慈欣 1999 年起在杂志《科幻世界》上发表作品，此后接连创作了多部中短篇小说。在 2006 年 1 月发表短篇小说《山》时，许多读者去信说希望他写成长篇，于是刘慈欣就决定不再写中短篇了。"有三颗无规则运行恒星的恒星系"这个构思他最初打算用来写短篇，后来发现能写成一部长篇小说，于是把这和吴岩在《中国轨道》里描写的人们不顾一切地探索太空的历史相结合将整个故事的背景设定在"文化大革命"时期，描述一些人物与外星力量间的接触，以及华约和北约之间的冷战。在一位出版人的影响下，他对原来的构思作了较大的改变，改为一个长篇的三部曲系列，叙述从 20 世纪 60 年代到从此五百年后人类的一段特殊历程。

刘慈欣在业余时间进行写作，工作不忙的时候一天写三千到五千字，每部花了约一年的时间完成。第一部《三体》最初在 2006 年 5 月到 12 月的《科幻世界》杂志上连载，反响较好，于是出了单行本（连载删改了少量内容，在单行本中章节顺序有一定的调整）。第二部《黑暗森林》的标题取自 20 世纪 80 年代的一句流行语："城市就是森林，每一个男人都是猎手，每一个女人都是陷阱。"刘慈欣原本计划用四五个月完成，因单位工作时间不稳定而写了九个月。第三部《死神永生》出版后，该系列由"地球往事三部曲"更名为"三体三部曲"。

三、《三体》的主要人物

（一）第一部

叶文洁：刘慈欣科幻小说作品《三体》中的一个人物，担任过大学教授、天体物理学家、ETO 统帅，人类毁灭的元凶。叶文洁是整部作品的灵魂人物，贯穿了全篇。她使人类第一次进行 II 型文明能级的发射，并与三体文明初次接触。虽然她背叛了全人类，但也为人类留下了一线生机。叶文洁历经劫难，一生坎坷，她经历了"文化大革命"，目睹父亲惨死，多次被人设计陷害。悲剧的前半生使叶文洁厌恶人类，这种观念直到改革开放后才逐渐缓和，但她始终相信人类无法自救，必须借助人类之外的力量才能拯救人类。

汪淼：刘慈欣代表作三体三部曲中第一部《三体》中主要人物。中年人，纳米材料科学家，为消灭人类叛军 ETO 组织做出了贡献。有一妻，名李瑶，一子，小名豆豆。

《三体》以汪淼的视角通过三体游戏向读者介绍了三体星系的概况、三体人的生活方式、科学边界及 ETO 的概况。

史强：《三体》中从未仰望过星空的警察，具有世俗智慧和原始生命力，展示出惊人的自信和能量。他观察敏锐、果敢决绝，具有极强的行动能力，凭借多数人都拥有的"常识"，以顽强的技能求得生存，史强如定海神针一般稳固着理性者汪淼的信心，并带领陷入了绝望的科学家去见识蝗虫肆虐的景象，使他们领悟到"虫子"的顽强，重获希望。在拦截 ETO 的轮船行动中，提出利用汪淼所研究纳米材料对轮船进行的切割。（《黑暗森林》）他成为罗辑的保护者，一次次大显身手，数次拯救罗辑的生命，并通过"冬眠计划"跨越到两百年后，继续稳定着未来世界。

常伟思：刘慈欣科幻小说《三体》和《三体 II·黑暗森林》中的人物。亚洲军事力量中太空军的奠基者，人民解放军少将，中国人民解放军太空军第一任司令员。二十多年前的史强曾是常伟思所带连队里的一名普通战士。

丁仪：刘慈欣科幻小说中的人物，著名物理学家，在《坍缩》《微观尽头》《朝闻道》《三体》《球状闪电》等小说中均出现过。一个不修边幅，有些流气，却又有旷世奇才，近乎全知全能的角色。有哲学和量子物理学两个博士学位，还有一个数学的硕士学位，一级教授，科学院院士（而且是最年轻的院士）。曾是国家中子衰变研究项目的首席科学家，曾因此项研究获诺贝尔物理学奖提名。虽然其在小说中从来不是主角，但却都是小说主线中不可缺少的一环，甚至可以说因为有他的存在，我们可以隐约地将刘慈欣的文字世界连接起来。

杨冬：叶文洁的女儿，因为得知科学被三体文明锁死，在查看母亲的电脑后，知道了母亲叶文洁是策划三体文明侵略地球文明的幕后指使，又悟出比"黑暗森林"更黑暗的事实：大自然并不自然，导致自己没有再活下去的勇气，而选择死亡。虽然《三体》系列的众多人物中，描写杨冬的笔墨并不多，但是这个人物却是少有的在《三体》三部曲中都出现的人物。而且每次以不同的方式登场的杨冬，都在为整部书定下基调，可以说是《三体》系列的一条暗线。

麦克·伊文斯：刘慈欣所著科幻小说《三体》中的人物，没说过自己的国籍，但他的英语带有很明显的美国口音。地球三体运动的创始人，降临派领袖，第二红岸基地即"审判日"号邮轮的拥有者。死于"古筝行动"。

（二）第二部：《黑暗森林》

罗辑：刘慈欣长篇科幻小说《三体》系列中的人物，《三体Ⅱ·黑暗森林》的主角和《三体Ⅲ·死神永生》的线索角色。本是玩世不恭的大学教授，因偶遇叶文洁并得其提点而遭到ETO的追杀，一无所知地参与面壁计划，其间与庄颜结婚并育有一女。第四位面壁者，宇宙社会学的创立者之一（叶文洁为提出者，罗辑为完善者）。初代执剑人，建立黑暗森林威慑，开创了威慑纪元，使地球人类在三体危机面前免于覆灭。坚守执剑换来人类62年和平发展，间接使地球文明延续近两百年，生存至二向箔降维打击来临。最后作为人类文明的守墓人，在冥王星上与太阳系一同被二维化而死亡。

章北海：刘慈欣作品《三体》三部曲中的人物，出现于《三体Ⅱ·黑暗森林》。中国太空军政治部政委，高阶指挥官，后为星舰地球的精神领袖。在小说初登场时担任中国太空军政治部（虚构）政委一职。后来自愿加入"增援未来"计划而冬眠。苏醒后成为"自然选择"号执行舰长并结识东方延绪，之后劫持"自然选择"号战舰并远离太阳系。使得五艘舰船在"水滴"全面击溃地球太空舰队的战争中幸免于难，最终于太阳系外与追击的4艘战舰和丁仪保存下来的2艘战舰一起成立星舰地球（银河系人类前身）。

庄颜：中国科幻小说《三体Ⅱ·黑暗森林》中的人物。"她"是罗辑构思的小说主人公，是罗辑完全离开现实而根据罗辑对女性最完美的想象而创造出来的天使。在罗辑成为面壁者后，史强根据罗辑的描述找到了和罗辑小说中一模一样的女孩，只是比幻想中的"她"多了淡淡的忧伤，那就是庄颜。

东方延绪：刘慈欣科幻作品《三体》中的人物，在小说中担任亚洲舰队自然选择号战舰舰长。她是出生于太空中的太空新人类，东方女性，在章北海冬眠结束后出现于小说中，和章北海的关系更多地像父女。在刚从冬眠中苏醒不久的章北海在担任执行舰长期间随战舰被劫持。在联合舰队全军覆没于三体文明发射的"水滴"探测器之后，自然选择号与四艘追击战舰"蓝色空间"号、"企业"号、"深空号"和"终极规律"号建立了新政权——"星舰地球"，并脱离地球文明。东方延绪继续担任自然选择号舰长，随后在"黑暗战役"中丧命于"终极规律"号所发射的次声波氢弹中。

（三）第三部：《死神永生》

云天明：刘慈欣科幻小说《三体》系列以及衍生作品《三体X·观想之宙》中的人物。原来是一个孤僻的人，但在上学时爱上程心，又患上肺癌，曾经想过安乐死，未遂。通过一笔胡文给予的意外之财参与"群星计划"，将 DX3906 恒星（后改名为 S74390E2）赠送给程心。后因程心推荐，加入"阶梯计划"，通过探测器将大脑运送至三体第一舰队处，后因牵引探测器的帆的其中一根线断裂，偏离预定轨道，失踪。后被三体第一舰队捕获。经历曲折后去到 647 号小宇宙，和艾 AA 生活在了一起。之后又被主宰利用，找到了隐藏者。

程心：刘慈欣科幻小说《三体III·死神永生》中的主角。航天发动机专业博士。二代执剑人，在威慑纪元成立星环公司并成为总裁（后于广播纪元 8 年转让给维德），"阶梯计划"贡献者之一，是导致太阳系毁灭的主要人物之一。太阳系遭到二维打击后与艾 AA 乘曲率驱动的星环号飞船逃离。与艾 AA、关一帆、云天明，以及蓝色空间、万有引力号全体船员成为人类文明在降维打击后仅存的人类。

托马斯·维德：刘慈欣作品《三体III·死神永生》中的主要人物，原行星防御理事会战略情报局（PIA）首任局长。人类社会极端理智的代表人物。曾为成为执剑人刺杀程心未遂。在三体的人格分析中威慑度达到 100%，且没有罗辑和程心的波动。认为兽性比人性更重要（"失去人性，失去很多；失去兽性，失去一切"）。因为对程心的承诺而放弃光速飞船的研究并交还星环城，后在太阳系联邦法庭审判中被判处死刑。

威慑纪元 61 年，托马斯·维德为成为执剑人向程心开枪。程心身中两弹幸存。维德失去一只手臂后被逮捕，以谋杀未遂被判刑 30 年。

广播纪元 8 年，维德减刑后（共服刑 11 年）出狱。一个月后维德找到程心要求接管星环公司来制造光速飞船，程心要求当这事业有可能危及人类生命时必须唤醒冬眠的她，并且她拥有最终决定权。维德同意了。

掩体纪元 11 年，程心参观星环城。维德向程心展示了他与毕云峰在空间曲率驱动上取得的成果，以及配备了反物质武器的军队，程心认为这有违人性而命令维德停止抵抗，交出星环城。维德遵守了约定。在随后进行的太阳系联邦法庭审判中，维德以反人类罪、战争罪和违反曲率驱动技术禁止法罪被判处死刑。

智子："知道吗？在我们的人格分析系统中，你的威慑度在百分之十上下波动，像一条爬行的小蚯蚓；罗辑的威慑度曲线像一条凶猛的眼镜蛇，在百分之九十高度波动；而维德……他根本没有曲线，在所有外部环境参数下，他的威慑度全顶在百分之一百，那个魔鬼！如果他成为执剑者，这一切都不会发生，和平将继续，我们已经等了六十二年，不得不继续等下去，也许再等半个世纪或更长。那时，三体世界只能同在实力上已经势均力敌的地球文明战斗，或妥协……但我们知道，人们肯定会选择你的。"

艾 AA：刘慈欣科幻小说《三体 Ⅲ·死神永生》人物。威慑纪元时期的地球博士生，采用新的方法观测到 DX3906 拥有两颗行星。在程心冬眠苏醒后成为程心的伙伴、好友和合伙人，实际管理星环公司。

智子：科幻小说三体系列中的高科技机器。智子有两层含义。

1. 质子经过二维展开改造后的智能微观粒子，可以进行通讯、侦查、干扰粒子高能加速器等任务；

2. 受三体世界智能粒子（也就是上面所讲的智子）控制的拟人机器人，可视作三体人驻地球的大使。在最后，这位机器人到了云天明送给程心的小宇宙里，做了宇宙管理者。

四、《三体》的术语解析

红岸基地：出自科幻小说《三体》，位于大兴安岭的一座被当地人称为雷达峰的山顶，是在冷战背景下，小说中的中国为对抗美国和苏联的太空计划而开展的绝密国防工程，代号"红岸"。基地大约建成于 20 世纪 60 年代，科研人员大多来自中国人民解放军第二炮兵，上级机构不明。其主体单元是一面巨大的抛物面天线，功率 25 兆瓦，对外宣称用于监听与摧毁敌国卫星等太空目标，实际上是用来寻找地外高智慧文明。

三体游戏：开发者根据外星人给的真实数据模拟他们环境开发的游戏，里面的都是玩家，只不过进入时代时系统会给予每个玩家一个背景身份。而整个游戏只有恶劣环境是与外星人世界相通的，其他都是模拟人类世界的背景。这个游戏的目的就是希望能以精英人类的知识来破解外星人的恶劣环境困境。

恒纪元：《三体》中假想三体文明的星系中天体运行对其所生活星球影响的一种形式，与其相对的是乱纪元，两者互为对方的间隙，这两种形式共同构建了三体星系中天体运行毫无规律的世界。恒纪元适合生存，乱纪元用来指三星系统恒星作无规律三体运动所造成的昼夜季节无规律更替的阶段，乱纪元不适合生存，三体生命以脱水的方式度过。

> 巨日已从地平线上升起了一半，占据了半个天空，大地似乎正顺着一堵光辉灿烂的大墙缓缓下沉。汪淼可以清晰地看到太阳表面的细节，火焰的海洋上布满涌浪和漩涡，黑子如幽灵般沿着无规则的路线漂浮，日冕像金色的长袖懒洋洋地舒展着。大地上，已脱水和未脱水的人都燃烧起来，像无数扔进炉膛的柴火，其火焰的光芒比炉膛中燃烧的碳块都亮，但很快就熄灭了。巨日迅速上升，很快升到了正空，遮盖了大部分天空。汪淼仰头看去，感觉突然间发生了奇妙的变化：这之前他是在向上看，现在似乎是在向下看了。巨日的表面构成了火焰的大地。他感觉自己正向这灿烂的地狱坠落！大地上的湖泊开始蒸发，一团团雪白的水蒸气成蘑菇云状高高升起，接着弥散开来，遮盖了湖边人类的骨灰。

地球三体组织：英文简称 ETO（Earth – Trisolaris Organization）。原本以"借助外来力量拯救腐朽的人类社会"为最高宗旨，其目的在后期转变为"消灭人类暴政"，希望三体文明接管地球。精神领袖为叶文洁，实际领导人为伊文斯。组织内有大量人类社会精英，其成员涉及各种领域，综合力量较为庞大。著名人物有申玉菲、潘寒等。

宇宙社会学：中国科幻小说作家刘慈欣作品《三体Ⅱ·黑暗森林》中叶文洁建议罗辑建立的学科。指在人类当前的科技水平和社会状况下，从两条不证自明的基本公理（一、生存是文明的第一需要；二、文明不断增长和扩张，但宇宙中的物质总量保持不变）出发，引入两个重要概念——猜疑链和技术爆炸，从理论上建立起的一套关于描述当前宇宙社会大图景的大体系的一门学科。并在之后的一次实践中从客观上论证了理论的正确性〔罗辑向宇宙发送的"咒语"（187J3X1 恒星的确切坐标），让其他文明毁灭了距太阳 50 光年的 187J3X1 恒星〕。

猜疑链：一个文明无法判断另一个文明对自己是善意或恶意的；一个文明无法判断另一个文明认为自己是善意或恶意的；一个文明无法判断另一个文明判断自己对它是善意或恶意的；一个文明不能判断另一个文明是善文明还是恶文明；一个文明不能判断另一个文明是否会对本文明发起攻击。

技术爆炸：文明进步的速度和加速度不见得是一致的，弱小的文明很可能在短时间内超越强大的文明。这里有两个词分别对应着两种情况：（一）发展速度。取决于文明种族本身的智慧和发展所处的阶段。如地球文明在经历两次工业革命后分别进入了蒸汽时代和电力时代，其发展速度是根据其认知水平的变化而变化的。（二）加速度。处于两个发展阶段间的文明，由于其智力上的突破，或遭遇来自外界的压力（如自然资源枯竭、毁灭性的天灾或来自外星文明的影响），发展速度会在短时间内出现出人意料的大增长。很明显，"三体"里所说的技术爆炸是指一个弱小的文明突然发现了另一个远超出自己且具有侵略性的文明的存在，生存的本能迫使它在短时间内爆发出其所有的潜能，原本几百年甚至上千年才能实现的科技成果被浓缩在几十年的时间里完成，因此看起来就像一次很不可思议的技术大爆炸和文明大跨越。

面壁计划：出现在刘慈欣所著的《三体》系列丛书的第二部《黑暗森林》和第三部《死神永生》中的一个通过利用三体人唯一战略劣势——不能隐瞒自己的思想，利用人类无法被看穿的思想找到阻止三体人入侵的方法的计划的总称。

选定一批战略计划的制订者和领导者，他们完全依靠自己的思维制订战略计划，不与外界进行任何形式的交流，计划的真实战略思想、完成的步骤和最后目的都只藏在他们的大脑中，我们称他们为"面壁者"。这个古代东方冥思者的名称很好地反映了他们的工作特点。在领导这些战略计划执行的过程中，面壁者对外界所表现出来的思想和行为，应该是完全的假象，是经过精心策划的伪装、误导和欺骗。面壁者所要误导和欺骗的是包括敌方和己方在内的整个世界，最终建立起一个扑朔迷离的巨大的假象迷宫，使敌人在这个迷宫中丧失正确的判断，尽可能地推迟其判明我方真实战略意图的时间。

破壁者：与面壁者一样，破壁者有权调动地球三体组织的一切资源，利用智子监视面壁者的一举一动，通过分析每一个面壁者公开和秘密的行为，破解他们真实的战略意图。

黑暗森林法则：宇宙就是一座黑暗森林，每个文明都是带枪的猎人，像幽灵般潜行于林间，轻轻拨开挡路的树枝，竭力不让脚步发出一点儿声音，连呼吸都必须小心翼翼……他必须小心，因为林中到处都有与他一样潜行的猎人。如果他发现了别的生命，不管是不是猎人，不管是天使还是魔鬼，不管是娇嫩的婴儿还是步履蹒跚的老人，也不管是天仙般的少女还是天神般的男孩，他能做的只有一件事：开枪消灭之。在这片森林中，他人就是地狱，就是永恒的威胁，任何暴露自己存在的生命都将很快被消灭，这就是宇宙文明的图景，这就是对费米悖论的解释。

水滴：是刘慈欣科幻小说《三体》中提到的由强互作用力材料（SIM）所制成的宇宙探测器，因为其形状与水滴相似，所以被人类称为"水滴"。其表面会反射几乎全部的电磁波，绝对光滑，温度处于绝对零度，原子核被强互作用力锁死，无坚不摧。在末日之战中，仅一个水滴就摧毁了人类太空武装力量2013艘战舰，并且封锁了太阳的电波放大功能。

在水滴被蓝色空间号飞船运用四维空间摧毁了强互作用力发生器后，呈现出锈迹斑斑的铜色。由此可以断定，水滴的大体结构便是由外层大量的处于强互作用力场下的紧密类金属原子核，包裹着内部的智能计算机、强互作用力发生器、用于压缩电子雨的推进器以及用于锐角转弯的 12 台空间力场引擎。在水滴被摧毁后的残骸应该为普通的纯金属。

执剑人："手持达摩克利斯之剑的人"，也即掌握无上权力的人。在《三体》中，掌握同时毁灭两个世界能力的个体，就叫作执剑人。执剑人是黑暗森林威慑的重要组成部分，负责威慑失败后的反击操作，但实际意义是保持两个世界的战略平衡。威慑一旦失败，执剑人便失去了意义。

执剑人也是人类历史上最大的矛盾：一方面社会空前地尊重民主和人权；另一方面世界却笼罩在独裁者的阴影下。绝大多数人类厌恶、畏惧执剑人，但不得不承认执剑人的存在。执剑人的产生离不开面壁计划，故其也被称作"面壁者的幽灵"，但究其根源，早在 20 世纪冷战期间便有类似的存在。

掩体计划：以木星、土星、天王星以及海王星四大巨行星作为掩体，避开了黑暗森林引发的太阳爆发。计划在四大行星的背阳面建设供全人类移民的太空城，它们紧靠各大行星，却不是它们的卫星，而和行星一起绕太阳同步运行，这就让太空城一直处在四大行星的背阳面，当太阳爆发时会得到行星的屏蔽和保护。计划建立五十座太空城，每一座都可容纳一千五百万人左右。其中，木星背面二十座，土星背面二十座，海王星背面六座。天王星背面四座。建设太空城的材料取自四大行星的卫星、土星以及海王星的星环。这个计划所涉及的技术基本控制在人类达到的范围之内，舰队国际已经具有丰富的太空城建设的经验，并且已在木星拥有一定规模的太空基地。同时还存在一些预计能够在计划规划的时间内克服的技术难题。

阶梯计划：是刘慈欣的科幻小说《三体·死神永生》中由行星防御理事会战略情报局（简称 PIA）所提出的构想。主要内容是采用核弹爆炸加速的航线推进方式，让阶梯飞行器达到百分之一光速，进入三体第一舰队。后由于重量等种种原因及多方面考虑，改成只送出人类大脑。云天明的大脑由此计划进入三体世界。

黑域的制造：是数千艘空间曲率驱动飞船以太阳为圆心放射性向太阳系外太空飞行留下的尾迹相连形成的笼罩整个太阳系的低光速黑洞，光速降到每秒 12.7 千米。对于高等外星观察者来说留在太阳系中的人类已经不会再有任何发展的可能。所有原来以接近光速运行的事物比如电子，运动速度都将只有每秒 12.7 千米。技术不可能进步，计算机速度很低，没有人工智能，无法再在这样的太阳系内生产新的曲率驱动飞船，人类已经把自己锁死。

二向箔：是在中国科幻名匠刘慈欣的作品《三体Ⅲ·死神永生》中登场的宇宙规律武器之一。为已知的维度打击中最原始的一种。首次出现于一艘来自歌者文明"母世界"的宇宙飞船。

地球坐标暴露后，歌者于公元 2403 年发动了黑暗森林打击。由于太阳系的结构相对复杂，且歌者判断人类文明已有所发展，单纯引爆太阳无法彻底灭绝人类，因此便投掷了二向箔，最终导致绝大多数地球人和整个太阳系的灭亡。然而根据小说中的细节可知，毁灭太阳系的二向箔要先于歌者。这表明地球文明暴露后，太阳系实际上已经遭到大量星际文明的集火，灭亡只是时间问题。

曲率驱动：通过对时空本身的改造来驱动飞船，利用物理学定律中的漏洞来打破光速不可超越的限制。1994 年墨西哥物理学家明戈·阿尔库贝利（Miguel Alcubierre）首次提出了现实生活中曲率驱动的概念。然而后续进行的计算显示这样一种装置将需要无法达到的极高能量才能实现。

据国外媒体报道，借助曲率驱动实现超光速的飞行，这是一种由于科幻电影《星际迷航》而变得流行一时的概念。至今，科学家们认为这一技术可能并非如原先想象的那么难以实现。如今，物理学家们表示，原先的曲率驱动模式可以进行改造，从而让它可以用比原先计算少得多的能量实现运行，这一想法将有希望让这种科幻产物成为真正的现实。

刘慈欣著名科幻小说《三体》世界里也涉及曲率驱动引擎，这是航天器达到光速的方法。但改变曲率造成的航迹，在"黑暗森林"中被视为文明达到一个先进程度的里程碑，有大量曲率航行的航迹的行星必将受到毁灭性打击。但是若用大量曲率航迹将星系所包裹形成"慢雾"则变成了安全声明，因为航迹内的光速只有 16.7 千米每秒，达不到第三宇宙速度，所有光甚至无法离开太阳系。即表明人类不会离开太阳系。

小说中地球文明对曲率驱动的研制是程心通过云天明的隐喻的"三个故事"推导出来的。

五、《三体》的宏观视角

（一）关于时间

对于人类来说，人到七十古来稀，如果能有百岁，这已经是很了不起的长寿了。由于本身寿命的限制，人类的视野往往存在很大的局限性，看问题容易关注眼前而忽视长远，聚焦眼前利益得失而罔顾身后。路易十五说的"在我身后，哪管它洪水滔天"就是这种局限性的极致表现。这种局限，是由客观条件所决定的。《逍遥游》中的"朝菌不知晦朔，蟪蛄不知春秋"就道出了这种难以改变的局限，胆大如庄子，对于人类寿命的想象，也是以八百岁为极限的（如彭祖）。

在中国古代历史中，周朝存在了 800 年，汉朝存在了 426 年，唐朝存在了 289 年，北宋、南宋都只有100多年的寿命，作为一个朝代尚且如此短暂，因此，苛责人类因为生命长度而导致的短视，要求也还是有些高了。

而刘慈欣使用时间，出手豪阔。《三体》中，刘慈欣向人类发出的生存警报以400年为限。三体人将在400年后到达地球，占领地球，届时以地球人的科技水平将难以抵挡。因为时间太长，这警报给人以难以置信之感。400年的时间，对地球人来说，可能发生的事情太多，唯一不变的可能只有一样，那就是听到这个消息的人都活不到那个时候。那谁来重视？谁来拯救？谁能穿过岁月，伴随警报始终？谁来想方设法，与将来的入侵者斗智斗勇？而400年的大手笔在整个《三体》的时间线上简直不值一提，宇宙中的变迁，时间的游戏动辄以千万年计。而最长的一个时间，是170亿年，这已经到了宇宙在归零者疯狂实验，推动宇宙重启，进入新轮回的时候了，这是完全超出人类现在的想象力的。人类在这颗蔚蓝色的星球上创造过文明，不甘心这个文明就此灰飞烟灭，于是想方设法想把人类文明记录下来，留给宇宙中其他的生命，让他们知道，"我们"曾经来过，然而，方法想尽，一切的努力都终将是徒劳的。这竭尽全力的挣扎虽然可敬，但在如此长久的时间轴线上，是多么的脆弱无力，并且几乎是毫无意义的。这一点，足以震撼每一个读者的心，启发他们用更加宏大的视角，来审视今天的生活。那么，一切的斤斤计较，所有的尔虞我诈，甚至国与国之间的角力，又有什么意义呢？至此，我们可以说，时间启发了智慧。

认识到这一点，人类也许能够更好地思考建设和发展的问题，尽量避免短视行为。人类命运是一个共同体，相互之间的耗战只会影响到全人类的发展，我们可以主动地选择在更长的时间参数下决定自己的行为方式。打个比方，西方一些国家的总统，一任一个政策，更改与否定成为常态。而今天中国的政策生态，却具有更强的延续性。无论是一个又一个五年规划的制定，还是"坚持改革开放100年不动摇"，都是很好的例证。

还有一个收获，是人类个体生命极其短暂，而作为一个物种存在的时间是很长的。这种有局限的存在，本身是悲观的，但知道了它的存在并努力去改变它，也许就不再悲观了。每一个生命在这个世界经过，不单是为自己过得更好而存在的。尽管出于对个体生命短暂的理解，这样做几乎没有什么意义但这更是为了自己所在的这个族群甚至物种能有所发展。因此也可以说，生命的意义正在于其孜孜不倦探索的过程。

（二）关于空间

在现代社会中，人们能够着眼的空间是家庭、单位、市场、商场等切身的生活场景，被具体、琐碎的生活任务束缚得忘记了仰望星空。更有芸芸众生，在追求着所谓"简单的快乐"，认为人生苦短，快乐是人生追求的唯一要务，这实在是一件令人感到遗憾的事情。他们忘记了在柴米油盐的生活之外还应该有永不枯竭的好奇心，还应该有对这个未知的世界保持探索的心态，不懂得人类这个族群中也许并不是每一个人都能成为决定命运的英雄，但哪怕是不自觉地甘于沉沦也是一种浪费。谁说你一定没有推动人类命运向更发达、更进步、更文明、更智慧的方向发展的可能呢？

在《三体》中，作者立足于地球，将地球和人类的命运放置于 4 光年外的三体星系。一光年大约是 9.46 万亿公里，4 光年就是 37.84 万亿公里。现在制造的航天器最快的速度是 16.7 公里每小时，按照第三宇宙速度，一年将飞行 5.266 亿公里，4 光年的距离需要 7 万多年才能到。在那个距离上，人可以有什么作为？人类命运又会因为什么而改变？而云天明送给程心的 DX3906 恒星，则距离太阳系 286.3 光年。这种在空间距离上的"为所欲为"，是作者基于自然科学的研究成果而展开的大胆想象。当然，就人类目前的科技水平而言，那个距离是不可能达到的。但人对于事物的看待，会因为距离不同而改变其作出的关乎轻重的结论。用显微镜看，针尖也成巨物，锱铢必较就是这个原因。如果着眼于宏观视角，则生活中的许多鸡毛蒜皮，将不能再成为羁绊人类思维的绳索。人类中更多的成员仰望星空，在自然科学和社会科学中专注探索，会成为更加普遍的事情。

中国古代诗歌中曾有"疑是银河落九天"的伟大诗句，那是一千三百年前的诗人对空间的大胆构想。还有"鹏之背，不知其几千里也"的瑰奇描述，那是两千三百年前的学者对生活空间桎梏的挣脱和超越。"让他三尺又何妨"虽然没有千里万里的想象，但不也正是对生活的方寸咫尺得失的豁然吗？时至 21 世纪的今日，如果人类中的大多数还只能注目脚下的毫厘拥有，手中的锱铢利益，那我们这个族群的演进又体现在哪里呢？

（三）关于万物

对于生活在地球这颗蓝色星球上的人类来说，关注我们自身的生存与发展，关注支持我们衣食住行乃至生存发展的各种资源——水源、土地、森林、矿产，似乎是天经地义的。对这些资源，我们的态度是占有和利用，这似乎也是天经地义的。近百年来，人类发现自然被破坏以后是难以恢复的，受害的仍然是人类自己，于是有了尊重自然，与自然和谐相处的声音和做法，而且渐渐成为主流，这应该算是人类整体上的一个进步。说到这里，我们应该向中华文化致以最崇高的敬礼，因为远在战国时期，庄子就提出了"天人合一"的观点，那是在危机来临之前就提出的，超乎人类自身利益存亡而与天地自然和谐相处的观点。今日看来，这个观点是多么智慧与超前！当人类提出自己是"万物之灵"的时候，这个族群同时也生长出盲目与傲慢来，我们有语言文字，我们有能标注的思想与情感，我们能制造和使用工具，多么了不起！可是，这一点点的成就放在宏观世界中，放在浩瀚的宇宙中，是多么地不值一提，仰望苍穹，回望历史，这该是人类低智时期幼稚和狂妄的表现吧？

天地造人，或者说是宇宙生人，则人与天地、与宇宙当有着怎么样的相似性呢？人有生死寂灭，天地宇宙也不是真正永恒的，只不过时间的尺度被极致放大而已。朝菌不知晦朔，蟪蛄不知春秋，人个体的生命和族群存在的时间都过于短暂，所以难以理解这种看似永恒的生死兴衰，然而，宇宙也是要归零的，是需要重启整顿的。人或者其他生物在宇宙中生存，形成各自的生活方式和道德、法律约束，创造出属于自己的秩序来，然而这些并不是宇宙所固有和需要的。所以，归零和重启就是一个整顿的过程，是删除各种生物间的纷争和自以为是的过程，是让各种生物最终看清自己是那么渺小的过程，是还原为宇宙本身固有秩序的过程，这是宇宙的最高智慧，大道至简。

人类自然是不甘心的，因为作为生活资料的东西将会不保，因为引以为傲的文化、文明的积淀将会无痕，甚至连自己，都会在宇宙的归零中灰飞烟灭，那些看似宏大的星际移民计划又是怎样的徒劳。然而，这才是宇宙的真实面目。在《死神永生》的结尾部分，呼叫小宇宙里的人们归还宇宙物质的声音响彻宇宙的每一个角落，那是一切的，所有的物质都要归还的，是不能够另设空间私自保有的。

再回到中华传统文化中来，我想到了"克己"，当然，孔子说的是"克己复礼为仁"。这是人类社会的一种秩序，但如果推广到天地宇宙层面，是不是也可以成立呢？现代社会（或者可以向再远处看到未来）的人们，应该逐渐懂得人在这个世界中的位置，从而主动地约束自己的行为。各种索取和占有，包括各种膨胀的欲望，都是短视的和无用的。自觉地与天地万物和谐相处，才是人类最大的智慧。

六、《三体》的启发宏智

通过对《三体》的阅读与思考，大多数读者应该能够透过科幻故事本身，在更宏观的格局中思考人类的命运走向，自觉选择更加理性的生存状态，调整以往对人类与宇宙关系的错误认知。

另外，关于道德的问题，是一个很残忍的问题。对人类社会而言，人与人之间的关爱、尊重、支持是天经地义的事。文艺复兴时期，人文主义被正式提出，标志着地球文明认知的巨大进步，然而，这一道德律放在星际文明的层面，却是万万不能成立的。因为有猜疑链的存在，无法验证其他未知文明是否会对自己心存善意。为了本文明的生存，每一个在黑暗森林蹑足行走的带枪猎人必须隐藏自己，发现别人。而且一旦发现别人，必须先下手为强予以消灭。在这种场景下，善良和温情是不被提倡的。这对于已经习惯于地球道德律的人们，必然是一个颠覆性的观点，但这种残忍也许才是宇宙法则生存的真实面目。霍金告诫人类，不要和外星人说话，自然是有其道理的。《死神永生》中，三体人在瞬间对地球发起了毁灭性攻击，就是抓住了新任执剑人程心内心的那一份柔软，或者是优柔，人类的命运在一念之间危如累卵。这是用事实告诉我们，在宇宙道德层面，善良是一种非常昂贵的选择，昂贵到人类选择不起。

联系到中国传统文化，有趣的一幕发生了。《道德经》说："天地不仁，以万物为刍狗；圣人不仁，以百姓为刍狗。"虽然解释方式不一，但人为的、刻意的仁爱却都是不存在的，这算不算中国古代的文化伟人已经悄然洞察了天地宇宙的生存规律呢？然而，新的问题也就随之产生了，我们对自己的亲人、朋友又是否该有仁爱、友爱之心呢？我想，答案应该是肯定的，理由是我们可以有明确的内外之别，越是核心圈层，越是可靠，也越有仁爱、友爱的人性基础。看来费孝通老先生所描述的中国社会的涟漪状态也并不是一件坏事。而且，从特朗普就职演说中所说的"美国优先"来看，所谓圈层和涟漪，恐怕还并不是中国所独有，当是人性中的共性，分内外，明敌我。

七、是科幻还是真实预言

读《三体》，其感受与阅读其他科幻作品颇为不同。读别的作品，你会清楚地知道，这是科幻作品，是人类对科技发展前景的大胆想象，而读《三体》，你却会发出这样的疑问：这只是一部科幻作品吗？还是以科幻的名义对人类命运所进行的一次预测？如果是后者，而且你难以质疑其真实性，作为读者的你是否会感到阵阵惊悚，发出种种怀疑？就像《死神永生》中云天明的三个童话故事，有不为三体人察觉的隐喻功能，读来真是令人绞尽脑汁，也让作品中的人们众说纷纭莫衷一是，而这推测的结果，却是关乎命运存亡的。

科技的发展，人类生活质量的提高无疑是诱人的，但对人性的思考，对人类命运的演绎，也许才是作品最深刻的地方。无论是在时间层面还是空间层面，深入的思考都能让你收获满满。譬如在当今的世界，"反人类"当然是一种罪行，而叶文洁等人的行为，在我们以人类视角予以敌视的时候，是否也应该考虑其存在合理性，去挖掘人性中恶的部分、盲目狂热的部分，去提醒自己时刻保持理性和独立思想，去唤醒无知为恶的人停止恶行。这是不是意义更大？譬如在远超恒河沙数的巨量星系中，处于太阳系中地球上微不足道的我们，所作所为在略高级一点儿的生物面前，将变得毫无意义，就像蚂蚁之于我们。那人类是否能够减少纷争与内耗，合力升维，为这个种群更大的生存可能做点儿什么呢？生存是一件极为严肃的事，对于个体也好，族群也罢，都是一样的。而在人类社会中，张扬着各种各样的生存价值，有人主张及时行乐，有人选择得过且过，有人对奉献苦求者不仅不解，甚至嘲讽讥笑，这个时候，为"他们"——那些不理解自己的人，甚至是不太善良的人去拼命，还值得吗？知其不可而为之的孔子被飘然出世的人嘲笑过，墨家苦行僧一般的生活和伟大的追求最终式微，都是令人惊心的例子。如果依然坚持，是为了自我的实现，还是族群的点滴前行？这种扛着人类命运前行的人，在今日之世界，又有多少？

掩卷沉思，益觉作品的现实意义远大于科幻意义。

在阅读教学中如何把握课堂文化导向学习
——以整本书阅读《先生》为例

邱　娇

导言：以《普通高中语文课程标准》为依据，针对课堂文化的现状，通过"整本书阅读与研讨"学习任务群，引导学生在阅读教学中学会学习，落实阅读策略和评价策略，营造以学习为目标的课堂氛围。

一、总论

语文学科核心素养主要包括语言建构与运用、思维发展与提升、审美鉴赏与创造、文化传承与理解四个方面。课程目标就是想让学生通过阅读与鉴赏、表达与交流、梳理与探究等语文学习活动，在这几个方面的核心素养都获得进一步的发展，坚定文化自信，自觉弘扬社会主义核心价值观，树立积极向上的人生理想，为全面发展和终身发展奠定基础。根据这些目标设计课程内容——"语文学习任务群"，本文旨在通过"整本书阅读与研讨"这一学习任务群，引导学生通过阅读整本书，拓展阅读视野，建构阅读整本书的经验，总结阅读过程中的阅读策略和评价策略，形成适合自己的读书方法和学习方法，提升阅读鉴赏能力，养成良好的阅读习惯，同时，帮助教师和学生对弄清楚采取什么样的行动才能使学习保持在成功的轨迹上进行一些尝试和反思。

二、明确一些关键概念与关系

课程标准提及课程结构设计依据时强调，"语文学习任务群"以任务为导向，以学习项目为载体，整合学习情境、学习内容、学习方法和学习资源，引导学生在运用语言过程中提升语文素养。学习任务群的设计着眼于培养学生的语言文字运用基础能力，让学生以自主、合作、探究性学习为主要学习方式，追求语言、知识、技能和思想情感、文化修养等多方面、多层次目标的发展。把具有高度的概括性、抽象性和宏观指导性的课程要求转化落实到日常语文教学是一个难点，但更重要的是如何让学生能在学习任务中，通过一系列的学习项目，最终成为学习的主人，实现能力的培养。

明确了"整本书阅读与研讨"学习任务的重点和难点后，我们接着厘清一些关键词的概念，这将有助于我们明确阅读教学中有哪些地方需要注意。

（一）能力

想让学生提升语文学科素养，发展关键能力，首先得明确能力是什么。

"能力是顺利完成某种活动所必需的，并直接影响活动效率的个性心理特征。"即完成一项目标或者任务所体现出来的综合素质。影响能力发展的因素有先天素质、早期经验、教育与教学、社会实践、主观努力五方面，其中教育与教学对能力的发展起到主导作用，而"知识、技能是能力的基础，并推动能力的发展。"由此可知，在"整本书阅读和研讨"学习任务中，可以通过让学生学习知识和学习阅读技能，推动能力的发展，从而使课程目标在语文课堂生根发芽。

（二）学习活动

能力总是和实践联系在一起的。离开了具体实践既不能表现人的能力，也不能发展人的能力。此处所说的实践和课程标准所强调的学习项目相联系，也和统编教材所涉及的学习活动相关联，因为教学有学习活动才能进行实践。根据语文学科的特质，所要设计的学习活动不应脱离语文，更不能让人感觉是别的学科的活动设计。语文核心素养中最能体现语文学科特点的是语言建构与运用，而语文学习最重要的活动还是读书，所以在语言建构与运用的基础上，围绕阅读与鉴赏、表达与交流、梳理与探究这三方面进行整本书阅读与研究才是最有效的活动。

（三）学习情境

学习活动需要依附学习情境，"在社会心理学中，情境是指影响事物发生或对机体行为产生影响的环境条件。也指在一定时间内各种情况的相对的或结合的境况。"而新课标中强调的是真实、富有意义的语文实践活动情境，主要包括个人体验情境、社会生活情境、学科认知情境。而利用这些情境进行教育与学习都强调其生活性与问题性（悬疑性）。强调情境的生活性，其实质是要解决生活世界与科学世界的关系，有效地阐明知识在实际生活中的价值，在今后继续学习和今后生活中再遇到时能引起联想、运用知识。因此在创设有效情境时，第一要注重联系学生的现实生活，在学生鲜活的日常生活环境中发现、挖掘学习情境资源。第二要挖掘和利用学生的认知经验和生活经验。只有这样的情境才能帮助学生精确理解知识的内涵，激发他们学习的动力和热情，并促使他们把知识转化为技能。有价值的教学情境一定是内含问题的情境的，它能有效地引发学生的思考。而学习情境要促进学生智力活动的展开，吸引学生的注意力，关键是要提供学生感兴趣的问题。问题也是一项任务，设疑就是要求学生身体力行地去追求和求解。因此，悬疑性内在地蕴含着活动性的要求，它指向知识的掌握，更指向分析、解决问题的能力的发展。

（四）形成性评价

"许多研究发现，学生坚持任务的意愿会受到目标导向的影响。研究者们用目标导向一词来定义学生对为什么在学校做作业所持的不同观点。可以把目标导向视为学生如何回答'我做作业的目的是什么？'或者'为什么我在做这个任务？'这样的问题。"目标导向一般被分为三类：（1）学习导向，指学生们的目标是变得更好；（2）表现导向或者自我导向，指学生们的目标是证明自己的能力，或者遮掩自己察觉到的能力缺陷；（3）完成任务导向，指学生们的目标是完成任务，并得到成绩。目标导向是对某种情境的反应——一个课堂会有一种情境，最佳的目标导向是在课堂上引导学生以学习为导向，为提高学习和变得更好而付出努力，渴望成为有能力的人。而形成性评价在实践中能很大程度上影响学生的目标导向的形成。"形成性评价是一种正式的或非正式的方法，老师和同学用于收集证据，为学习的下一阶段提供信息。"以课堂评价为基础的评价也最能发展学生的能力，帮助其监控和调整自己的学习。形成性评价是学生和老师手中持有的利器，当我们持有利器且有时间采取行动时，学习上便会有所收获。

所以此次整本书阅读与研讨的学习任务是通过研读《先生》这本书，从阅读策略的习得上解决提升阅读能力这一学习难点，同时通过学习一些形成性评价策略去落实自主学习这一学习重点。

三、设计流程

（一）认真选择书目及其版本，细致研读推荐的书目，发掘其教学价值

想要落实这两点学习目标的书目如此之多，在浩瀚的书海中如何才能更快速地搜索出符合要求的书目，便成了一个困扰许多老师的难题。但其实无需太过纠结，只要考虑学生此阶段更适合哪一大类的书目以更容易开展教学即可。因为各类书各有各的特点和学习点，所以不如集中精力在后面的能力习得上进行研究。当然在具体挑选过

程中也可以用检视阅读中的一些策略，例如，研究目录页，对这本书的基本架构做概括性理解；阅读出版社对这本书的介绍；从书中挑选出几个看来和主题息息相关的篇章来看；或者把书打开来，东翻翻，西翻翻，读一两段，有时候连续读几页，但不要太多，随时寻找主要论点的信号，留意主题的基本脉动……当比较系统地略读过一本书时，你应该了解这本书是否包含你想继续挖掘下去的内容，是否值得你再继续投入时间与注意。经过这一过程后，我便选择了贴近人物传记类的书目《先生》。这本书既有文字资料也有视频资料，更便于进行前期宣传推广，调动学生阅读的兴趣。接着为了更便于课堂交流与教学，同时为了培养学生"版本阅读"的意识和习惯，在给学生推荐进行整本书阅读与研讨的学习任务时，老师应该认真地对比市面上比较畅销的同一本书目的不同版本，尽量挑选出在阅读实践中被大众认可的版本，做好这一前提，会为后期的学习任务提供更多的保障。

当确定书目版本后紧接着就是细致研读推荐书目，发掘其教学的价值。在初读时可关注其出版、编辑学上的意义，比如书名、序言、目录、编排、后记等。初读和再读时也可在阅读时从内容理解、结构安排、语言特色、精神启迪等方面提出问题来，并尝试在阅读的过程中去回答的问题，例如：

（1）试着使用一个单一的句子，或一小段文字来叙述整本书的内容。

（2）作者细说了什么，怎么说的？

（3）这本书所说的有道理吗？是全部有道理，还是部分有道理？

（4）这本书跟你有什么关系？除了提供了资讯，还有更深的含义或建议让你获得更多的启发吗？可以使用批注法去细读。

（5）将书中重要篇章列举出来，说明它们如何按照顺序组成一个整体的架构。作者将全书分成了几个部分？每个部分谈的是什么？每个部分又分成了几层？每一层有几个重点等等，拟出全书的纲要。

（6）作者要问的是什么问题，或作者想要解决的是什么问题？一本书的作者在开始写作时，都是有一个问题或一连串的问题，而这本书的内容就是一个答案，或者许多答案。

你会发现这些问题会帮你更好地把握整本书的主题，以及作者是如何运用一些根本性的次要主题或议题，按部就班地来发展这个主题的。借用鉴吴欣歆、许艳《书册阅读教学现场》的实践案例，最终确定从四个角度厘清这本书的教学价值：知识积累、能力提升、策略建构、精神成长。详见表1：

表1　整本书阅读教学价值的维度

时间：	篇目：	
教学价值	具体内容	选择内容
知识积累	文学常识、文体知识、写作知识	
能力提升	认知能力、自主选择的能力、概括能力、形象思维能力（感性形象）、逻辑思维能力（理性抽象）、阅读鉴赏能力、评价能力、独立思考能力、创新能力……	
策略建构	阅读策略： （1）浅层阅读策略——解决"是什么"的问题。 ①获取信息与整合信息的策略［默读、跳读、略读、浏览、提取（抽取要点）、判断、解释、概括、归纳、综合……］ （2）深层阅读策略——解决"为什么""怎么样"的问题。 ①理解探究的策略（图像化、分析、系统化、表格化、内容重构、推论……） ②感想联想的策略（分析、想象、联想、再现还原……）	
策略建构	③质疑讨论的策略（提问、预测、质疑……） ④鉴赏评价的策略（类比、对比、联结、内容重构、自我监控……） 评价策略：形成性评价（过程性评价）	
精神成长	世界观、人生观、价值观	

以下以《先生》为例：

1. 知识积累

（1）十位先生

蔡元培、胡适、梅贻琦、张伯苓、晏阳初、陶行知、梁漱溟、竺可桢、陈寅恪、马相伯。

（2）人物传记

人物传记是通过对典型人物的生平、生活、精神等领域进行系统描述、介绍的一种文学形式。以传记形式制作的纪录片也叫人物纪录片。《先生》这本书就是以十集大型纪录片《先生》为基础，结合《新周刊》的"先生"专题文章编写而成的人物传记。作品要求"真、信、活"，以达到对人物特征和深层精神的表达和反映。要使传记真实可信，首先必须全面搜集、占有丰富翔实的资料，然后细心鉴别，严格选材；其次必须了解人物所处的历史环境与时代背景，从表面现象深入人物和各种社会关系的内在联系中，论其世知其人，这样才能抓住人物本质，确保典型真实。同时反过来思考，人物传记对历史和时代变迁等方面的研究具有重要意义。

传主的生平、传主的人格和对传主的解释，是人物传记的基本要素。所谓"人格"，是个体独具的各种特质或特点的总称，通常被理解为个人的社会倾向性，即气质、性格、兴趣、爱好的综合表现。所谓"解释"包括对传主的命运作出解释，对其人格的形成和发展、一生中的重大事件和行为以及生平中某些特殊的事情作出解释[6]。学生通过阅读《先生》一书，可以把握人物传记的真实性和艺术性统一的特点，理解传主的生平、传主的人格和对传主的解释三个要素。

（3）描写

描是描绘，写是摹写。描写就是通过一定的写作手段，把人物或景物的状态具体形象地描绘出来。这是一般记叙文和文学写作常用的表达方式。人物描写包括肖像描写、神态描写、语言描写、动作描写和心理描写等。《先生》中的语言描写、细节描写都值得关注。例如，"拿人格头颅去撞开地狱门"这一节，提到学生因为"讲义要收钱"一再无理闯进并围困校长室时，"蔡元培一下站起身来，捋起袖子，向学生吼道：'我跟你们决斗！'然后满脸青筋地步步紧逼。包围着他的学生害怕了，步步后退，逐渐散去。"细节描写和语言描写还原了现场情境，让读者身临其境，真切感受蔡元培先生勇敢之魄和激动气愤之情。《先生》用含蓄而内敛的笔法，把一个个历史人物描写得生动活泼。或许梅贻琦办校的脚踏实地、从小做起可能招人小瞧，晏阳初、陶行知和梁漱溟等的俯身乡村，致力平民教育，可能会让某些"名校教授"不屑一顾，但是这些仍然不能影响先生们鲜明的个性、卓然的风骨。不管是早早去世的，还是留在祖国大陆的，或去了台湾的，每个人都足以辉映后世。

2. 能力提升

《先生》作为人物传记类的书目，具有三个方面的训练价值。

（1）把握传主人格的核心特征。

在梳理先生们重要人生章节的基础上把握其人格魅力，是阅读人物传记的重要能力。学生可以通过绘制思维导图，从章节片段中把握其核心人格。例如，以"心"为题，把握梅贻琦的"坚韧之心""清华之心""不忘初心"的核心人格等。把握传主所有的核心特征是阅读传记更高级别的能力要求。

（2）理解编者对传主人生经历的解释。

编者对传主的解释实际上是编者对先生们的重要人生章节和内在人格关联性的解释，是编者对于先生们为什么会出现这样的行为、成就和人格转变的追问和解答。引导学生探究编者对传主们的解释，培养传记研读的核心能力。

（3）对比类似信息，形成自己的理解。

《先生》中十位民国最负盛名的近现代教育家，开一代风气，性情、经历、作为都有传奇性，对当代教育具有参考和启迪意义。他们有相似之处，但也有不同人生选择或作为。阅读时可以将一些有相似性的事件进行对比分析，形成自己的理解。也可找两位先生看似一样，实则不一样的性格特进行对比分析，形成自己的理解。甚至是对比同一时期各位先生的不同经历作为等。在阅读中提取、整合信息，发现并比较这些人，这些事，这些时期对于各位先生人生不同的意义，能够更好地理解先生们的处境和心境。

3. 策略建构

《先生》这本书可以使用的策略有以下几点：抽取要点、再现还原与融入、图像化、建立联结、对比阅读、形成性评价策略。

4. 精神成长

十位先生传奇的性格性情、命运经历、学术作为，以及他们的善良、无奈、焦虑和欢喜，在点滴中渐次呈现，充分反映了先生们的独特全貌，让读者走近他们，感受他们，了解他们，产生情感的共鸣。同时"纪录片《先生》聚焦民国国家讲坛上的大家身影，以最负盛名的近现代教育家为主角，揭示中国教育的宏观走向和个性榜样，梳理中国教育百年间的重大事件、观念嬗变，旨在溯源问脉，固本图新"。"为今日中国教育立镜一面，呼喊十声。"有人说，历史从来都暗合了某种规律，暗合了某种因果，读史使人明智。学生站在更宏观的角度审视历史，审视当时先生们的处境与选择，便更能了解我们这个民族的风骨，了解我们这个民族的传承，提升对本民族的认同感，增强民族自信，对构建学生正确的世界观、人生观、价值观能起到积极的作用。

（二）运用多种阅读策略，由浅到深推进阅读，并结合形成性评价策略营造学习导向的课堂文化氛围

阅读由浅往深推进需要多次穿梭于阅读文本之中，使用清晰适宜的阅读策略，去完成学习的任务。其中最主要的是让学生从中收获到知识，为获得提升而感到满足和高兴。具体操作如下：

1. 抽取要点

抽取要点是指从海量信息中快速、准确地获取重要信息。学生阅读《先生》时，不可能把注意力集中在每一节、每一个文字上，而是根据自身情况有选择地关注重点内容。教师需要对学生的阅读行为进行"选择性注意"引导，用抽取要点的策略，引导学生关注文本的关键信息。这一策略比较适合浅读阶段，便于梳理文本。例如，概

括先生们人物形象时抽取典型事件进行分析。

2. 再现还原与融入

人物传记力求为人物立传，力争写出活生生的人。读者在阅读时，要借助史实陈述与细节描写等再现生活情境，还原传主形象。其目的是读懂传主其人其事，可在时代背景、事实经历中再现当年故事，亦可在人物关系网中还原传主形象。融入是指运用多种方法让学生穿越时空，身临其境，设计对接生活的场景，可以让学生在真实的情境中品读作品，进入文本的具体场景中，品读人物的内心世界，引导学生更好地融入传主人生，理解传主。例如，让学生以"与_____书"为题写封信，假设你是晚年的张伯苓，在南开校庆日被南开中学拒绝来访时给南开中学回一封信；假设你是北大校长蔡元培，面对五四运动中学生火烧赵家楼、殴打章宗祥的行动和一系列罢课行为，给学生写一封劝勉书等，更能引导学生细致感受具体环境中的人物特点。

3. 图像化

所谓图像化是把文本用图像表示，使文字变得具体和生动，将学习过程有效可视化的一种阅读策略。图像化帮助学生阅读理解，完成文本的整体建构。这既能筛选和梳理信息，增强学生和文本的关系，还能提升学生的想象力，同时在图画中也能检测学生的理解能力。图像化通常有思维导图、知识树、理由圈、情节梯、意见椅、KWL表等图式。

4. 建立联结

阅读绝对不是一个被动接受的过程，而是一个主动建构的过程。阅读中需要建立联结，关注传主所处的时代、社会、家庭背景及人物关系等。关注文本所呈现的所有的信息，这会令我们想起我们已经知道或曾经经历过的事物。这时文本就会唤起我们已有的经验来帮助我们理解作品。当文本能够和学生产生共鸣时更能激起学生阅读的乐趣。

联结可分为三种：

①文本与自身：文本唤起读者过去的经验。

②文本与文本：文本唤起读者曾阅读过的文本。

③文本与生活：文本唤起读者关于社会或生活上的一些议题的思考。

5. 对比阅读

对比阅读就是指把内容或形式相近的或相对的两种材料或多种材料放在一起，对比着进行阅读。在不断比较、对照和鉴别中，学生既能开阔眼界，活跃思想，使认识更加充分、深刻，又可以看到差别，把握特点，提高鉴赏力。比较是使思维深化的重要手段，比较贯穿于阅读的全过程。思维品质高，策略就掌握得好；反过来，策略学得好，就能促进思维的高阶发展。例如，《先生》中可以选取不同的先生进行形象上的比较，蔡元培和陈独秀都体现了对事物的包容，但实际两人的包容是有区别的。请你找出并提供材料证明。又或者张伯苓和梅贻琦同为校长，也一同经历过迁校合建西南联大，对教育事业产生了不可磨灭的辉煌影响，但两人在晚年却有着截然不同的命运，在其中哪些影响因素起到了决定性的作用？

6. 形成性评价策略

"Sadler 提出的条件成为'学习评价'——形成性评价实践的核心，即让学生刚开始学习时就参与进来，这样的评价才能满足老师和学生的信息要求，以获得最强动机和最大成就。"[8]因此在课程设计时要牢记这一核心信息，从学生的角度把形成性评价贯穿在阅读前、阅读中、阅读后的阶段。

（1）策略：为学生提供清晰易懂的学习目标愿景

学生参与自我评价，意味着他们必须知道自己的学习目标是什么。清晰的学习目标可以引导教学、任务、形成性评价和终结性评价。一旦有了具体到每堂课的学习目标，就可以从三种方法中选择一种使学生更明确目标。

①原封不动地分享学习目标。

②将学习目标转化为学生理解的语言，然后分享。这种方法尤其适用于推理目标，例如，含有抽象性概念的目标。可以找出需要厘清概念的词语或短语，然后下定义，转换成学生容易理解的语言。

③将评价量规转化为学生容易接受的语言，然后介绍代表性的观点。

评价量规实际上就是评价作业的标准、指标、说明，好的评价量规可以用具体的术语描述给定学习目标的质量的特征，从而让学生更好地理解"我要去哪里"。例如，"有效完成口头报告"，这个目标包含几个不同成分（标准）：报告的内容、组织性，报告者的表达，以及报告者对语言的运用。把这些不同成分（标准）划分为不同的质量水平，并用学生容易接受的语言把其特征描述出来，整理成列表。

《先生》中有一节课需要把学习目标转化成学生理解的语言，"我们现在在学习如何写出评论文章，如何表达自己的观点并用理由和信息来支持。本周我们主要学习的是思想和内容，本节课的具体学习内容就是如何写出紧扣观点的陈述。"其中"写出紧扣观点的陈述"便是学习目标。接着与学生合作制定标准，这会让学生更清楚学习目标，也可以使学生将评价量规的概念与他们长时记忆中已有的概念相联系，并察觉出质量特征中自己还不能理解的部分，也就是将要学习的内容，激发他们对评价量规的兴趣和关注。具体步骤如下：

①问学生他们所认为的"紧扣观点的陈述"的好标准是怎样的？在记录纸上记下学生所有回答的原话。

②分享一个及以上具有一定优点的评价文章例子，这些例子也可以有缺点。这时

询问学生："你认为这个例子哪里对质量有重要影响？哪里没有影响？"让学生与同伴讨论或分小组讨论，然后在班级分享。继续把学生关于标准的话语添加到记录纸上。

③告诉学生，当他们制定用来判断"紧扣观点陈述"的评价量规时，他们做的事情与老师和其他内容领域的专家是一样的，这是一份很棒的列表。从心理上给予学生肯定，让学生知道，他们自己的列表含有的很多特征与专家列出的一致。

④向学生展示"专家"的列表。每次展示一条标准，并让学生检查是否可以在课堂上大家得到的列表里找到与之相符的条目，如果有就标注出来。比如，"焦点小、能把握"对应学生提出的"一个具体的陈述观点的句子"。"丰富的细节"对应学生提出的"在原文中有多个相关事例证明观点"。如果没有就告诉学生："这是我们需要更多学习的内容"，例如，"细节要有效，能围绕观点中的关键词展开陈述"这一点，是很多学生忽略的重要标准。整个过程下来后，学生能确定哪些是他们已经知道的。将他们对质量的描述与评价量规的用语联系起来，赋予这堂课"我认为我行"的意义。

⑤把制定好的亲学生型评价量规版本分发给学生。接着让学生开始落实学习目标，课后收集学生作业。

学生熟练掌握这一学习策略，为以后在对比阅读时更精准地表达出自己的观点提供帮助。

（2）策略：用好作业和差作业作为案例，让学生分析评估

通过让学生评估不同质量的作业案例，帮助他们识别"好作业"和"尚需修改的作业"之间的差别，这样才能大概率地让学生内化评价量规的概念。同时可以教会学生表达自己的观点，为自己的推理辩护，评论他人的推理，从而增强学生评判方面的思维。当然在引导学生讨论案例时，要注意这些案例需要匿名，最好在班级之间交叉选择案例。最重要的是，学生在评价案例时，要督促学生使用评价量规语言和概念来支持他们的判断，并且在评价学生的评价时，只针对学生在评分时对评分量规概念的使用作评价。

这两条策略是为了使学生内化达到目标，使学生目标更清晰、更有信心，引导学生把关注点放到学习上、作业的改进上，提高他们最终掌握学习目标的概率。

（3）策略：在学习进程中有规律地提供描述性反馈

如果在每次学习任务完成后老师都只提供简单的分数或等级反馈，学生就只能关注自己的成绩，而无法关注到任务本身。所以在学习进程中，教师要提供描述性的反馈，较为明确地提出修改的建议或意见。建议或意见不需要多，需要的是具体可行。例如，在实施阅读整本书内容统整时，提出筹建"民国先生纪念馆"的学习任务。其中要求学生进行主展厅的设计，根据不同的角度，把十位先生分成几个不同的展区，并用思维导图的形式呈现。在学生第一次提交作业时，就已经明显感觉到有些学生忽

略文本去设计，有些学生设计时缺乏整体规划，只是简单地累加。所以这时除了介绍成功的展厅样本给学生外，还得针对每个学生作业中比较明显的问题进行描述性反馈。

（4）策略：教学生进行自我评价以及为下一步学习设定目标

学生若擅长自我评价，就会受益匪浅，因为这能促进他们进行有意学习。前面的策略其实已经在教学生如何关注学习的目标，以及如何进行有效评价，这是在为更简单地学会自我评价做准备。学生进行自我评价，是根据正确与否或质量高低的标准对自己当前的成就状况作判断，从而确定自己哪些方面的能力需要发展，并设定目标、付诸行动。因此当学生更加关注与学习目标有关的能力并调控自己的努力和行动时，他对学习就越上心，进步也就越大。这个时候可教给学生一些自我评价的符号或图像，便于进行更形象化的、更有方向的评价自我。例如，学生可以使用踏上台阶的表格（详见下图），根据老师布置的学习任务"通过绘制思维导图分享你印象最深一位先生，主题明确，内容简明有序。"这里他们可以根据自己的学习情况做上脚印的标记，并填上日期。

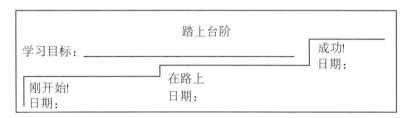

图1 踏上台阶

又如，在完成学习任务"进一步认识十位先生"这一学习任务时，可以通过KWL策略，进行表格化梳理已知、想学、已学的知识。KWL表是基于建构主义教学方法而设计的。建构主义认为世界是客观存在的，但是对事物的理解却是由每个人自己决定。不同的人由于原有经验不同，对同一事物会有不同理解。建构主义学习理论认为：学习是引导学生从原有经验出发，生长（建构）起新的经验（详见表2）。

表2 KWL表

标题：		
K（我原来知道什么）	W（我有问题要提问）	L（我已经学到了什么）

当完成自我评价后，如果学生已经掌握了学习目标或不需要进一步学习，他们就没有必要进行目标设定。但是如果学生还有机会获得进步时，那么就有必要要求他们为进一步的行动设定目标、确定计划。而制定明确且有挑战性的目标包含以下要素：①我要学习什么——清晰陈述学习目标。②针对我的目标而言，我现在的位置在哪？（对当前状态的描述）③我要采取什么行动？从何时开始？从哪里做起？能和谁一起做？需要什么材料？（要有行动计划）④我要何时完成目标——限定时效，提高努力持久性。

（5）策略：反馈回路——强化练习，聚焦教学

学习是一种不可预知的过程，而教学矫正是掌握任一知识领域所需的正常流程的组成部分。根据学生教学后的反应，教师在此基础上评价或学生进行自我评价，都是为了让教师和学生分析存在的问题，确定学生的学习需要，以帮助下一步教学。在反馈的过程中，教师要明确学生可能会犯什么类型的错误，弄清学生的学习需要。错误大致分为三类：未完全理解引起的错误，推理缺陷引起的错误，错误概念引起的错误。如分析人物核心特征，回答"张伯苓和梅贻琦同为校长，也一同经历过迁校合建西南联大，对教育事业产生了不可磨灭的辉煌影响，但两人在晚年却有着截然不同的命运，在其中哪些影响因素起到了决定性的作用？"这一问题时，有些学生在作总结时，囊括了对结论来说并不重要的细节，从而导致在推理过程中出现了偏差，所以这时就需要老师帮助他们识别出问题。若此类错误在班级学生的错误中占相当大的比例时，就应该制定相应的教学内容进行强化训练。

（6）策略：为学生提供机会去追踪、反思和分享他们的学习过程

这一策略其实就是回顾过去，让学生注意到自己的成功和进步，进行反思，并予以分享。因为这可以强化努力的价值，增加自信，鼓励学生更加努力，带来更高的成就。例如，提供一份策略清单，使学生能够随时了解自己的学习进程，并反思或分享，最终可以以汇报的形式或分享交流的形式作为这次整本书阅读任务的完结环节（详见表3）。

表3　策略清单

任务	日期	目标	分数		我"之前"的情形	我"之后"的情形

这几个策略根据课堂所需、学生状况挑选，不一定非得按顺序一个个操作完成。而且这些策略有时还会回环使用，一切根据学生学情决定。

围绕着《先生》这本书进行的整本书阅读与研讨任务，始终坚持将多种阅读策略和评价策略相结合，希望达到为学习而阅读，为学习而评价的目标。这是我们阅读教学的一面镜子，用来向学生展示他们已经走了多少路程，同时也能让教师自己进行反思——使用的阅读策略与评价是否是为了指导学生沿学习的旅程之路在前进，而非惩罚和奖励？

希望我们教师能把掌握成功条件的动力传递给学生。

参考文献：

［1］粉笔教师. 教育综合知识. 心理学［M］. 北京：电子工业出版社，2020.

［2］杨治良，郝兴昌. 心理学辞典［M］. 上海：上海古籍出版社，2016.

［3］CHAPPUIS. 学习评价7策略——支持学习的可行之道［M］. 刘晓陵等，译. 上海：华东师范大学出版社，2019.

［4］杨正润. 论传记的要素［J］. 江苏社会科学，2002（6）.

［5］编写组. 先生［M］. 北京：中信出版社，2019.

作者简介

邱娇，中学语文一级教师，湛江市陈骏名教师工作室成员。曾获得"2020年霞山区中小学中华经典诵读比赛一等奖指导老师"称号、"霞山区2018年核心素养的高中语文课堂教学竞赛"一等奖、"霞山区2018年中学语文青年教师课堂教学展示活动"一等奖。一直秉持"抬头看路，低头耕耘"的信念，静下心来钻研语文教学。注重语文阅读，关注阅读对教师和学生的影响，并分板块进行有序研究。2019年进行关于古代诗歌阅读教学与现代多媒体相结合的课题研究，2020年转向"整本书阅读与研讨"方向研究。

篆刻人生的不止是刀锋

——《刀锋》读书笔记

黄香铭

　　《迦托·奥义书》中有言："剃刀边缘无比锋利,欲通过者无不艰辛;是故智者常言,救赎之道难行。"这也是毛姆在《刀锋》扉页的引用。

　　《刀锋》是毛姆四大长篇小说代表作中的最后一部,小说初稿完成后,他说:"写这本书带给我极大的乐趣。我才不管其他人觉得这本书是好是坏。我终于可以一吐为快,对我而言,这才是最重要的。"《刀锋》出版首月,就在美国狂销五十万册,两度被改编电影,在世界范围内尤其是英美两国产生了巨大的反响。恰逢战争,死亡变得无比寻常,无数人都在思考战争的意义、生命的意义,而毛姆通过笔下一个退伍军人拉里对自身意义的追寻,带领着读者走上了这条寻找之路。

　　"你没办法不问自己,人活着到底是为了什么?人生究竟有没有意义,还是只能可悲地任凭命运摆布?"这是书中拉里的疑问,也是我的困惑,乃至大多数人的困惑。然而生活如同剃刀的边缘,想要寻求人生的意义,不经过一番苦痛是不可能得到的。

　　其实许多人的一生都是平凡而普通的,大多数人甚至还没有想明白这一生是在追求着什么,这一生就已经结束了。也许在他寿终正寝之时,他留在世上的痕迹不会比一枚石子扔进湖中,在水面上留下的涟漪明显。

　　艾略特的一生周游于各种社交场合,他世故圆滑而又慷慨聪明,他善于讨人欢心,一步步提高自己的社会地位。你可以说他势利,但却也不能对他的真诚视而不见。他一直都在照顾、关爱着姐姐一家。他的葬礼以后,不仅是亲人,连跟随多年的佣人们都得到相当多的遗产。对于男主角拉里,他虽不愿意让外甥女与其结婚,但他从没有对拉里恶言恶语,双方一直保持着和谐的关系。正如毛姆先生所评价的:"谁能够否认艾略特这个最大的势利鬼,也是最仁慈、最体贴、最慷慨的人呢!"反而那群"庸碌的、装腔作势的"名门后代总在他身上混吃混喝,到了他病重之时又抛弃了他。为了挤入上流社会,他碰过钉子,受过冷言冷语,遇过各种难堪的情况,但他仍然不屈不挠。他付出的是自己的真金白银，舍弃的是自己的尊严。他曾是人见人爱的交际王子，葬礼却是这样的冷清，讽刺而又辛酸。他的失败，不能说明他的可笑，只能说明名利场的冷漠。而在我眼里他的一生也遵从了自己的内心，忠于自己最大的追求——社会交际。

伊莎贝尔在出场时便给我留下了深刻的印象，她浑身上下散发着健康因子、对生活的喜爱以及发自内心的幸福感，喜欢玩乐的快活。"我还年轻，想把握人生，从事时下年轻人的活动，我想参加派对、舞会，打高尔夫和骑马。我也想穿好看的衣服。"这也是大多数年轻女孩的追求，她们快乐幸福地生活着，呼吸着每一寸新鲜的空气，在岁月中肆意张扬，开出花儿。我羡慕这样的女孩子，却又难以成为她们，因为我清楚地知道自己最想要的并非这种快乐。伊莎贝尔也是主流观念的坚决拥护者，她对拉里说："男人就该工作，这才是人生的目的，也才是造福社会的方法。"我姑且不对这种观念多加评价，因为虽然它比较绝对，但也没有什么错。人类世世代代坚守着这样的观念，努力为生活打拼，过上体面的生活，社会文明得以稳定地发展前行。这个世界上很多东西并没有是非对错之分，但我也不喜欢用主流观念的标尺束缚自己。人生本就有各种可能性，很多时候只是人的选择不同罢了。所以伊莎贝尔最终还是同拉里分手了。他们的爱情，就好像两个朋友一起去度假，一个想爬格陵兰的雪山，另一个却想去印度的珊瑚海岸钓鱼，是不会有结果的。

拉里，这本书的主人公，也是我一直在努力读懂的人物，他经历了战争，目睹了死亡，开始思考人生的意义。他回到美国后不去读大学，也不想参加工作，一心寻求答案。他到巴黎独居，埋头读书，在读懂《奥德赛》的原文后十分兴奋，仿佛只要踮起脚尖，伸出手来，就能碰到天上的星星；他读斯宾诺莎的作品，不敢说理解得透彻，可是阅读带来的愉悦是难以估量的，就好像乘着飞机，降落在层层山峦中的一片高原，万籁俱寂，空气清新，又犹如好酒沁人心脾，实在是妙哉。现在的我也同那时的拉里一样，努力地去多读多思，试图认识这个世界多一些，让当下的困惑少一些。之后拉里又独自去了很多地方，认识了各色各样的人，并在印度找到了他的答案——最伟大的理想是自我实现。毛姆笔下开悟的拉里有这样一种感受：我要怎么形容呢？任何字眼都无法表达那种至高无上的幸福。开悟后的拉里把钱财散尽，然后回到红尘中，大隐隐于市，似乎一切又回到原点，可是此拉里已非彼拉里，没有了小我的拉里成就了他的大我。他说："我认为，人能设定的最伟大的目标，就是自我完善。"这句话给了我很大的启发。回首曾经走来的一路，他虽然迷茫，虽然痛苦，却从未停止前行，在一次次的挣扎中努力地去寻找自我。所以如果还没想清楚这一生要怎么过，就先继续往前走，停滞与放纵不会带来任何帮助，前进的过程又何尝不是寻找的过程。

对于我来说，读一本书，读一个人物，很多时候并不是在读这些文字，而是在品味各种人生，看到各种不同的可能。无论男女，不仅仅代表的是他们自己，更反映他们出生的地域、在城市或农村学会走路、儿时常玩的游戏、从老一辈听来的传说、习惯的饮食、就读的学校、热衷的运动、阅读的诗篇与信仰的神祇等等。艾略特拥有了显赫的社会地位；伊莎贝尔继承了一大笔遗产，居住在活跃而有教养的社会里；格雷有了稳定的工作，收入颇丰，过着朝九晚五的生活；苏珊娜·鲁维埃得到了安稳的生活；苏菲告别了人世；拉里得到了满足。人的一生就是这样，短暂而又漫长，最终都走向死亡。无论以何种方式，他们终究也都活出了自我。

人生的意义是个永恒的话题，随着阅历的增加，在每个阶段得出的答案都会不一样，并且很多时候其实没答案。还记得高二看余华的《活着》，书里说："活着本身就是意义。"这也是一个很好的思考角度。人大多是功利主义的，喜欢为每件事情赋予一定的意义，无意义的事情绝不去做。但其实很多事情本身是没有意义的，是因为你的尝试它才有了意义，属于你自己的意义。我也一直在试图寻找自己——那个真实的，拼尽全力也想要成为的那个自己。我想如果哪天有幸遇见了她，无论早晚，我相信人生都会生出一股无法抵抗而又鲜活的确定感。噢，原来你在这里呀。

世俗习惯用成功去定义有价值的人生，可是我们又有没有认真思考过，成功的定义又是什么呢？于普罗大众而言，是物质生活和精神生活的满足；如果目光再狭隘一些，是足够丰富的物质，即金钱。而我认为一个人最成功的就是以自己喜欢的方式度过一生。可如果再现实一点，又有多少人能有选择的权利？因为人是社会化的动物，从一出生便不得不背上世俗的枷锁，按照众人所期望的样子长大。而每当我静下来，就会有一个声音在不停地问我：你想成为一个怎么样的人？你想要过怎样的生活？其实我们也没有必要现在就做出选择，再等等，看看生活会赋予我们怎样的可能性，然后勇敢地去尝试各种可能性。

我相信一本好的书不会告诉读者明确的答案，而是启发更多的思考。在读拉里的过程中，我逐渐找到了内心的平静。"有些人内心的渴望十分强烈，非得做某件事情不可，挡也挡不住，而且为了满足这种渴望，什么都可以牺牲。"拉里平凡，他无论如何都还是芸芸众生中的一员，同其他人一样也是以自己的方式度过了一生。拉里伟大，因为他在困惑之时敢于与世俗背道而驰，去寻求生命的意义，找到了真正的自己。毛姆以拉里这个不朽的文学形象，表达了对人之本质的认识：心灵中存在无数的欲念，欲念构成了人们实践的动力。而拯救人，首先需还心灵以平静。正如艾略特在生命即将结束之时所言："我们曾如此渴望命运的波澜，到最后才发现，人生最曼妙的风景，竟是内心的淡定与从容。"关于对生命旅程的叩问，关于对人生意义的追求，或早已隐没于他们的人生行迹，湮灭在结局沉默的余音中。而时间最终也会把我们雕刻成自己的样子。人生没有完美范本，山重水复，你总可以找到可以篆刻自己的刀锋，但篆刻人生的不只是刀锋，更多的是掌握了刀锋的那双手。

"夜晚，为摆脱影子，我把灯关掉，灵魂却从深渊中升起来。"我推开窗，听见有风穿堂而过，惊掠书页簌簌声响。

作者简介

黄香铭，笔名木木之，现为中国传媒大学大一学生。作者自幼嗜文，常抱书独处。曾积极参加各种读书活动与作文比赛，收获颇丰。高中毕业于广东实验中学，在其浓厚的人文氛围和有温度的素质教育下，养成了经常读书和独立思考的习惯，长久践行着良师的金言："低头看书，抬头看世界。"图书馆是她空闲时间最爱去的地方，在与一本本书的交流和自己的深入思考中，找到了内心的平静与力量，并以此为旗帜，在实践中更多地认识世界，了解世界，解开困惑，实现自己。热爱自由创作，也习惯于边看书边思考，并在看完后写下自己的所思所想。

《霍乱时期的爱情》读书笔记

陈 骏

　　一直想写这篇读书笔记，一直被各种事务耽误，眼下这个网络培训任务，倒逼得我在缝隙里找些时间，完成这个心愿，也把作业交一下。

　　小说题目以"爱情"为核心，讲述了哥伦比亚一段跨越半个多世纪的爱情史诗，穷尽了所有爱情的可能性：忠贞的、隐秘的、粗暴的、羞怯的、柏拉图式的、放荡的、转瞬即逝的、生死相依的……而以"霍乱时期"为其定语，将故事设定在宏大、混乱而又特殊的背景之下。

　　撇开西方小说中难以记忆的人物名称不说，男主人公阿里萨和女主人公是费尔米娜的爱情故事着实令人着迷（当然，也极有可能是困惑），下面尝试从几个方面进行浅析。

　　男女主人公的爱情并没有在故事一开篇就呈现在读者面前，作者把女主人公的丈夫乌尔比诺医生——一个年迈而德高望重的医生，一个生活中极其考究的人，一个让读者笃定认为人生之路不会行差踏错的绅士，一个积极努力而又总是梦想成真的幸福的人——老年生活、行医的画面赠予读者，而把故事的中心人物深藏起来，这种倒序的结构让不少读者摸不着头脑。乌尔比诺医生的形象，几乎是为这个城市定下了一种生活的基调和范式。他就是楷模，他就是目标，他可以通过自己的努力使这座城市变得更有序、更干净，也更卫生，而人们的健康与他的努力息息相关，他可以厘定规则，让人在有意和无意中去遵循。（他对于新婚妻子性的引导和操作，有着外科医生的精致和儒雅，此为题外，不赘。）

　　当乌尔比诺医生的病人去世后不久，死神也光顾了这个精致而垂暮的老人，在一场滑稽而偶然的死亡之后，主人公阿里萨，这个超级"备胎"终于浮出水面。

　　50年的一往情深虽然让人感动，但并不至于难以理解，难以理解的是阿里萨这种坚守的方式。精神上的绝对忠诚和肉体上的频繁猎艳，形成了令人难以置信的深重矛盾，这种岁月长河中特殊的一往情深让读者在慨叹之余，又有些欲言又止，以及难以界定的犹豫。

对这些疑问，如果我们能够摆脱贴标签式的定式思维，把这些矛盾放到具体的场景中去，结合阿里萨特殊的性格来理解，也许一切就顺理成章了。身处社会底层，身体孱弱，刻板拘谨的文学艺术青年，情窦初开，就为费尔米娜描绘了一幅极具浪漫色彩的爱情图景。而在严格的家庭教育环境中成长起来的费尔米娜，本身就有着一种压抑中反叛的渴望，对那一个来自身后炽热的眼神心领神会，在阿里萨文艺款的频频进攻下自觉自愿地沦陷。这其实是最自然不过的一个爱情故事。少年的爱情不都是这样的么？一个眼神，一句话，一块水晶玻璃，就许了一生相随。《诗经》说："彤管有炜，说怿女美。""匪女之为美，美人之贻。"也是这个道理。至于是鲜花插在牛粪上，还是好白菜终于让猪拱了，那是后话，此时是不予考虑的。

费尔米娜在一番执着相恋，为了这份爱情甚至要与父亲反目成仇之后，外出游历了，成长壮大了。这不光是身体，更是眼界和审美态度，所以当她归来，见到梦中那个少年的时候，他竟然没有骑着白马，竟然不风流倜傥的时候，毅然转身，决然斩断情丝，读到此处，读者是会感到遗憾呢，还是庆幸？因为"般配"毕竟应该是爱情婚姻一条通行的标准。这是现实主义对浪漫主义的一记迎头痛击，浪漫主义败得仓皇，败得手足无措。

于是阿里萨开始痛不欲生，开始在母亲的鼓励、叔父的帮助下投身于谋生的事业，以他的聪明才智和执着性格成为了一方"领主"。漫长的50年令人绝望。阿里萨在偶然尝到了肉欲的快乐之后，一发而不可收拾，他主动或被动地收集着女人们的肉体，积累着性爱的经验，享受着那些孤独时刻难以代替的欢愉。然而他确乎是个执着的人，他时时审视自己的内心，爱着身边的人，却观望着理想中的恋人。而这种流连和观望，给他的那些女人们中的一些人，造成了毁灭性的灾难。

生活的各种波折、各种磨难，个人的各种经历以及发展，为两个人提供了很多靠近又走远的机会。而这些过程中，却不断地生出很多枝杈来，丰富了作品"爱情"这个主题，也展示了更加广阔的社会生活。当他们最终修成正果的时候，绝大多数读者是会为他们祝福的，因为他们不仅存在于理想，也合乎了法度，这种夕阳下的团圆给了全世界读者一个凄凉的微笑。

掩卷沉思，所谓道德的婚姻，是遵循于情感还是遵循于证书和义务？时光无情地流逝，爱人在时光里老去，能爱时不能相拥，爱不动时只能相伴，有几个人，能有这奢侈的50年等候？当衰老的气息降临的时候，满心的忏悔，谁与谁知？

《霍乱时期的爱情》被誉为"人类有史以来最伟大的爱情小说"，20世纪最重要的经典文学巨著之一，实至名归。

读《追风筝的人》看三种教育

詹福慧

　　《追风筝的人》是美籍阿富汗作家卡勒德·胡赛尼的第一部长篇小说，讲述的是两个阿富汗少年的故事。20世纪60年代，阿米尔出生在阿富汗喀布尔富人区，最好的玩伴是仆人的儿子哈桑。两人一起打水漂，看电影，参加每年冬季的放风筝比赛。在一次追风筝途中，哈桑被一群坏青年围堵，他为了保护阿米尔跟坏青年结怨，随后发生了一件悲惨的事。而目睹了一切的阿米尔，却不敢作声，还因无法面对哈桑，想办法逼走了他。不久因战乱，阿米尔随父亲逃往美国。为了赎罪，阿米尔再度踏上久违二十多年的故乡。却意外发现哈桑竟是自己同父异母的弟弟，儿时的噩梦再度重演。最后，阿米尔拼命找到哈桑的儿子，并设法把他带回了美国。

　　作品以温暖细腻的笔法勾勒人性的本质与救赎：爱、恐惧、愧疚、赎罪……读者千千万万，感受万万千千。他们的评论或者从象征主义的角度出发，或者从孩童成长的角度出发，或者从那即便遍体鳞伤也还是会义无反顾的忠诚和友谊出发，也有从作品的文学角度出发的，但最多的人从阿米尔道德救赎成功出发，为他能诚恳地认识到自己犯下的错误，受到内心强烈谴责，并用实际行动艰难救赎，回归正途，获得心灵的解脱，得到了净化和升华而感到欣慰。而我，作为一名教育者，想从教育的角度出发，谈书中的三种教育方式。

　　孩子犯错在所难免，但有些错误往往会给别人带去伤害，这些伤害有时不仅仅是肉体上的痛苦，更是心灵上的创伤，是无法弥补的。如作品中的阿米尔因为妒忌哈桑的受人喜爱，到故意对对方进行侮辱和戏弄，再到对方受到伤害时的袖手旁观，以及为了让哈桑离开的故意陷害等等，这些对善良的哈桑的伤害在不断地增加。作为教育者，我们在为阿米尔自我救赎成功感到雀跃的同时，更应该严肃地思考：如何减少或者避免由于一个孩子的犯错而给另外一个孩子造成伤害？也许我们能从作品中的三位父亲："爸爸"、阿里、拉辛汗对孩子的教育中寻找到答案。

　　书中用大量笔墨把"爸爸"的勇敢、伟大又慈善描写得淋漓尽致。可是，"爸爸"

对阿米尔却极其冷漠。他把妻子难产而死的不幸归结给阿米尔,因为阿米尔没有成长成他认为的具有男子气概的样子,他甚至有点怀疑阿米尔不是亲生的(要不是他亲眼看到阿米尔从他老婆肚子里出来)。"爸爸"无法忍受阿米尔的兴趣,当阿米尔兴致勃勃地把自己的第一篇故事交给"爸爸"时,"爸爸"却冷冷地不屑一顾。儿子一次又一次地渴望接近"爸爸",想得到"爸爸"的认可,可是"爸爸"缺乏同理心,一次又一次地把儿子推开,毫无掩饰地表现出嫌弃。双方没有情感依赖,父子之间的鸿沟使"爸爸"根本无法理解阿米尔的感受。以至于阿米尔"恨不得扯开自己的血管,让他那些该死的血统统流出我的身体。""爸爸"对阿米尔的漠视给阿米尔造成了心理阴影,对父爱的极度渴望是阿米尔犯下一系列错误的根源。"爸爸"显然不是一个好父亲,他希望自己的孩子能够像他那样,却事与愿违。他为阿米尔举办生日会,买高档的玩具,提供优异的生活条件,也只不过是想在朋友当中使自己显得很有成就感。可是,他从来没有想过孩子真正需要什么,不懂得自己的陪伴和呵护对孩子的成长有多么重要,也就无从给予孩子所需要的东西。这导致阿米尔对哈桑的嫉妒,并且无法得到及时的疏导,使阿米尔在错误的道路上越走越远。"爸爸"用自己的过错伤害了阿米尔,也伤害了本该和阿米尔享有同等权利的哈桑。现实生活中的很多父母很强势,他们常常以工作忙等为借口,认为为孩子提供优越的物质条件就已经是做得够多够好了,孩子就理所当然地成为他们想要成为的人。事实上,这只不过是自欺欺人而已。他们用物质代替理解和尊重,可是,孩子需要的是父母的陪伴,是耐心的倾听,正如《追风筝的人》里所说的那样"让我可以成为一个被注目而非仅仅被看到,被聆听而非仅仅被听到的人。"孩子才能够真正敞开心扉,家长才能走进孩子的心灵深处,分享孩子的苦闷与快乐,才能给予孩子及时的帮助。

仆人阿里则是另一类父亲的形象。他是一个充满慈爱、略显懦弱的平民父亲。他是哈扎克人,身份卑微,社会地位低下,是一位加西莫多似的人物。他外表丑陋,"右腿萎缩,菜色的皮肤包着骨头,夹着一层薄如纸的肌肉"。恶作剧的少年们称他为"塌鼻子巴巴鲁",讥笑他的丑陋。但他卑微的身份和丑陋的外表并没有影响他对自己孩子的爱与呵护,他是一个慈祥温情的父亲。为了让儿子免于惊恐,他谎称暴风骤雨般的枪声是"猎杀野鸭";为了平复儿子的伤心难过,他会"将儿子抱紧,轻轻地抚摸着他。儿子每次外出,阿里总是要祈祷。儿子受到了侮辱和委屈,哪怕自己地位低下,也竭尽全力地作出反抗。在父子关系的位置中,他始终把儿子摆在首位,为儿子遮风挡雨。当哈桑受到伤害时,能够得到父亲温柔的安慰,使自己的压力和痛苦得到排解。可以说,在享受父爱这点上,哈桑比阿米尔优越太多了。所以,哈桑能善解人意,有情有义,坚强勇敢。不过,阿里对命运的盲目认知也影响着哈桑。在和主人"爸爸"的关系上,阿里把自己置于从属和下等的位置,处处为主人考虑。阿里卑微地活着,尽管"爸爸"待他很好，但他从没得到真正的尊重。这种对身份根深蒂固的认同传承到了哈桑身上，哈桑也卑微地活着。尽管和阿米尔同喝一个奶妈的乳汁，一起玩耍、一起长大，但他同样也没得到真正的尊重。面对阿瑟夫的暴行，他选择牺牲自己满足主人的愿望。面对阿米尔的栽赃，他和养父阿里选择了承受和出走，以保全自私的少爷。他的悲剧人生就是因为这种毫无底线的忍耐。不能说阿里对哈桑的教育是失败的，他教会哈桑慈爱、忍耐、真诚。但在教育孩子保持善良的本真的同时，我们还应教育孩子要维护自己的尊严，守住自己善良的底线。在遭受到命运的不公对待时，我们不能一味地妥协，思想上我们要懂得反抗，行为上要极力争取。可惜的是，哈桑只有一个卑微地爱着他的父亲，而不是一个能真正引领着他走向幸福的父亲。教育者，只有挺起硬朗的脊梁，抬起高贵的头颅，才能教育出有尊严的、高贵的人。

拉辛汗是阿米尔心中理想的父亲，也是我理想中的教育者。这位"父亲"会用"亲爱的"来称呼阿米尔。他能洞悉孩子的内心，会尊重孩子的自我，善于肯定儿童的成绩。阿米尔苦心创作的小说，"爸爸"不屑一顾，拉辛汗却会仔细阅读，由衷地赞赏，甚至会留字条很认真地对阿米尔的处女作给出中肯贴切的意见。阿米尔的某些举措，在"爸爸"看来是懦弱无能的，拉辛汗则视为"高情远致"。因为，拉辛汗认为孩子"不是图画练习册"，做父亲的"不能光顾着要涂上自己喜欢的色彩"。拉辛汗能够真正深入孩子的内心，懂得孩子需要的是"可以成为一个被注目而非仅仅被看到，被聆听而非仅仅被听到的人"。对孩子所犯的错误给予足够的宽容，他安慰阿米尔"你懦弱，这是你的天性。这并非什么坏事，因为你从不强装勇敢，这是你的优点。只要三思而后行，懦弱并没有错。"他在事情发生不久后就知道了阿米尔犯下的错误，但他足够耐心地等待着孩子的改正，他相信阿米尔一定会改正。因为他的倾听和关注，他感受到了阿米尔的痛苦，而没有良心、没有美德的人是不会痛苦的。事实上，作品里通篇的心理描写都是阿米尔在忏悔。他一直把阿米尔的心结记挂在心上，并且几乎用尽一生来帮助阿米尔打开这个心结。拉辛汗相对于"爸爸"而言，对阿米尔的道德教育更加和风细雨、润物无声。他没有狂风暴雨式的胡批乱斗，也没有听之任之的放任自流，而是不断地启发、劝导阿米尔。他告诉阿米尔："当罪行导致善行，那就是真正的获救。"面对这样的"父亲"，即使是犯了大错的孩子在他面前也不会觉得难堪，并且孩子能很容易地接受他的教诲。正是拉辛汗看似不经意提起，却宛如经过深思熟虑的劝导："来吧。这儿有再次成为好人的路。"在这种正面引导和旁敲侧击的双重影响下，阿米尔最终选择了高尚的道德观，踏上救赎之路，重回阿富汗，进行自我心灵救赎。这样的"父亲"能不深受"儿子"的爱戴和尊敬吗？阿米尔一直渴望着"要是拉辛汗是我父亲多好啊！"在孩子的成长路上，他不仅仅是一位长者，还是孩子的倾听者，更是孩子人生道路上的朋友和灵魂导师。

《追风筝的人》中的三类教育者：一类是强势的，极具权威，高高在上，如"爸爸"。他们希望孩子朝着自己想要的那样去发展，却不懂得尊重孩子。在与孩子的不断冲突后，基本上放弃了对孩子的教育。一类是弱势的，社会地位卑微，把孩子的位置摆在了自己的前面，如阿里。他们对孩子体贴入微，爱护有加。但在很多方面底气不足，因此对孩子的教育往往显得有心无力。而最理想的是拉辛汗那一类。他们和孩子是平等、民主的关系。他们既是孩子的导师又是孩子的朋友，因为尊重和关注孩子的感受，获得了孩子的崇敬和热爱。教育，我们不应只是给儿童物质生活上的满足，更重要的是要给儿童以贴近心灵的"陶冶"和"唤醒"，才能真正达成"望子成龙"的美好愿望。而这"龙"，并不是长辈粗鲁地强压在孩子身上所希望的他们的孩子必须成为的样子，而是根据儿童的天赋、志趣特点等因素决定的孩子可以成为的样子。教育者应像拉辛汗那样，做能与孩子融洽沟通的智慧的长者；做善于肯定孩子，给孩子掌起明灯的师者；做孩子心声的聆听者，常驻孩子内心深处。只有真正地把孩子放在心上，才能唤醒孩子灵魂深处的潜能，使孩子的才能得到充分的发展，最终让孩子成为其所想要成为的那条"龙"。

《追风筝的人》有很多经典语句：

孩子们不是画册，你不能随意用自己喜欢的颜色去填涂他们。

人们说陈年旧事可以被埋葬，然而我终于明白这是错的。因为往事会自己爬上来。

但对于我而言，这是唯一的机会，让我可以成为一个被注目而不仅仅被看到，被聆听而不仅仅被听到的人。

当罪行导致善行，那就是真正的获救。

罪行只有一种，那就是盗窃。当你杀害一个人，你偷走一条性命，你偷走他妻子身为人妇的权利，夺走他子女的父亲。当你说谎，你偷走别人知道真相的权利。当你诈骗，你偷走公平的权利。

我很高兴终于有人识破我的真面目，我装得太累了。

被真相伤害总比被谎言欺骗好，得到了再失去，总是比从来就没有得到更伤人。

没有良心、没有美德的人不会痛苦。

还有，作品中出现三次的一句话——为你，千千万万遍！

书中的哈桑对阿米尔说——为你，千千万万遍！作为一位母亲，我想对我的孩子说——为你，千千万万遍！作为一位教师，我想对我的学生说——为你，千千万万遍！

最后，衷心祝愿每位教育者都能追到心中的那只风筝！

作者简介

詹福慧，湛江市第十二小学教师，从事小学语文教学工作23年，"成为一名有底气、有思想的语文教师"一直是她努力的方向。阅读对于一位语文老师的专业成长的影响是深刻的，她不断地丰富自己的阅读量，读语文专业类、教育教学类的书籍等。阅读，使她在语文教学中更加得心应手。她会根据教学内容灵活补充课堂容量，更好地帮助学生理解文本，感受课文的丰富内蕴。她致力于创设灵动的语文教学课堂，虚心向优秀的同行学习，多看，多听，把自己对教育教学的理解和别人丰富的教学经验融合在一起，在课堂实践中不断探索，在反思中学习，在学习中提高。"湛江市教育系统优秀教师""湛江市优秀少先队辅导员"等荣誉称号既是对她的一种肯定，更是对她的鼓励和鞭策，相信她能为实现自身的专业成长而继续努力！

如何"渡人渡己"
——《摆渡人》读后感

吴小丹

"如果我真的存在，也是因为你需要我。"英国作家克莱儿·麦克福尔的小说《摆渡人》，曾激起了无数读者的共鸣与思考。存在与需要的关系是诉不清的缘，是道不尽的情，是陪伴，是激励，更是引领。

何为摆渡人？如今说来在很多人脑海中或许要画一个问号。过去在河流渡口常见有摆渡的船只，船夫摇着橹把一船又一船的行人送往对岸，行人分别走向自己梦想的前程，摆渡人却日复一日地坚守在渡口，陪伴一拨又一拨的来客涉险过滩，将他们平安地送达目的地。

怎样才能渡人渡己呢？我觉得要从以下几个方面去说：

一、做自己生命里的"摆渡人"

生命是条河，靠自己摆渡，抵达想去的彼岸。自己必须要拥有一颗豁达的心灵。豁达有三个层次：一个是对环境，一个是对别人，一个是对自己。

对环境豁达。生活本身只是一场历练，哪里都会有坎坷不平，或者泥沼坑洼。好比一朵莲花，没有深入淤泥之中，没有磨破莲子，没有经过时间的考验，怎么会挺拔而发？人心要温暖，要透彻，在差的环境中要靠自己去发现光明，寻光而成长，在底层时不要自暴自弃。

对别人豁达。都说每个人都像是被上帝咬过一口的苹果，并不完美。我通常觉得自己有很多缺点，不会这，不会那，但冷静下来想一想，生活是真实的，人也应该是真实的。做错一些事，后来慢慢改正，每一个明天才会比昨天更有意义。看别人不好是智慧不够，善待别人，成熟的是自己。

对自己豁达。能不停地做自己喜欢的事情，是人生的乐趣。风雨以后是彩虹，巨浪以后是涟漪。一辈子不容易，对自己宠爱一点，疼惜一点。喜欢的人，多交往，喜欢的书，多购买，喜欢的美食，多享受，喜欢的景，多观赏。前提是，不放纵，有限度，不忘乎所以，有清晰底线。

人生可能就是这样，柳暗花明，靠自己摆渡，常记努力。

二、家长要成为孩子走向成功的"摆渡人"

这部小说很有深意，无论是情节上的出人意料，还是在读后让人内心感受到的波澜，都令人激奋，温暖人心。我们的孩子都会像小说中的主人公一般迷茫、叛逆，他们都需要一个摆渡人，一个灵魂的摆渡人。而这个摆渡人是从他们打心底接受和爱的人中诞生的，可以带领他们走出人生的囹圄。他们非常信任他们的摆渡人，因为摆渡人愿意保护他，哪怕是付出无限大的代价。因此，我们每一位家长就是孩子成长中的"摆渡人"。

孩子成长过程中经常会遇到挫折、干扰、困惑，单凭孩子一己之力很难化解这些矛盾，因此家长就要及时地为孩子摆渡，第一时间为其排除干扰，清除前行障碍。

作为家长的我无比欣慰，更显激动，将书中的故事情节与现实中的自己进行了对比。既然孩子把我当成了"摆渡人"，那我就不枉使命，抓紧学习一些当好"舵手"的知识，做一名合格的"摆渡人"。首先，我要做的便是了解孩子成长规律，当"摆渡人"仅有爱远远不够，只有懂得孩子成长的规律，才能使"摆渡人"发挥作用；其次，争取更多时间陪伴孩子，多学习当家长的知识，与孩子一起成长。

面对青春期的孩子，家长真的还是需要掌握一些技巧和方法的。其实青春期的孩子就是想做自己，想向家长证明自己长大了，这时候就需要"摆渡人"使用一些技巧了。至于使用哪一种，那就因人而异了，因为对于成功的理解见仁见智，但对于失败的解释往往只有一种：那就是没有达到预期的目的。

愿由我们家庭组成的每一艘"豪华邮轮"，都能在"摆渡人"的掌控下，载着希望，穿越风浪，冲破乌云，击退海盗，驶向理想的彼岸。

三、师德为先，做好学生成长的"摆渡人"

常言道："教育是一个良心活！"这句话一针见血地道出了师德的重要性，师德师风，关系到人的灵魂。教师以什么样的精神去对待工作，决定着工作的成败；以什么样的态度去面对学生，决定着学生的成长。这是教育工作神圣的原因，也是教师职业道德的所在。众所周知，教师与学生是一对互相依赖的生命，是一对共同成长的伙伴，只要我们用心去做好这份工作，以人为本，学生们就会随着我们的指引走上光明大道。

韩愈说："师者，所以传道授业解惑也。"习近平总书记说，教师是传播知识、传播思想、传播真理的工作，是塑造灵魂、塑造生命、塑造人的工作。自觉增强立德树人、教书育人的荣誉感和责任感，学为人师，行为世范，做学生健康成长的指导者和引路人。现如今，如何在我国教育事业发展的道路上，发挥积极作用，做好引路人，当好"摆渡人"，是每个教师都面临的问题。

在我看来，要做好学生健康成长的"摆渡人"主要有以下几个方面：

（一）要以良好的师德形象影响和规范学生的行为

夸美纽斯说过："教师的职务是用自己做榜样教育学生。"爱因斯坦也认为，只有伟大而纯洁的人物榜样，才能引导人们具有高尚的思想和行为。教师的师德素质和道德修养在很大程度上影响和感染着他们的思想和行为。因为做学问的前提是正人品，品德是一个人最重要的素质，而学生时代是锤炼人品最重要的时代。教师在教书育人的过程中要时刻铭记保持良好的师德形象，用行动，用执着，用坚守，用人格陶冶学生情操，锤炼学生品格，以身作则，以师德为导向，成为学生锤炼人品的"摆渡人"，进而培养他们良好的品格。

（二）要以仁爱之心对待学生

教育是"仁而爱人"的事业，爱是教育的灵魂，没有爱心的人学历再高，知识再多，他也不可能成为好老师。教师就是一个懂得感情的人，懂得爱的人。有人说，爱孩子是做合格教师的底线。苏联著名作家高尔基说过："爱孩子，那是连母鸡都会做的事。"怎样在爱的环境中教育他们却是一件大事。所以，我们没有爱不行，光有爱也不行，要懂得爱的秘密。而崇高的师爱表现在对学生一视同仁，绝不能厚此薄彼，按成绩区别对待。要做到"三心俱到"，即"爱心、耐心、细心"俱到。无论在生活上还是学习上，时时刻刻关爱学生，特别对那些学习"特困生"，更是要做到"特别的爱给特别的你"，切忌易怒、易暴，言行过激，对学生要有耐心，对学生细微之处的好的改变也要善于发现，并且多加鼓励，培养学生健康的人格，树立学生学习的自信心，注重培养他们的学习兴趣。做新时代的好老师，用宽广的胸怀去尊重、包容、欣赏每一个学生，与学生共同成长，努力做好学生健康成长的"摆渡人"。

（三）要以研究者的心态从事教学

教育具有较强的周期性，许多教学内容多年都在教，时间长了教师容易产生职业倦怠。所以作为教师，我们要把问题当课题，把教学当研究，要以研究者的心态创造性地投入工作，这样才能真正做到常教常新。要知道学生在变，他们的思想观念、学习方式、兴趣爱好都随着时代的发展在变化，教师不能用一成不变的观念、多年一贯的方法、陈旧过时的手段去教今天的学生，要时刻牢记我们需要培养的是适应未来社会的人才，我们教会他们的不仅仅是发现新知识，探索新知识，更重要的是培养他们终身学习的能力和融入未来社会必需的基本素养。作为新时代的教师要积极面对挑战，具备丰富的学识，做有胆识的教师；要树立终身学习理念，在深厚的学养和好学深思的基础上，培养起教学的自信力；要时刻保有理论、知识、技能的源头活水，努力做好学生知识创新的"摆渡人"。

（四）要心怀梦想，坚定理想信念

梦想让人心怀希望，奋斗让人充实幸福。正确的理想信念是教书育人、播种未来的指路明灯。一个教师只有拥有理念信念，才能在学生心中播下理想的种子。梦想要用梦想去点燃，理想要以理想去唤醒。一个教师只有拥有理念信念，才有可能在孩子的心中播下梦想的种子。在这个价值取向多元的年代，只有一个有坚定理想信念的老师才能引导学生面对各种诱惑，系好"人生的扣子"。而作为人类灵魂的工程师，教师承担着传道、授业、解惑的神圣使命。教师要主动学习、深入研究、自觉加强对社会主义核心价值观的认同，做到真学真懂真信，要结合学生身心特点，将其创造性地融入日常教育教学工作中，使学生真正将其入耳、入脑、入心、入行。教师要树立崇高的职业信念，把教书育人当作自己的伟大使命，做好学生健康成长的"摆渡人"，这样我们的教育才会灿烂，我们的学生才有希望。

（五）要爱党爱国爱人民，做学生奉献祖国的"摆渡人"

苏霍姆林斯基说过："对祖国的忠诚要靠忠诚地为祖国服务来培养。"家国情怀是立身养德之本，人民教师强烈的爱国之情，表现为深深地爱自己的教育事业，满腔热情地教书育人，竭尽全力为祖国培养优秀人才。教师作为学生的师长，要用自己的一言一行去影响、感染、教育学生，做好学生奉献祖国的"摆渡人"，培养学生的民族责任感和历史使命感，让学生树立奉献祖国、服务社会的伟大志向，让青春在爱国中闪光，在奉献中实现价值。

习近平总书记指出，一个人遇到好老师是人生的幸运，一个学校拥有好老师是学校的光荣，一个民族源源不断涌现出一批又一批好老师则是民族的希望。教师是伟大的，精心培育的是祖国的未来，是社会的希望；教师是平凡的，三尺讲台，春夏秋冬，不变的是立德树人的情怀和甘为人梯的奉献精神。作为教师，我们要不忘初心，继续前行，做好学生成长的"摆渡人"，努力培养出更多更好能够满足党、国家、人民、时代需要的人才。撑一支长篙，毅然摇桨操舵，把学生送往成功的彼岸，这就是作为一名"摆渡人"对教育的坚守，这是信仰，更是使命。

"如果命运是一条孤独的河流，谁会是你灵魂的摆渡人？"这句话写在《摆渡人》的封面，引起了我的思考：谁是我的摆渡人？今生我又可以凭我平凡的生命摆渡谁？在人生这个不断逃离苦难，追求幸福的过程中，我有幸作为一名小学老师，希望学生们的困惑与迷惘由我去点悟，愿我成人的世俗与世故由他们来摆渡。其实，我们在摆渡学生的阶段人生时，我们何曾不是在摆渡自己的人生呢？

真正的高手都是悄无声息的摆渡人——永远要相信，在很多角落有人在默默坚持伟大的事情，他们的名字就叫人民教师。

作者简介

吴小丹，女，本科学历，湛江市第十二小学高级语文教师，湛江小语团队成员，广东省潘唯女名师工作室和湛江市吴挺名班主任工作室成员，省级和市级课题的主持人，霞山区优秀辅导员，霞山区教学质量先进工作者，霞山区语文教研积极分子，广东省读书征文活动优秀指导老师。参与各类课竞赛均获佳绩：湛江小语微课多次被选登广东强国；综合实践课选登粤教课堂；阅读教学课例均被评为省级和市级"优课"；荣获霞山区小学语文青年教师阅读教学比赛一等奖，霞山区心理健康教师专业能力大赛
一等奖；班会课和阅读习作课例获区优秀展示课例；撰写的教育教学论文均获省一等奖，并分别发表在万方网和龙源期刊网以及国家级和省级刊物上。

也谈如何读懂诗歌

陈凤至

导言： 诗歌鉴赏教学是高中语文教学的重要内容，从课程的设置者到一线教师，没有不重视诗歌鉴赏教学的。但是学生的诗歌鉴赏能力却一直很难提高。为了带领学生读懂诗歌，笔者在教学方法、教学思路上作了一些努力。

有人说，诗歌是文学之母，诗歌鉴赏是文学鉴赏的最高形式，诗歌是培养学生文学趣味和文学素养的最佳媒介之一。所以作为教师，授予学生读懂诗歌的方法是非常必要的。而学生对古诗也有强烈的"读懂"渴望，但高考对古诗鉴赏能力的考查却让许多考生望而生畏。学生们抱怨，都看不懂诗歌，怎么去鉴赏，怎么去喜欢古诗歌。可问题是，教师在语文教学中一直花很多时间、很多心力去教古诗，为何收到的成效却如此小呢？古诗以文言文形式呈现，时代久远，言辞凝练，在字词意义、语法结构、表达习惯上与现代文有很大差别。要读懂，除了要多读，读出语感，还需要掌握一定的读懂古诗的方法。读古诗的效果取决于花在阅读上的努力与技巧。

阅读是有层次的，层次是渐进的。第一层次的阅读，我们称之为基础阅读，在这个层次的阅读中，我们要做的努力就是去弄清楚文本的字面意思，弄懂之后，我们才能试着去了解，努力去体会文本要说的到底是什么。克服了这些困难，通常能让我们读得更加畅快，读得更加深入。

那么，学生要学好古诗鉴赏，就要先读懂古诗写了什么内容。读懂古诗写了什么，需要一定的文言文积累，也需要一定的方法指引。下面，笔者想谈谈读懂古诗的方法。

一、读懂古诗词：如何翻译古诗词

读一首诗词，需要关注诗歌的标题、注释，而诗歌的主体部分应该做到逐句读。读一句诗词，第一步要做的是确定这一句的描述对象是谁；第二步需明确描述对象怎么样了；第三步是整合，把诗句翻译成句。

以杜甫的《绝句二首·其二》为例：

绝 句

江碧鸟逾白，山青花欲燃。

今春看又过，何日是归年？

读第一句"江碧鸟逾白"，先确定这一句的描述对象是"江""鸟"，再明确描述对象"江""鸟"怎么样了，即江水碧绿，水鸟显得更加雪白。最后整合，翻译成句："江水碧绿，水鸟显得更加雪白。"读第二句"山青花欲燃"，先确定描述对象是"山""花"，再明确描述对象"山""花"怎么样了，即山峦青葱，花红得好像要燃烧。最后整合，翻译成句："山峦青葱，花红得好像要燃烧。"

后面两句也是按照这个方法翻译，即"今年春天眼看就要过去，何日才是我归乡的日期？"

这是诗句中可直接找到描述对象的诗，也有一些诗词是不能在诗句中直接找到描述对象的。那么就需要看诗歌的标题、注释还有这一句诗的上下句。例如，陆游的《卜算子·咏梅》：

《卜算子·咏梅》

驿外断桥边，寂寞开无主。已是黄昏独自愁，更著风和雨。

无意苦争春，一任群芳妒。零落成泥碾作尘，只有香如故。

词句中是没有直接出现的描述对象的，但是看标题，就不难确定每一句词的描述对象是"梅花"。

唐朝刘长卿写的《余干旅舍》的首联"摇落暮天迥，青枫霜叶稀"的第一句"摇落暮天迥"的描述对象，需要看它的下一句"青枫霜叶稀"，才能确定是"枫叶"。

翻译诗歌看起来很难，但是若能让学生在积累文言字词的基础上，掌握学生方法，把握一定的翻译技巧，进行自主阅读，这对提高学生鉴赏诗歌的能力有很大的帮助。

二、把握诗歌情感

完成了基础阅读，我们需要进行另一层次的阅读，要开始分析诗歌写这些内容是为什么而写的。而诗歌是抒情言志的，那么，在翻译完诗歌，知道诗歌写了什么内容之后，我们需要把握诗歌的情感。我们把古诗逐句翻译成现代汉语后，再一句句把握情感就不是难事了。比如，《绝句二首·其二》，翻译完前两句后，我们能把握到的情感是诗人对春景的喜爱之情，翻译第三句后把握的情感是诗人对春景已逝的惋惜之情，翻译第四句后把握到的情感是诗人的思乡之情。整合这些情感，我们知道诗人写作这首诗的目的是通过写对春景的喜爱，表达诗人对春景已逝却不得归家的惋惜与诗人的思乡之情。

把握诗歌的情感亦可以通过关注诗歌的重要意象，关注诗歌的情语，关注诗歌的类别。

三、诗歌是如何写这些内容的

翻译诗句，把握情感后，我们还需要进一步思考，这首诗歌用什么样的表达技巧来写这首诗歌。

表达技巧是指诗人表达诗歌的内容所运用的方法。一首诗歌，为了能更好地表情达意，需运用恰当的表达技巧。因此，读懂古诗需要掌握古诗的表达技巧。表达技巧即艺术手法，包括表现手法，即诗人在创作中所运用的各种具体的表现方法。

常见的古诗表达技巧有：

1. 表现手法：想象、联想、类比、象征、烘托、对比、渲染、悬念、反衬、托物言志、铺陈描写、动静相衬、虚实结合、景情合一、借景抒情、情景交融、借古抒怀、借古讽今、用典、铺垫、映衬烘托、欲扬先抑、先声夺人、以小见大、以动写静、正侧面描写相结合等。

2. 修辞手法：比喻、双关、借代、反复、拟人、夸张、对偶、顶真、互文等。

3. 描写手法：动静结合、正侧面描写结合、虚实结合等；

4. 抒情方式：直接抒情、间接抒情，而间接抒情包括借景抒情、寓情于景、情景交融、情景相生、情因景生、以景衬情、融情入景等。

若想辨明诗歌的表达技巧，需要掌握一些常见的表达技巧，也要注意结合具体的语言环境。辨明表达技巧后，要进一步思考技巧运用后的表达效果如何。

总之，教授学生读懂古诗词的方法，提高学生阅读优秀古诗词的能力，逐步提高学生对古诗词语言的感受力，让学生体会中华文化的博大精深，源远流长，从而陶冶学生情操，让学生追求高尚的情趣，提高道德修养。

参考文献：

［1］艾德勒，范多伦．如何阅读一本书［M］．北京：商务印书馆，2014.

［2］陈隆升．语文课堂"学情视角"重构［M］．上海：上海教育出版社，2012．

［3］刘艳．高中文言文的教学研究［D］．济南：山东师范大学，2015．

作者简介

陈凤至，女，广东湛江人，高中语文一级教师，从教十年，始终热爱教育工作，在语文教学和班主任工作中积累了丰富的经验。多年担任学校文学社的指导老师，多次获得写作指导一等奖，指导学生的作文屡次获奖。近年来致力于古诗词教学研究，参加并完成课题"现代教育技术与古诗词鉴赏教学深度融合的实践与研究"。

从创作角度谈诗歌鉴赏及误区

陈 骏

这一阶段笔者正在跟学生讲高三语文的诗歌鉴赏部分，十月二日在学校值班时，遇上阵雨，时急时缓，拍了几张相片，写了一首七律。在此，从创作的过程及学生阅读解理情况，略谈诗歌鉴赏中容易走进的误区及破解方法。

十月二日校园雨中即景

陈 骏

昨夜冰轮昨日风，玉壶倾倒荡长空。

浓云万里遮海日，疏雨千丝润碧松。

积水潭前寻日影，国学廊里听课钟。

学子暂假心不怠，振奋精神紫气东。

诗歌的题目交代了创作的时间和此时下雨的背景。

首联是"起"，上句与标题衔接紧密，点出当年中秋国庆为同一天，及佳节重合的特殊含义。"冰轮"指月亮，寓指中秋佳节皓月当空；"昨日风"则指国庆佳节普天同庆，金风浩荡，喜气满神州。下句意为尽饮美酒，豪情万丈，为祖国祝寿。

颔联为"承"，写当日阵雨频频，"浓云"之处，本拟用更合乎表达习惯的"愁云"，但因此时并不是要写"愁情"，于是更为"浓"字，有意避开见雨说愁的惯性；"遮海日"隐含一份对海上日出光照大地美景的渴望，但因为天气原因，留有一丝遗憾；"润碧松"中的"润"取秋雨润泽大地之意，避免霖雨之苦，四中本无松树，然在韵脚上，以松代各种佳木，是一种保护韵脚的权宜手段。

颈联为"转"，是在前两联写景的基础上转而写人的活动。"寻日影"表现了在假日中没有别的事务时能独处于校园，安静写作的悠闲与惬意；"听课钟"是听到上课的钟声响起，想到学子在校之时的琅琅读书声，虚实结合，表达对校园生活的喜爱。

尾联是"合",回归教师身份和教育工作。勉励身处小长假中的学子不松劲，不懈怠，振奋精神，笃志勤学，为祖国的繁荣发展而努力成才。

学生在试读中存在以下问题：

1. 不懂"冰轮"的意思；

2. 不确定"玉壶倾倒"的含义，误以为是写下雨；

3. 误解颔联、颈联中作者的情感，误以为作者见雨生愁；

4. 对炼字之处缺少探究意识。

给高三学生的一些建议：

1. 要增加对中国文化常识的理解，如对诗歌常用意象进行积累。圆月如轮，冰指色泽，给人清凉纯净之感；玉壶，酒器，以玉为之，实在的理解是"贵重"，比喻的说法则是为了美化。此处可以联想"金樽清酒斗十千，玉盘珍馐直万钱"等与盘盏酒器有关的诗句，帮助理解。

2. 抓住诗歌中所有的蛛丝马迹，读出诗歌的主旨和作者的情感。如"十月二日"这一时间的特殊性、近体诗起承转合的各联内容分工、韵脚的安排和对仗的处理、作者的教师身份和教育态度等。

3. 抓住关键字，深入领会诗歌内涵。诗歌是浓缩的艺术、跳跃的艺术，把浓缩的展开，把跳跃的连接上，就是读诗的过程。通常来说，炼字是在关键句上对动词或形容词进行选择的过程，如"红杏枝头春意闹"中的一个"闹"字，境界全出，便是如此。在此，我建议同学们把检索的范围放大一些，对文字的感知更敏锐一些，去思考作品中的一些用字。如"荡长空"中的"荡"字有什么效果？"浓云"为什么不是"愁云"？"疏雨"为什么用"疏"？"寻日影"中的"寻"有些什么趣味？"听课钟"听到了什么？理解作者情感时，要抓住这些关键字词进行深入解读，不要因为思维惯性而不假思索地贴标签，如不要以为凡是下雨便与愁绪有关。"空阶滴到明""淫雨霏霏"与"疏雨千丝"还是不同的——尤其是还有一个"润"字呢，多美！

4. 调整读诗歌的心态，诗歌不是高高在上遥不可及的"王谢之燕"，而是有血有肉的人之常情，诗人也是人，一样有七情六欲。同学们要大胆对照自己生活的直接经验，积极调用阅读得来的间接经验，去碰撞、揣摩作者彼时的喜怒哀乐，这样就能够读懂诗歌，读懂诗人了。

中学班主任实用语言艺术初探

陈 骏

《史记·平原君虞卿列传》中记载了毛遂自荐的故事，毛遂因为对楚王拖沓难决的助赵抗秦之事一言而决之，迅速促成了赵楚结盟，解决了赵国当时独自抗秦的难题，获得了同行之人"毛先生以三寸不烂之舌，强于百万之师"的高度评价。《战国策·赵策·触龙说赵太后》中，左师触龙虚实并用，主次易位，频设悬念，终于劝得顽固的赵太后答应送子为质，解赵国之急。这些故事深刻地告诉我们一个道理，高质量的语言能够建立良好的人际关系，畅通的表达可以顺利达成表达目的；低质量的语言表达或者辞不达意、不得要领，不仅效率低下，而且令诸事不举，甚至造成严重后果。

语言表达的准确、得体不仅在外交辞令中显得极为重要，在工作、生活中也时时处处体现着不容忽视的重要意义。教师站在三尺讲台上，为学生传道授业解惑。在班主任工作中，要处理各种倏忽而至的难题。语言的艺术性为何重要？如何艺术性地使用语言，才能让我们的班主任工作开展得事半功倍？笔者携多年来对教师（尤其是班主任）语言使用的思考，撰此小文，将些许心得呈现于读者眼前，寄望于对班主任工作有些许帮助，更愿以粗粝方砖，聊引各位同仁之珠玉。

一、当前班主任工作存在的困境

班主任是班级建设的核心角色，组织班级活动、营造班风学风、强化班级凝聚力、打造班级文化、培养优秀学生、处理学生问题、转变问题学生……事无巨细，都与班主任密不可分，而班主任所有的工作过程，以及班主任的性格和能力，都将通过语言表达的方式呈现，其呈现的质量最终将决定所有事情完成的效果。而当前教育环境、教育对象的复杂化——如家长诉求的情绪化和不专业导致的沟通渠道不畅，独生子女的成长环境导致的自我和无他以及学生在各种压力下产生的浮躁和焦虑的情绪，都对班主任的语言呈现提出了更高的要求。

二、班主任语言使用的常见误区

"我本将心向明月，奈何明月照沟渠。"这是不少班主任在教育工作受阻时心怀委屈而发出的慨叹。抱怨之声甚嚣而理性思考式微。有的班主任会觉得"我是为了学生的成长，我受冤枉何其无辜"，我进行的是"良心教育"，"我已经尽力了，至于你不懂，我就没有办法了"，还有人颇具幽默感地说："学生虐我千万遍，我待学生如初恋"。凡此种种，不一而足。面对这些看上去颇有道理的牢骚话，我们确实深感当今教师不易，但其中，又包含着不少因缺少表达意识而适得其反的案例，令人扼腕。比拥有同情和理解更重要的是呼唤教师学习更加专业的教育技能，以高效适应新情况，解决新问题。诚然，时下的教育环境不可谓不困难，时下的教育情况不可谓不复杂，但是，我们总不能因为工作难度高就放弃了对策略的思考、对方法的选择和对技能的提升，更何况，党的十九大报告中对现代教育的深刻论述，为中国教育德育优先的实践提供了充分的理论保证，新时代正在鼓励德育人更有眼光，更有胆略，更有办法，更有成效，社会呼唤德育人高瞻远瞩，摆脱惯性思维，满怀信心地想办法解决问题。

三、班主任语言使用的基本原则

要解决诸多难题，良好的沟通必不可少，而要构建畅通的沟通渠道，建立和谐的人际关系，班主任在语言表达时需遵循以下基本原则。

（一）尊重的原则

在师生交流的语境中，班主任作为"现管"，客观上处于高位，需要从认知和行为层面指导学生进行提升和改变，这种关系比较容易使教师产生居高临下的心理，先入为主，经验至上，作出较为主观的判断，这对顺畅、完整的沟通是极其不利的。班主任要真诚地尊重学生，既尊重其个体的生命存在，也尊重其思想、人格的独立存在，甚至尊重其错误产生的原因，尽量做到教育过程中的同理共情，创设平等的交流环境，引导学生畅所欲言，以达成教育目标。在教师、家长交流的语境中，基于家长的不同情况，教师的尊重体现为两个方面：当面对的家长受教育程度和认知水平较低时，班主任要充分尊重其家长身份，理解其困境，想其所想，循循善诱，发挥主导作用，尽量建议并帮助其解决问题，避免说教；当家长的受教育程度和认知水平较高时，班主任需要对自身职业更有自信，尊重对方也尊重自己，不卑不亢，平等交流。

（二）主动的原则

在解决问题，达成教育目标的过程中，班主任是当仁不让的指挥者，要有意识地总揽全局，有计划有步骤地推进交流过程，掌控交流的节奏，对可能出现的突发情况多作预判和准备，做到运筹帷幄，从容应对，切忌在交流中拱手交出主动权，成为情绪的"俘虏"，或者是向局面妥协而无能为力。解决问题总是有难度的，有时难免会陷入僵局，班主任要积极寻找不同的思考角度，主动打破僵局，创造解决问题的更好机会。

（三）学习的原则

要想让交流的对象愿意听取你的意见，表达的内容至关重要。而能说什么，取决于你知晓什么，了解什么。教师之所以在教育学生上优于家长，一个重要的原因是绝大多数教师都有在师范院校学习的经历，掌握了一些较为专业的知识（大多数家长的教育经验都是在自学的环境中摸索和积累的），但班主任切不可因此而自满，在工作的岗位上，要始终保持学习的状态，学习专业理论知识，向经验丰富的同事学习，向社会学习，让自己的专业更加精深，让自己的眼界更加广阔，让自己更懂得社会的发展，更能理解时下家长的需要和学生的特点，这些东西是师范院校不能够为我们提供的。只有在实践中不断充电，才能让我们自己成为一个真正的教育专家；只有储备充足，才能提升教育话语的含金量，从而从容应对、妥善解决教育过程中发生的各种突发状况。

（四）聆听的原则

在沟通的环境中，大多数人都更愿意选择主动陈述自己的观点，以期在沟通中获得主动，殊不知耐心聆听比急于表达更有价值。班主任要对亟待处理的问题进行准确定性，寻找恰当的解决策略，根据表达对象调整表达方式，谋求表达中逻辑的严密性，这些都只有在获得全面信息的基础上才能高质量地做到，这就要求班主任在解决问题之时放平心态，认真聆听，积极收集有效信息并进行现场处理，谋定而后动，力求一语中的，严谨深刻，完成表达的任务。

四、新时代班主任语言实用技巧

如果把基本原则理解为交流沟通必须遵循的"道"，那接下来所谈的使用技巧，就是提高表达效率具体可操作的"技"，一家之言，未必全面和准确，抛砖引玉，以引起读者的思考和补充。

（一）区分对象，进入角色

班主任工作的交流对象主要有两类：学生和家长。虽然教师本身的身份并没有发生改变，但与学生（未成年人）交流和与家长（成年人）交流的话语方式却是大不相同的。在学生面前，班主任拥有较为权威的地位，更要注意避免先入为主，居高临下，要积极运用心理学知识，同理共情，耐心引导。面对问题学生的家长，班主任要选择以朋友的角色向家长客观反映情况，委婉提出建议，共同商讨对策，引导家长学习和接受教育心理学的相关知识，避免诉苦和告状式的见面。无论是面对学生还是家长，班主任都要有意识地在倾听者和引导者的身份之间适时切换，才能掌握谈话的方向和节奏，提高沟通效能。

（二）选择场合，创设语境

班主任与学生、家长谈话，习惯上会选择班主任办公室，这是一个顺理成章的选择，可以解决大多数问题，但有些对象，有些问题，在交流场合的选择上还需要更细致的考虑。有的学生比较敏感，在办公室进行郑重其事的谈话，有可能加大其心理压力，建议选择其他一些更为轻松的交流环境，如走廊、校道、操场等地方，不着痕迹，悄然达到交流目的。有些学生心理脆弱，情绪容易激动，而谈话又有可能涉及敏感话题，则更要把谈话的安全性纳入考虑范围，选择一楼或有安全护栏的地方进行谈话。应清理谈话环境中可能对人造成伤害的利器，谈话过程中要关注学生情绪的变化，确保无虞。除非万不得已，尽量不在公开场合（如当着全班同学的面）批评某个同学，以保护其自尊心，为后续工作留有余地。

在交流的过程中，开门见山，直奔主题固然可以，适当铺垫也必不可少，先聊一些跟核心事件没有直接关系的话，有利于缓和气氛，营造环境，建立较为顺畅的沟通渠道。另外，表达的距离虽然是细节，但对于设定谈话基调，保证进程的可控性是很重要的，多数老师会选择较近距离，因为促膝而谈能给人以亲近感、信任感，但对于一些反复犯错的学生和不太友好的家长，适度拉开距离也是一个不错的选择，通过距离的拉大传递教师的情绪和态度，引导谈话对象产生一种缩短距离的愿望，有利于教师获得谈话的主动权。

（三）巧用委婉，得体明确

要构建亲切、友好的沟通环境，表达方式至关重要。虽然交流本身有丰富的要求，但亲和力仍然是主流，因此通过选择恰当的表达方式，构建良好关系是交流的宗旨，作为沟通过程的主导者和沟通结果的期待者，班主任要加强语气意识和句式意识，以声裹情，表达关怀、理解、包容、希望等积极情感，不要贸然对事情定性，要多征求对方的意见，引导讨论和意见的发表，语气上应多商量少命令，多信任少质疑，多尊重少指斥，句式上多用疑问句，慎用反问句，在友好的气氛中解决问题。

班主任在谈话之前，要对事件的来龙去脉了解清楚，掌握尽量翔实的材料，态度鲜明，以做到对沟通过程的有效把控，切忌道听途说、一知半解和言不及义，在表达过程中描述事件和提出建议都要清晰明确，不能模棱两可，含糊混沌，否则一来影响表达的效果，使对方难以明白你的意图，二来表达不清晰容易被对方轻视，影响教师表达的权威性。

（四）切中要点，简明扼要

逻辑性是衡量一个人思维水平高低的标准，无论交流对象是学生还是家长，严密的逻辑性都是班主任需要努力追求的，言简意赅，切中肯綮，不仅容易让对方迅速理解表达的意图，提高交流效率，而且有利于树立教师的专业形象。为此，班主任要像备课一样，对谈话过程作好充分准备，对谈话的要点做到心中有数，层次清晰，脉络分明，尽量避免长篇大论，坚决杜绝冗言赘语。对于大多数人说话都有的口头禅，班主任在表达中要尽量避免。对于一些表达欲较强的家长，班主任还要学会在确定已经掌握其表达意图的时候适时打断，争取双方谈话内容的简洁，以保证整个谈话过程的效率和效果。

（五）善用修辞，方式灵活

目的明确、直截了当是简洁而有效率的一种表达方式，但更多时候，我们还要学会一些说话的策略。当直截了当不太容易让人接受时，迂回就是对受话人情绪的保护；当表达目的容易引起对方反感时，不妨将主要意图后置，使之隐藏于其他容易接受的要点之间，不着痕迹地巧妙达成，这几乎接近于外交辞令的高度了，读者不妨尝试。对于一些比较不容易理解的概念或者理论，班主任要努力做到深入浅出，或者打比方，或者举例子，使之鲜活生动，易于理解，切忌故弄玄虚，不顾受话人的感受。在时代迅猛发展、新词新句频出的今天，班主任也应该了解新词新句及其渊源，必要的时候巧用新词，可以拉近谈话双方的关系，使谈话更轻松，更和谐，但不建议随波逐流、不分场合地滥用。

（六）节奏多变，掌握主动

控制说与不说、停与连、快与慢，是表达的又一层境界。多数表达者更愿意迅速地率先完成自己的表达任务，而忽视了对方的接受程度和表达意愿，导致抢话说并难以达成共识的被动局面。面对这样的局面，班主任要主动想办法掌握主动权，推动谈话进程，保证谈话效果。对预料中一气呵成的内容不妨有所保留，说与不说之间，如写文章时悬念的设置，或者是绘画留白的效果，反而能让对方产生听的愿望。慢速的表达能体现说话者字斟句酌的慎重和对事情本身的重视程度，使受话人也不能对谈话过程掉以轻心，与班主任共同促进表达效果，更有利于解决问题，达成共识。有时我们可以鼓励家长来主导讨论过程，但主动权依然要牢牢掌握在班主任的手中，不可拱手交出。

（七）调整呼吸，修饰声音

声音是思想的物质外壳，好的声音能助力表达效果，但绝大多数师范院校没有教给学生此项技能。因为专业性较强，此处仅作简单提要，以引起老师们的重视，让老师们产生学习的兴趣。通常我们的呼吸是较浅的胸式呼吸，不易产生共鸣，声音单薄，声带使用较多，容易劳损，老师们要尝试呼吸得深一些，做到胸腹式呼吸，发声的时候声带更松弛一些，把位置放低，从而产生胸腔共鸣，使声音更厚实，富有磁性，让人更愿意接近和接受。而且，科学的呼吸和发声能让老师们尽量远离咽喉疾病，此处不赘述。

总之，只有树立把话说好、把事办成的表达目标，以负责任的态度完成每一次交流，才能不断提升我们的口头表达能力和沟通能力，使之更具艺术性，更能辅助我们做好班主任工作。

朗诵指引篇

中小学朗诵课堂现状简析

陈 骏

"我们的校园窗明几净，校园中回荡着琅琅读书声。"这是众多学子在描写校园的时候都会写到的美好情景，尤其是"琅琅读书声"，似乎是学校的标配。然而，细究起来，这"琅琅读书声"除了传递出"读书"的信息，还包含着其他一些别的什么信息吗？它是否也在提醒着我们，朗读的课堂应该注意些什么吗？

整齐划一的朗读，固然能成为校园的一道风景，但对学生来说，他们究竟能收获些什么？学生对作品的情感理解了吗？对作品的思想把握了吗？学生的朗读符合文章的需要吗？面对这一连串的问题，我们需要更进一步地思考，我们的教师能够及时准确地给学生朗读进行指导吗？经年累月的朗读，是否能使学生形成良好的语言习惯和语言能力呢？

在多次日常听课、观摩课、示范课、研讨课中，笔者发现，中小学语文课堂朗诵指导存在着以下问题：

1. 部分语文教师只负责布置朗读任务，没有进行相应的反馈指导；

2. 部分语文教师一味地要求学生整齐响亮地朗读，忽视了作品的情感需要；

3. 部分语文教师对学生朗读的评价停留在"好""真棒"等笼统、简单的层面；

4. 大部分语文教师不对作品进行范读，原因是不能、不敢或者不愿；

5. 部分语文教师能对作品进行范读但效果不理想，自身朗诵能力不过关；

6. 部分语文教师虽然普通话标准或比较标准，但不懂得朗诵的基本要求，未形成朗诵的基本能力，课文朗诵表情达意的能力较弱，未能创造美并引导学生欣赏美；

7. 部分语文教师不能够调用多种朗诵形式，调动学生学习的积极性；

8. 极少数语文教师能够在课堂上从容范读，并指出学生朗读的优缺点，有层次、有目的地对学生进行逐层指导。

对湛江一些学校语文教师的调查发现，普通话水平达到二级甲等的人数还不是很多，拥有该等级的教师至少还算不上普遍，达到一级乙等的更是凤毛麟角。在近两年的湛江市中小学教师普通话大赛中，在闯入市一级总决赛的选手中，朗诵能力真正过关的，依然是少之又少，约为10%。近日笔者受邀执评江西省抚州市朗读说课比赛，教师表现虽然略好，但依然不容乐观。甚至与英文的朗读相比，汉语的朗读处于劣势。中学生乃至大学生会担心自己的英语口语不过关，不能通过英语考试中的口语环节，或者怕影响自己将来出国留学，从而努力练习英语口语，语文的朗读却因为没有纳入考核机制而备受轻视。

2007年，湛江市曾尝试在语文中考中设立普通话口语表达板块，连续三年时间，处在方言区的广大初中生之间形成了认真说好普通话的良好氛围，这一做法后来因为某些原因而停止，非常遗憾。在教育改革如火如荼的今天，朗读教学未受到应有的重视依然是不争的事实，当今的语文课堂，"重文轻语"成为极为普遍的现象。想一想，作为一个中国人，说不好自己国家的通用语，是一件多么尴尬甚至荒唐的现象！近年来，虽然全国各地掀起了经典诵读的热潮，但这基本上还是一个让学校中的语言尖子学生获得提升的"专利"，也是担任此项教学任务的教师年复一年独立承担的重负。而且，老师们组织学生进行这些训练，还要受制于家长和班主任的态度，这样的语言环境、语言氛围，直接导致从基础教育中走出来的毕业生，其表达能力低成为一种普遍现象——这种说法是基于朗诵最终服务于说话，服务于培养良好语感的理念。

2019年11月底，本工作室承担了湛江市乡村语文教师诵读能力提升班的培训任务，虽然培训只是历时3日，但200多位教师的学习热情却令人感动，尤其是一些教师，未能纳入培训名单，自掏腰包解决吃住也要参加培训，这越发令人感到教师们对这项能力需要的迫切性。培训结束后，培训群一直保留，教师们持续地在群内打卡学习，研习氛围浓厚，进步明显，朗诵的种子在各所乡村小学悄然播撒。

基于以上举例与分析，本工作室愿意在偏僻的角落，以微弱的声音喊出坚定的声响，以富于情怀的坚持吸纳更多的同行者持续加入，期待最终能形成一股洪流，能在更大的范围内为中小学生培养良好语感、形成良好语言习惯、提升有声语言驾驭能力而服务。

走进朗诵艺术的殿堂

——语文教师朗诵艺术学习指津

陈　骏

　　在课堂上，作为语文教师，我们需要有过硬的朗诵技能来诠释作品的意义与情感，需要一定的理论知识来指导学生提高朗诵能力；在课后，我们需要辅导学生参加各种经典诵读比赛，或者自己参加一些诗文朗诵和演讲活动。可见，语言的运用于我们而言，几乎是无处不在的，而朗诵，就是成就我们优质语言表达的重要途径。一位语文教师如果主动亲近朗诵艺术，他的课堂语言一定是丰富而生动的。如果因为不擅长而不喜欢，不喜欢而心生抵触，暗自排斥，他的课堂语言极有可能是苍白的、扁平的。因此，语文教师学习朗诵不仅是重要的，而且也是必要的。

　　那么，什么是朗诵呢？朗诵，就是用清晰、响亮的声音，结合各种语言手段来完善地表达出作品思想感情的一种语言艺术。"清晰"指的是声音的良好听感，就是不能含混模糊，要让人听得清楚，这要求的是合理的口腔开合齐撮和唇齿贴合度；"响亮"指的是声音的大小，这需要朗诵者根据受众的距离来控制自己的音量，让人容易听到朗诵者的声音。当然了，过响的声音也是不提倡的，因为那不仅会失去美感，还会让听者感到难受。

　　不少人分不清朗诵与演讲的区别，出现用朗诵的语言状态进行演讲的情况，以为这样演讲能够声情并茂，打动听众。其实，这也是不对的。朗诵是艺术性的语言创造，是用艺术的有声语言处理文学作品并进行二次创作，从而打动、感染听众的过程；而演讲，是实用性的语言运用，是向受众宣讲自己的观点、主张，从而获得受众认同的过程，需要更平实和真诚。当然有些演讲涉及感人事例，叙述中感情更加饱满则是恰当的。朗诵与演讲，既相互区别，又互相渗透，呈现怎样的语言状态，既由表达的目的、性质决定，也与具体的表达内容密切相关。

　　通过朗诵的实践，我们不仅能传承优秀文化、培育高尚情怀，还能提升生命质量、追求高雅气质，在朗诵艺术的学习中，我们要注意以下几个方面。

一、说好普通话

作为语文教师，普通话至少要达到二级甲等的水平，否则在朗诵和说话的时候就会有比较多的错误，这对于课文范读是不利的，因此，语文教师有责任也有必要努力提高普通话水平，重点解决受方言影响而产生错误的问题，学习一些普通话的专门知识，从发音位置、发音方法两个方面去努力使自己的普通话变得标准，通过大量的朗读练习，平时多进行标准和较为标准的普通话交流，力求达到表达的流畅，使朗诵获得较为坚实的基础。

除了普通话较为标准的区域外，无论南方还是北方，前后鼻音、平翘舌多为说普通话错误量较大的地方。除此以外，各地方言的影响也各具特色，如陕西、甘肃、新疆的鼻韵归韵问题，湖南、湖北、四川的鼻音边音混淆问题，广东、福建的舌根唇齿混淆问题，闽南方言（包括雷州话、潮汕话）的开口度问题等等。知晓了问题之所在，有针对性地予以解决，提高普通话的水平并不困难。

例如，下面这段文字：

在浩瀚无垠的沙漠里，有一片美丽的绿洲，绿洲里藏着一颗闪光的珍珠。这颗珍珠就是敦煌莫高窟。它坐落在我国甘肃省敦煌市三危山和鸣沙山的怀抱中。

鸣沙山东麓是平均高度为十七米的崖壁。在一千六百多米长的崖壁上，凿有大小洞窟七百余个，形成了规模宏伟的石窟群。其中四百九十二个洞窟中，共有彩色塑像两千一百余尊，各种壁画共四万五千多平方米。莫高窟是我国古代无数艺术匠师留给人类的珍贵文化遗产。

莫高窟的彩塑，每一尊都是一件精美的艺术品。最大的有九层楼那么高，最小的还不如一个手掌大。这些彩塑个性鲜明，神态各异。有慈眉善目的菩萨，有威风凛凛的天王，还有强壮勇猛的力士……

莫高窟壁画的内容丰富多彩，有的是描绘古代劳动人民打猎、捕鱼、耕田、收割的情景，有的是描绘人们奏乐、舞蹈、演杂技的场面，还有的是描绘大自然的美丽风光。其中最引人注目的是飞天。壁画上的飞天，有的臂挎花篮，采摘鲜花；有的反弹琵琶，轻拨银弦；有的倒悬身子，自天而降；有的彩带飘拂，漫天遨游；有的舒展着双臂，翩翩起舞。看着这些精美动人的壁画，就像走进了灿烂辉煌的艺术殿堂。

这是普通话测试中的一段朗读短文，就第一自然段（共 68 个音节），带翘舌音的词语就有沙漠、绿洲、藏着、闪光、珍珠、这颗、就是、甘肃省、敦煌市、三危山、鸣沙山、怀抱中共 13 个（次），带平舌音的词语有藏着、坐落、甘肃、三危山 4 个，不计重复累计共 15 个音节词语，如果发音问题不予解决，朗诵的质量一定会受到严重影响。所以，优先解决普遍问题，努力说好普通话，是保证朗诵质量的第一要义。

二、打造优美声音

学习呼吸和说话，让教师们在常年工作的讲台上讲得美、讲得不累，是师范生应该学习却缺失的一门课程。目前的现状是，新教师登上讲台，由于用嗓过度或用嗓不当，3～5 年时间，多数教师都会患上慢性咽炎，严重的会出现声带息肉和小结，声音嘶哑，声带长期不适。那么如何解决这个问题，补上这必修的一课呢？那就要让我们学习科学的发声方法，好好说话，既美化自己的声音，让学生听着舒服，又保护自己的声带，让健康常伴一线教师。

首先要说明的是，声带是我们的一个器官，与其他器官一样，用得多了，损伤、老化是难以避免的，学习科学的使用方法，并不能完全避免这种损伤和老化，而且这种损伤是不可逆的。因此要保护我们宝贵的声带，休养是最根本的方法，要避免大声呼叫的说话方式，学会温和说话；要避免喋喋不休地过度用嗓，能省着用的时候一定要省着用。在这个基础之上，我们才能谈科学地发声。

好听的声音有共同的特点，那就是悦耳、松弛、共鸣充分。如果我们用声波来描述声音，好听的声音是乐音，它的波纹起伏是有规律的，区间是稳定的，波形是圆润的，如好听的歌声就是如此；不好听的声音是噪音，它的波纹起伏变化剧烈，区间不稳，波形尖锐，如电锯的声音、手指甲挠玻璃的声音等等。

人们总是容易羡慕那些拥有好声音的人，而对自己的声音缺少信心。其实，每个人的声音都是可以变得好听的，之所以暂时还不够好听，也许是因为呼吸方式不合理，或发音位置不恰当，或说话的方式需要调整，下面我们就从三个方面来解决这些问题。

（一）调整呼吸，保证支撑

要想让自己的声音优美，掌握正确的呼吸方法是基础。这样说可能有的老师会感到纳闷，呼吸不是我们自出生伊始就拥有的本能吗？不会呼吸，人不是早就憋死了吗？带着这个问题，我们来了解一下呼吸的不同状态。

生活中的呼吸，通常是浅缘式呼吸，又叫胸式呼吸，打个比方，就像是夏天小狗喘气，短而急，在这种状态下，我们的肺没有充分展开，肺泡没有被空气充满，气息的贮存处于不太饱满的状态，朗诵的时候，容易出现声音苍白、单薄、孱弱和上气不接下气的情况。

对朗诵而言，正确的呼吸方式是胸腹联合式呼吸（在生活中经常这样训练，对身体机能的提高也是有好处的）。胸腹联合式呼吸是指胸、腹都参与运动，使胸廓、膈肌及腹部肌肉控制呼吸的能力得到合作的一种呼吸方式。这种呼吸方式训练的关键在于对膈肌的间接性调控。

吸气时，口鼻进气，吸到肺底，两肋打开，小腹控制渐强，腹壁"站定"。

呼气时，保持小腹收紧感，以牵制膈肌和两肋，随着气流呼出，小腹逐渐有控制地放松，膈肌和两肋逐渐恢复自然。

简单地说，就是要用深吸缓呼的方式训练呼吸。吸气的时候，仿佛在嗅一朵自己最喜欢的花朵，贪婪地想把所有的香气都吸到自己的肺里去，胀满全身，这个时候，你会感受到胸腔的饱满、肺的舒张，甚至感受到横膈膜①在明显下沉，感受到前所未有的充实。吸满了气，接下来要把它呼出去，呼气的过程要缓慢、平稳，感受控制，不能一泄如注，训练时，我们可以把手指立在嘴前方 10~15 厘米处，把嘴唇撮紧撮圆，把气息细而不弱地送到指尖，让指尖感受凉意，这就像是在吹一支蜡烛，使得烛焰摇晃而不灭，呼气的状态要保持 10~20 秒，甚至更长时间，循序渐进，逐渐提高对气息的控制能力。要达到这个效果，口腔肌肉的配合和腹肌、肋间肌的协同用力必不可少。

（二）调整位置，感受松弛

通常来说，没有经过训练的人，受方言和情绪的影响，发音的位置不容易固定和控制，显得随意，总体上，发音位置偏高比较普遍，在这个位置上发声，不容易获得充分共鸣，声音容易紧，声带容易累，不能发出理想的声音。

因此，把发音位置略微放低一些，兴许就能听到自己不一样的声音了。具体的做法是：手按胸部，长声地发低音"啊"，寻找胸腔共鸣，体会发哪一段声音时胸腔震动强烈，然后在这一段位置上加强练习。一般而言，较低且柔和的声音易产生胸腔共鸣。再说简单一点儿，就是感受自己叹气的位置——想象一天劳累之后，回到家中，整个人很松弛地躺在沙发上，然后深吸一口气，"唉——"叹出去，此时，这个位置就是松弛的，是能获得良好气息支撑和胸腔共鸣的最佳位置。要特别强调的是，我们是把声音"放"到这个位置，而不是"压"到这个位置，"压喉"是错误的发声方式，会显得做作和紧张。

---

① 通俗地理解，横膈膜是胸腔和腹腔之间的分隔，它位于心脏和双侧肺脏的下面，肝脏、脾脏、胃的上方，就像一个大圆盘平放在身体内部，分隔了胸腔和腹腔，它随着呼吸运动而上下运动，能帮助肺呼吸，通过收张帮助肺呼出和吸入气体。

（三）调整状态，学习方法

吐字发音的状态有积极与消极之分，科学的吐字发音讲究四个字：提、打、挺、松。

提，指的是提颧肌，将附着在颧骨上的肌肉往上提起来，似乎比较抽象并且难以控制，但如果你把它理解为微笑，一切就简单多了，在吐字之前，让自己保持微笑的表情，面部肌肉就被调动起来了（当然并不是在说话、朗诵的全过程保持微笑，过程中的表情由文本的具体内容而定，我们鼓励出现变化），发出来的声音就会积极和悦耳多了。

打，指的是开牙关，意思是在说话的时候全面而充分地打开口腔，使声音容易在口腔中获得尽可能大的共鸣空间，容易更加清晰地向外发送，在此状态下口腔也更容易与胸腔连通，以保持气息的贯通。其要领是拉开后槽牙间距，改变口腔形状（纵向打开）；唇齿贴近，提高声音明亮度；嘴角微微上抬，消除消极音色。

挺，指的是挺软腭，挺软腭的目的是尽量打开口腔后部，扩大共鸣腔，"挺软腭"是初学者们比较难领会的要求，简单地说，就是预备打哈欠的口腔形态。

松，指的是松下巴，有人也许会觉得奇怪，朗诵跟下巴还有什么关系吗？其实，松下巴也是为了避免口腔不当闭合而造成共鸣腔缩小，以使声音获得充分共鸣，避免出现挤压感。

经常训练并努力做到以上三个方面的要求，我们的声音距离优美就不远了。

作为朗诵者（或者普通的说话者），我们还必须强化一个意识：为自己的声音负责，好好说话。声音由我们的嘴巴发出，传到别人的耳朵，让别人听到我们的声音而不难受，是我们应有的责任；让自己的声音对别人造成伤害，是缺少声音意识的表现。发声者应该让受众轻而易举地听到、听清自己的声音，听懂自己的意思。另外，我们还应该认识到，说话不仅是声带的事儿，还是一次全身的运动，用身体说话，仿佛带着大音箱，站着说话比坐着说话更容易达到以上要求。

三、准确理解文本

（一）正确理解文本的意思

以其昏昏，使人昭昭，可乎？要想成功完成朗诵这个二次创作的艺术过程，必须正确理解文本的意思，如果朗诵者对作品的理解是一知半解的，甚至是有失偏颇的，那朗诵注定是要失败的。缺失了对文意的理解，哪怕拥有再优美的嗓音、精湛的朗诵技巧，也只能打造出糊弄外行的劣质作品，是不值得推崇的。文本理解"正确"，包括点的正确与面的正确。

点的正确是指对作品中重点词句的正确理解。如《诗经·卫风·氓》的开篇一句"氓之蚩蚩，抱布贸丝"中，"蚩蚩"有两种解释：一种是"憨厚的样子"；一种是"笑嘻嘻的样子"。大多数教师在上课的时候只是告诉学生有这两种解释，但很少进一步探究两种不同的解释意味着怎样的情节走向。如果是"笑嘻嘻的样子"，那么氓这个人物的举止轻浮油滑跃然纸上，用情不专，始乱终弃，从故事情节和人物性格上来说就是一以贯之的；如果是"憨厚的样子"，则这个故事对爱情的忠诚、人性的变迁的拷问要严厉得多，从最初的忠厚追求到婚后对待妻子的残忍无情，其社会悲剧性就要深重得多了。

面的正确是指对整篇作品的正确理解。如宋玉《登徒子好色赋》，宋玉通过对比，向楚王陈说自己"不好色"，是正人君子，但偏有人一看文章标题，就望文生义地把它当作一篇诲淫诲盗的文章而排斥它。还有一些现代的朦胧诗，本着知人论世的原则，从总体上把握诗意，也是至关重要的。

（二）准确表达文本的情感

朗诵之美，在于用优美的声音表达作品的情感，想要将作品的情感表达得丰富、恰当、耐人寻味，唤起听者共鸣，带人步入美好的艺术殿堂，需从以下几个方面去处理情感。

1. 确定感情的基调

这是对感情的基本处理，掌握住作品基本的喜怒哀乐，使朗诵在情感的处理上不出现错误，例如，不要快乐地朗诵《陈情表》，不要柔情地朗诵《将进酒》，不要悲伤地朗诵《雪花的快乐》，等等。

2. 细分感情的差异

有了基本类型的把握，只能做到"不错"，但还未必能做到"好"，要想真做得好，就要在细微之处寻变化。例如，我们可以把作品的情感分为"七情"：

喜——大喜过望、心中窃喜、喜不自胜……

怒——怒不可遏、心头震怒、怒发冲冠……

哀——哀痛欲绝、唉声叹气、哀而不伤……

惧——不寒而栗、大惊失色、胆丧心惊……

爱——大爱无疆、爱不释手、柔情蜜意……

恶——神憎鬼厌、爱憎分明、深恶痛绝……

欲——欲壑难填、利欲熏心、贪得无厌……

其中，既有类型上的差异，也有程度上的不同。只有反复品咂作品，才能有更准确的把握，才能从"不错"抵达"好"的高度。

3. 自由想象，还原画面

有了对作品情感的理解，我们还需要用声音对其进行诠释，而在朗诵的时候，朗诵者脑海中是一行行的文字，还是一幅幅的画面，其效果是大不相同的，前者很容易与听众产生隔阂，后者能把听众带入作品。因此，朗诵者需主动地进行想象，把文字还原成画面，还原成生活场景，才能让自己的朗诵富有画面感，才能走进人心里去。

以叶芝的《当你老了》为例：

当你老了，头发白了，睡思昏沉，
炉火旁打盹，请取下这部诗歌，
慢慢读，回想你过去眼神的柔和，
回想它们昔日浓重的阴影；

多少人爱你青春欢畅的时辰，
爱慕你的美丽，假意和真心，
只有一个人爱你那朝圣者的灵魂，
爱你衰老了的脸上痛苦的皱纹；

垂下头来，在红火闪耀的炉子旁，
凄然地轻轻诉说那爱情的消逝，
在头顶上的山上它缓缓踱着步子，
在一群星星中间隐藏着脸庞。

这是一首特别锻炼想象力的诗歌，诗人为表达自己对女友的忠贞不渝的爱情，在时间的轴线上大做文章，进行了新颖奇特的想象，分明是眼前像鲜花一样娇艳的年轻女性，却在数十年之后容颜衰老，睡思昏沉，而尽管到了暮年，诗人对女友的爱却无丝毫衰减，这是多么动人的一份爱情，而老妇人在炉火前打盹，又是一幅多么温馨的画面。理解了这一点，朗诵者大可走进画中，慢慢端详画中的点点滴滴，娓娓道来，朗诵便如泉水一般流入人的心田。

4. 以情驭声，以声裹情

有的人吐字发声，热情饱满，有的人声音苍白，无情冷漠，关键就在于朗诵者自我状态的准备。发声之前，朗诵者要让自己主动进入作品的情境，与作品同频共振，以有感情的状态发声，用声音把饱满的情感带入作品之中，只有这样，才能让声音富有情感，才能更好地打动听众。

（三）体现朗诵的思想内涵

1. 深入读解作品思想

有些作品，浅显易懂，这自然是容易把握的，有些则不然，作者蕴含于其中的思想层次颇多并富有深度，需要抽丝剥茧，逐层深入地把作品吃透，惯性思维的想当然和浅尝辄止都是容易出错的，需要静下心来细读文字，还需要查阅资料，真正读懂作者。以海子的《面朝大海，春暖花开》为例：

> 从明天起，做一个幸福的人
> 喂马、劈柴，周游世界
> 从明天起，关心粮食和蔬菜
> 我有一所房子，面朝大海，春暖花开
>
> 从明天起，和每一个亲人通信
> 告诉他们我的幸福
> 那幸福的闪电告诉我的
> 我将告诉每一个人
>
> 给每一条河每一座山取一个温暖的名字
> 陌生人，我也为你祝福
> 愿你有一个灿烂的前程
> 愿你有情人终成眷属
> 愿你在尘世获得幸福
> 我只愿面朝大海，春暖花开

对这个作品，我们需要追问一个问题：这首诗，应该处理得平安喜乐，春暖花开，还是体现出生命末路的悲伤痛苦？有人看到了诗歌中美好的祝愿，幸福的生活，于是把它处理成对世外桃源生活的向往与追求；有人看到了本诗创作的背景，了解到诗人海子的生命即将走到尽头，于是把它处理得无比痛楚。

带着这个问题，我们走进海子的人生，走进海子1988年的青海、西藏之行，去揣摩藏民的"天梯"与铁轨之间的神秘关系；我们走进海子对生命的理解，去反复呲摸

"倾心死亡"是对艺术和生命怎样的一种哲学理解；我们走进像海子一样的特殊生命对生命形态的理解，想到在撒哈拉用一只丝袜结束自己的三毛，我们甚至可以想到庄子鼓盆而歌和他与惠子的一番对话，由此我们可以去怀疑，用世俗的痛苦与欢乐去理解、评价这个作品，会不会偏颇？会不会狭隘？会不会流于表面不得要领？有了怀疑，思考也才有了向深处推进的可能。

海子毫无疑问是热爱生命的，这与他的自杀并不相悖——追求一种更高质量的生命状态成为他的内心最强烈的渴望，也许应该将其理解为更高层次的热爱，这是高于满足于"活着"的一份热爱；海子毫无疑问是热爱生活的——他诗中唯美的意象为世人所钟情说明了这一切；海子毫无疑问是痛苦的——对生命、生活理想境界的追求和求而不得的巨大矛盾是深刻痛苦的根源；海子的死亡是充满象征意义的——当一切美好只能成为精神的幻象，像天梯一样的铁轨就成了通往另一世界的窄窄通道。

2. 形成稳定价值判断

作为教师，要养成在生活中时时处处思考的习惯，逐渐形成自己稳定的价值评判，并在此基础上提升读解，组合、辨别、合理取舍作品的能力。

例如，网络诗人阿紫的诗歌《英雄》，立意在于对"英雄"含义理解的传承上，其中涉及战争年代、建设年代，喊出了每一个人只要在祖国需要、人民需要的时候勇敢向前，就是真正的英雄时代的最强音。我校在编写学生朗诵作品的时候，主体上选用了这首诗，又在开篇加入了《黍离》和《无衣》的片段，让英雄的精神更有渊源，也更有层次，朗诵作品就变得丰富和完整了，节选如下：

> 彼黍离离，彼稷之苗。
> 行迈靡靡，中心摇摇。
> 知我者，谓我心忧；
> 不知我者，谓我何求。
> 悠悠苍天，此何人哉？
>
> 岂曰无衣？与子同袍。
> 王于兴师，修我戈矛，与子同仇！
> 岂曰无衣？与子同泽。
> 王于兴师，修我矛戟，与子偕作！
> 岂曰无衣？与子同裳。
> 王于兴师，修我甲兵，与子偕行！
> 当你翻开书本

认识"英雄"两个字
你会想到什么

当你站在纪念碑前
读到"英雄"两个字
你会看到什么

你会想到
一把血淋淋的刺刀
挑开家门
那个用胸膛
护住你的兄长吗

你会看到
生养你的土地
被掠夺、被瓜分、被奴役、被践踏
那些誓死
也要捍卫每寸国土的中华儿女吗

3. 碰撞中激发学生思考

在中小学生中建立文化自信，诵读经典是必不可少的重要内容，但中华传统文化的经典作品，由于时代的变迁、作者的局限，有一些并不完全适合教给学生，教师要用自己的思想，去碰撞学生的思想，引导学生进行思考，学会辨别。如《弟子规·入则孝》中：

父母呼　应勿缓　父母命　行勿懒
父母教　须敬听　父母责　须顺承
冬则温　夏则凊　晨则省　昏则定
出必告　反必面　居有常　业无变
事虽小　勿擅为　苟擅为　子道亏
物虽小　勿私藏　苟私藏　亲心伤
亲所好　力为具　亲所恶　谨为去
身有伤　贻亲忧　德有伤　贻亲羞

亲爱我　孝何难　亲憎我　孝方贤
亲有过　谏使更　怡吾色　柔吾声
谏不入　悦复谏　号泣随　挞无怨
亲有疾　药先尝　昼夜侍　不离床
丧三年　常悲咽　居处变　酒肉绝
丧尽礼　祭尽诚　事死者　如事生

"父母责　须顺承"是正确的吗？当父母亲明显有错误的时候，孩子能不能合理表达自己的意见呢？"号泣随　挞无怨"，现代家庭教育中，责打的方式是不是应该被循循善诱取代了呢？"亲有疾　药先尝"是不是不太符合科学道理？"丧三年　常悲咽　事死者　如事生"，守丧三年的风俗早已没有了吧？在父母活着的时候孝敬不是比在身后隆重地办理丧事更有意义吗？

再如毕淑敏的《我很重要》：

我们的生命，端坐于概率垒就的金字塔的顶端。面对大自然的鬼斧神工，我们还有权利和资格说我不重要吗？

对于我们的父母，我们永远是不可重复的孤本。无论他们有多少儿女，我们都是独特的一个。

假如我不存在了，他们就空留一份慈爱，在风中蛛丝般飘荡。

假如我生了病，他们的心就会皱缩成石块，无数次向上苍祈祷我的康复，甚至愿灾痛以十倍的烈度降临于他们自身，以换取我的平安。

我的每一滴成功，都如同经过放大镜，进入他们的瞳孔，摄入他们心底。

假如我们先他们而去，他们的白发会从日出垂到日暮，他们的泪水会使太平洋为之涨潮。面对这无法承载的亲情，我们还敢说我不重要吗？

这是粤教版高中语文的第一课，它除了是一篇值得我们学习写作技法的优秀散文之外，还有没有其他更重要的意义呢？回答当然是肯定的，那就是生命教育！懂得生命产生的偶然性，懂得这一程生命的可贵，才会有发自内心的珍惜，尤其是在现代社会巨大的教育压力下，引导学生珍惜生命不仅重要，而且刻不容缓。教师利用这些经典作品，带领学生挖掘其深刻的思想内涵，引导学生筑牢健康向上的生命观，是怎样大的一份功勋！有了这个深度的认识，朗诵者的声音就充满了智慧的特征，它深入人心的能力甚至超越任何技巧。

四、掌握基本技巧

在语音、声音、文本的基础上，朗诵者还需要主动学习一些朗诵的基本技巧并积极调用，才能让自己的朗诵富有艺术张力，更有效地感染人、打动人，创作出优秀的朗诵作品。这些基本技巧主要包括高低、快慢、轻重、停连、虚实。

（一）高低

"高低"指的是人因为情绪的起伏，声音出现的高低变化。例如，人在兴奋、激动的时候音调高，悲痛、哀伤的时候音调低。

如《雷雨》中，鲁侍萍看到周萍打鲁大海的时候，心情激动，说："你是萍……凭什么打我的儿子？"既激动又矛盾，声音高起，然后略回落。

再如李清照的词《声声慢》，这是历经人生苦难的词人在生命的暮年发出的慨叹，声音是极低沉的。而且也只有懂得了词人的生平、阅历、情感、思想之后，控制出来的低沉才会有内涵，有灵魂。

当然，这是一种常规的表现，特殊情况也是有的，如兴奋又极力控制情绪，或者悲伤到了极处，情感难以控制，也会出现相反的情况。

（二）快慢

语速是指朗读或说话时每个音节的长短及音节之间连接的紧松。朗读各种文章时，要正确地表现各种不同的生活现象和人们不同的思想感情，就必须采取与之相适应的不同的朗读速度。在朗诵中根据内容不同而选择不同的语速，快慢相间，能使朗诵具有良好的节奏感。决定语速的因素大致有以下五种：

（1）不同的场面。急剧变化发展的场面宜快读；平静、严肃的场面宜慢读。

（2）不同的心情。紧张、焦急、慌乱、热烈、欢畅的心情宜快读；沉重、悲痛、缅怀、悼念、失望的心情宜慢读。

（3）不同的谈话方式。辩论、争吵、急呼宜快读；闲谈、絮语宜慢读。

（4）不同的叙述方式。作者的抨击、斥责、控诉、雄辩宜快读；一般的记叙、说明、追忆宜中速读或慢读。

（5）不同的人物性格。年轻、机警、泼辣的人物的言语、动作宜快读；年老、稳重、迟钝的人物的言语、动作宜慢读。

（三）轻重

词有重音，朗读一个词的时候，除轻声词以外，其他双音节词都应念为中重音，这样能使词语平稳，句子平稳；朗读一个句子的时候，因为某些词语充当句子的某些成分，会获得重音，这叫语法重音；因为有不同的表达、强调需要，而将某些词语处理为重音，这叫逻辑重音。出于表情达意的根本需要，朗诵中逻辑重音的作用显得更加重要。

如：<u>明天</u>我要去北京。（重音放在"明天"上，强调时间，不是后天，也不是今天）

明天<u>我</u>要去北京。（重音放在"我"上，强调人物，是我，不是别人）

明天我要去<u>北京</u>。（重音放在"北京"上，强调地点，是去北京，不是去别的地方）

朗诵者必须从文章到句段，全面理解文意，才能判断出词语的轻重读法。

（四）停连

朗诵是需要连贯的，连贯的朗诵给人以行云流水的感觉，但在连贯中出现了停顿，朗诵就有了变化，有了吸引听众注意力的艺术张力。

停顿分为语法停顿、逻辑停顿和换气停顿三种。

语法停顿是需要朗诵者关注标点符号的要求，在有点号的位置进行停顿，顿号最短，逗号次之，分号再次之，句号、叹号和问号是句末点号，停顿最长。语法停顿虽然简单，但在实际朗读中，也是初学者容易忽略的问题。

逻辑停顿则是在需要强调的词语后进行停顿，使之获得突出的位置，加以强调。例如：这里就是1935年中国工农红军长征时走过的地方，红军叫它"水草地"。这句中的"这里""它"后面需要停顿，以强调要说明的地方。

在朗诵中，恰当地使用停顿，能使句子的逻辑重点更突出，使听众易于理解，有时候甚至能起到类似于美术中"飞白"的效果，于无声处包含巨大的信息量，此时无声胜有声。停与连是一组相对的关系，辩证、巧妙地使用，才能收到更好的艺术效果。

如《蜀道难》中"连峰去天不盈尺，枯松倒挂倚绝壁。飞湍瀑流争喧豗，砯崖转石万壑雷"四句，前两句之间按逗号停顿，后两句之间则建议打破停顿，一气呵成，这样朗诵的节奏就出现了变化，景物由静到动的转换，蜀道艰险的塑造也就顺利完成了。古代诗歌中的排律和现代诗歌中一些结构非常整齐的作品（如王怀让的《人民万岁》），也可以在停连的处理上打破常规，更灵活巧妙一些，使朗诵更富有变化，更具有生命力。

换气停顿是基于生理需要而进行的一种停顿，短句中依标点符号位置停顿并及时换气，出现在长句中的时候要注意位置的合理性，要把停顿位置放到成分之间、短语或词语之间，不能放在成分、短语和词语的内部，以免破句。

（五）虚实

根据发音时声带的状态，声音可以分为虚实两种。实声是声带较为紧密靠拢时发出的声音，声音高亢明亮；虚声是声带较为松弛，声门适度开启时发出的声音，声音低微无力。

实声宜用来传递确定无疑的信息，塑造权威形象，新闻播音，说明文、议论文的朗读。客观事实的叙述，强烈情感的抒发，一般使用实声。如鲁迅先生的《中国人失掉自信力了吗》，就适合用实声进行朗诵：

> 从公开的文字上看起来：两年以前，我们总自夸着"地大物博"，是事实；不久就不再自夸了，只希望着国联，也是事实；现在是既不夸自己，也不信国联，改为一味求神拜佛，怀古伤今了——却也是事实。
>
> 于是有人慨叹曰：中国人失掉自信力了。
>
> 如果单据这一点现象而论，自信其实是早就失掉了的。先前信"地"，信"物"，后来信"国联"，都没有相信过"自己"。假使这也算一种"信"，那也只能说中国人曾经有过"他信力"，自从对国联失望之后，便把这他信力都失掉了。

朗读虚声是相对于实声而言的，在一些特定的语言环境下，恰当地运用虚声会取得更加生动形象的效果，给听众一种身临其境、更加真实的感受。例如，表达叹息、细柔、沉思、深切、梦幻、陶醉、喃喃细语、耳语、内心独白、悄悄话、衰弱等情状，创设宁静的环境，表达浓厚的感情，都可以选择虚声。如朱自清先生的《梅雨潭的绿》，比较适合用虚声进行朗诵：

> 梅雨潭闪闪的绿色招引着我们；我们开始追捉她那离合的神光了。揪着草，攀着乱石，小心探身下去，又鞠躬过了一个石穹门，便到了汪汪一碧的潭边了。瀑布在襟袖之间；但我的心中已没有瀑布了。我的心随潭水的绿而摇荡。那醉人的绿呀！仿佛一张极大的荷叶铺着，满是奇异的绿呀。我想张开两臂抱住她；但这是怎样一个妄想呀。——站在水边，望到那面，居然觉着有些远呢！这平铺着、厚积着的绿，着实可爱。她松松的皱缬着，像少妇拖着的裙幅；她滑滑的明亮着，像涂了"明油"一般，有鸡蛋清那样软，那样嫩；她又不杂些儿尘滓，宛然一块温润的碧玉，只清清的一色——但你却看不透她！我曾见过北京什刹海拂地的绿杨，脱不了鹅黄的底子，似乎太淡

了。我又曾见过杭州虎跑寺近旁高峻而深密的"绿壁",丛叠着无穷的碧草与绿叶的,那又似乎太浓了。

由此可见,朗诵不同的作品,需要选择不同的声音状态,虚声虽然有其独特的表达效果,但是并不意味着朗诵者在朗诵中可以一味地使用虚声,或者过于依赖虚声,而忽略了实声的作用。如果不坚持适度原则,那么虚声不仅起不到其应有的表达效果,而且会影响整体的表达质量。也就是说,在进行表达时,必须注意虚实相结合,恰当地使用虚声。实声和虚声会起到不同的表达效果,实声饱满明亮,富有力度,通常用于朴实的叙述;虚声委婉柔和,有明显的气息变化,更加适合发自内心的情感表达。虚实结合的精髓就在于两者的完美结合,避免由于过度使用实声而给人带来的生硬乏味的感觉,同时也要注意不能过度依赖虚声,否则会显得虚情假意,绵软无力。两个极端都会严重影响表达效果。

总而言之,在朗诵中,我们要在充分理解文本的基础上,积极调用各种朗诵技巧,使朗诵富于变化。必须牢记,有变化的朗诵才能吸引观(听)众,变化要合理、自然。

五、合成完整作品

当我们能够比较顺利地完成一些作品的朗诵,对作品进行较为成功的二次创作后,我们可以做进一步的尝试——自己登台或指导学生登台,创作出一个完整的朗诵作品,在舞台上,我们需要注意以下要点。

(一)眼神

基于对作品理解的眼神是有内涵的,这个时候,朗诵者融入作品,进行积极表达,眼神中包含着朗诵者的喜怒哀乐,深刻的思想,对作品画面的描绘,能够成为声音的有效辅助,引领观众,共同进入作品的意境中去。如果朗诵者脑海中浮现的仍然只是文字而不是鲜活的场景,则眼神会显得空洞(比如背书时的状态),不能传神。

(二)手势和体态

手势和体态也是朗诵中的辅助性语言,初上舞台者往往对自己不太有信心,出现动作预设僵硬或者仓促随意的情况,这是要避免的。手势是对语言表达的一种补充和助力,是一种有声语言,其基本要求是:

(1)手势的自然与一致。需要的时候才出现手势,手势与语言融为一体,不要强行添加、机械使用,也不要做了一半就收起来了。手势与眼神要保持一致,简单地说就是要指哪儿看哪儿，不要出现手眼隔断的情况，特殊情况（对着观众用第三人称朗诵，尤其是指斥的情况）除外。

（2）体态的端庄、稳重与整饬。进行朗诵训练，不仅是声音、情感的训练，还是体态的训练，这无论是对教师还是学生，都是很有用的，可以使一个人显得更有精气神。在舞台上朗诵者要注意自己的站姿，站有站相，挺拔得体，做到端庄稳重，切忌东倒西歪，重心不稳。通过一番训练，整体形象会有明显的提升，显得整饬美观。

（三）服装

作为日常朗诵练习及体验，服装方面当然没有什么特别的要求，但如果是参加比赛或者进行展示，则需要有一定的考虑。总体来说，要做到得体、大方、具有舞台感。具体来说，色彩要与作品内涵保持一致，在此基础上明亮一些的颜色视觉效果会更好些，能避免沉闷。舞台服装区别于生活服装，要讲求一定的舞台效果，但朗诵与歌舞还是有区别的，要把握适度的原则，不宜过分夸张。另外，有明显轮廓的服装更有利于为朗诵者塑形。

（四）音乐

当朗诵需要配上音乐的时候，要考虑音乐与文本的感情基调要相吻合，节奏尽量保持一致，音乐作为朗诵的背景存在，不宜太强而导致喧宾夺主，有条件的，可以选择一些稍微小众一点儿的音乐，避免观众对音乐过于熟悉。

（五）舞台调度与造型

现在的朗诵展示或比赛，要求既好听，又好看，舞台的调度与造型就不可或缺了，在指导学生进行排练的时候，往往需要请舞蹈老师进行指导，以达到生动灵活的艺术效果。在这个过程中，要明确一个要点，那就是一切的辅助性手段都是为朗诵服务的，作品朗诵的质量才是朗诵者核心实力的体现，切忌把一个朗诵作品变成歌舞作品，以免喧宾夺主、本末倒置。

总而言之，优秀的朗诵作品，是摆脱平淡富有变化的，是摆脱造作回归自然的，是全方位展示朗诵者的能力和风采的。作为语文教师（或者是朗诵爱好者），要有意识地积累一些有难度的作品，以增加本人读解文本的能力和文字修养的厚度。语文教师最好能从试卷和教科书中走出来，走进生活，热情创作，用写作的经验促进读的能力，同时也促进自己教学能力的提高，知行合一，体验朗诵的快乐，在诠释美、创造美的尝试中与学生共同前进，提升自我，为祖国发展、社会进步培养高素质的建设人才。

读出柔情与母爱

——《你是人间的四月天》诵读指导

陈 骏

我说你是人间的四月天；
笑响点亮了四面风；轻灵
在春的光艳中交舞着变。

你是四月早天里的云烟，
黄昏吹着风的软，星子在
无意中闪，细雨点洒在花前。

那轻，那娉婷，你是，鲜妍
百花的冠冕你戴着，你是
天真，庄严，你是夜夜的月圆。

雪化后那片鹅黄，你像；新鲜
初放芽的绿，你是；柔嫩喜悦
水光浮动着你梦期待中白莲。

你是一树一树的花开，是燕
在梁间呢喃，——你是爱，是暖，
是希望，你是人间的四月天！

对于林徽因的这首诗，很多人是存在着误解的，不少人把它当成了林薇因写给徐志摩的一首情诗来理解。对于此诗还有另一种解读，有人认为这是林徽因为自己的儿子而作的。以爱的基调来演绎这个作品，毫无疑问是可以做到八九不离十的，然而细究起来，情侣之爱与母子之爱毕竟还是大相径庭的，无论是身份还是感情类型，都有着明显的差异，如果定位不准确，很可能将作品处理得似是而非。

情侣之爱，表现为依依不舍，眷恋缠绵，是成年人之间的一种感情，朗诵者蕴存于心的情愫，是相爱、相知和相守，是心灵之间的应和，是一种相互之间的关系，虽然通常也选择虚声来处理，但情感内核与母亲对孩子的爱是大相径庭的。《爱的艺术》中曾说，父亲、母亲对孩子的爱是不一样的，父亲的爱是"因为你像我，所以我爱你"，是一种基因传承的有条件的爱，而母亲的爱是"因为你是我的孩子，所以我爱你"，这种爱是无条件的，尤其是对于婴孩，这种爱是可以没有任何边界和限制的，通常表现为单向的付出和给予，甚至说是"宠溺"也毫不为过。由于不求回报，这种感情会显得更加纯净。

从诗歌意象上来说，作者的选择也是别具匠心的。

首先，从整体上看。"人间四月天"，就是一个值得玩味品读的意象，从时间节点上说，这几乎是一个最可爱的时令了，冬寒已去，夏暑未至，万物复苏，万象更新，令人心情舒畅。在这个大背景下发生的一切事情，都值得爱恋。

接下来，诗人向我们呈上一幅美好的画卷：春日的清风，伴随着婴孩的轻笑，春天的细雨滋润着花蕊，黄昏渐至，天上的星星逐渐明亮起来。值得注意的是，诗人并没有使用"星斗"而使用"星子"，因为"斗"开口度大，字音响亮，会打破一份宁静；没有说"满天繁星"，却说"无意中闪"，尽力营造一种细小、温馨、柔和的意境，这些与抒情对象的特征是高度一致的。母亲对婴孩的关注、欣赏和宠爱，都是在这种氛围中展开的。诗人把婴孩比作了"雪花后的鹅黄""新鲜初放芽的绿"，这些喻体的特征是有共性的，那就是柔嫩、纯洁，充满生机，这不就是对初生的婴孩最贴切的比喻吗？婴孩的笑意是轻巧的，婴孩的笑声是清脆的，婴孩的姿容是惹人怜爱的。

综上所述，在朗诵《你是人间的四月天》这首诗时，宜选择虚声处理，微笑浮现，口腔打开，松开下巴，增加共鸣，心中蕴蓄对婴孩浓浓的爱意，让声音更柔和，节奏更舒缓，才能朗诵出这首诗的神韵。

读出童真与乡情
——《走月亮》诵读指导

陈　骏

秋天的夜晚，月亮升起来了，从洱海那边升起来了。

是在洱海里淘洗过吗？月盘是那样明亮，月光是那样柔和，月亮照亮了高高的点苍山，照亮了村头的大青树，也照亮了，照亮了村间的大道和小路……

这时候，阿妈喜欢牵着我，在洒满月光的小路上走着。走啊走，啊，我和阿妈走月亮！

细细的流水，流着山草和野花的香味，流着月光。灰白色的鹅卵石，布满河床。呦，卵石间有多少可爱的小水塘啊，每个小水塘，都抱着一个月亮！哦，阿妈，白天你在溪里洗衣裳，而我，用树叶作小船，运载许多新鲜的花瓣……哦，阿妈，我们到溪边去吧，我们去看看小水塘，看看水塘里的月亮，看看我采过野花的地方。

啊，我和阿妈走月亮！

村道已经修补过，坑坑洼洼的地方，已经填上碎石和新土。就要收庄稼了，收庄稼前，要把道路修一修，补一补，这是村里的风俗。秋虫唱着，夜鸟拍打着翅膀，鱼儿跃出水面，泼剌声里银光一闪……从果园那边飘来了果子的甜香。是雪梨，还是火把梨？还是紫葡萄？都有，月光下，在坡头上那片果园里，这些好吃的果子挂满枝头。沟水汩汩，很满意的响着。是啊，旁边就是它浇灌过的田地。在这片地里我们种过油菜，种过蚕豆。我在豆田里找过兔草。我把蒲公英吹得飞啊，飞，飞得好高。收了豆，栽上水稻，看，沉甸甸的，稻穗低着头。现在稻谷就要成熟了，稻田像一片月光镀亮的银毯。哦，阿妈，我们到田埂上去吧！你不是说中秋节放假了，阿爸就要回来了吗？我们用哪一塘新谷招待阿爸呢？

啊，我和阿妈走月亮。

有时，阿妈给我讲月亮的故事，讲古老的传说；有时，却什么也不讲，只是静静地走着，走着。阿妈温暖的手拉着我，我嗅得见阿妈身上的气息。走过月亮闪闪的溪岸，走过石拱桥；走过月影团团果园，走过庄稼地和菜地……啊，我在仰起脸看阿妈的时候，我突然看见，美丽的月亮牵着那些闪闪烁烁的小星星，好像在天上走着走着……

多美的夜晚啊，我和阿妈走月亮！

之所以选择《走月亮》来举例分析，首先是因为作品所写的苍山、洱海景色优美，是每一个云南人的骄傲。作者吴然是云南的本土作家，这让同为云南人的笔者很是感兴趣，也更愿意深入作品中感受那一份浓浓的乡土之情。这对于朗诵一个作品而言，是难得的积极状态，老师、同学们可以在其他的方面去寻找共鸣，把朗诵状态尽可能地调整得更为积极，这对于释放压力、演绎作品是很有帮助的。

产生共鸣，只是朗诵之前的准备工作，认真研读文本，读懂作者蕴蓄其中的情感，才是处理好作品的关键。

"走月亮"是一种民俗。这种民俗是充满生活情趣，甚至是充满诗意的，是在都市中奔波的人们很向往的生活图景。朗读这个作品，不仅能再现作品的纯净之美，情味之美，更是让心灵得到憩息的一个难得的机会。

在作品中，我们看到的是，月圆之夜，母女二人相携出门，漫步于苍山之脚，洱海之畔，在山水之间，在朦胧的夜色之中，尽情享受月色，在潺潺的流水声里，自由放飞思绪。要营造这种如诗如画、如梦如幻的意境，还是需要让声音更空灵一些，采用虚声比较合适。

在这个作品的朗诵过程中，有一个难点，我曾与朋友一起讨论过，那就是这篇散文是从小女孩的视角来写的，是选择小女孩的角色进行演绎，松弛自然即可。朋友的建议是模仿童音，这对笔者来说是比较困难的，因为成年男子模仿小女孩的声音，几乎是不可能的，极有可能弄巧成拙，给人以拿腔作调的滑稽感。于是笔者坚持以男声演绎，但避免强硬的实音出现，把重点放在营造文章的诗画意境上（当然，小女孩的童真、稚气的语气还是要尽量去表现的）。还有一层，毕竟作者也是男性，其抒情感受本来也是男性的，小女孩的角色、语言只不过是他在创作之时进入的一个情境而已，简而言之，就是男性说女性的话，成人说孩子的话，这固然是有比较成功的例子，但是否熨帖得难以替换，则是另一个问题了。如果要举例子来分辨的话，朱自清"我要掬你为眼"是男性说的，徐志摩"是夕阳中的新娘"是男性说的，李清照"知否，知否，应是绿肥红瘦"是女性说的，都具有不可替代性。

读出顽皮与温馨
——《金色花》诵读指导

陈 骏

假如我变成了一朵金色花，只为了好玩，长在那树的高枝上，笑哈哈地在风中摇摆，又在新生的树叶上跳舞，妈妈，你会认识我么？

你要是叫道："孩子，你在哪里呀？"我暗暗地在那里匿笑，却一声儿不响。

我要悄悄地开放花瓣儿，看着你工作。

当你沐浴后，湿发披在两肩，穿过金色花的林阴，走到你做祷告的小庭院时，你会嗅到这花的香气，却不知道这香气是从我身上来的。

当你吃过中饭，坐在窗前读《罗摩衍那》，那棵树的阴影落在你的头发与膝上时，我便要投我的小小的影子在你的书页上，正投在你所读的地方。

但是你会猜得出这就是你孩子的小影子么？

当你黄昏时拿了灯到牛棚里去，我便要突然地再落到地上来，又成了你的孩子，求你讲个故事给我听。

"你到哪里去了，你这坏孩子？"

"我不告诉你，妈妈。"这就是你同我那时所要说的话了。

《金色花》篇幅短小，而意蕴丰赡，这是泰戈尔散文诗集《新月集》中的代表作。写的是一个假想——"假如我变成了一朵金色花"（首句），由此生发想象——一个神奇的儿童与他母亲捉迷藏，构成一幅耐人寻味的画面，表现家庭之爱，表现人类天性的美好与圣洁。这样一幅画面，可以从各种角度进行观照，揣摩出各种不同的意味。

乍一看，在我们面前展现的是一幅儿童嬉戏的画面，画面的中心人物是"我"——一个机灵可爱的孩子。"我"突发奇想，变成一朵金色花，一天时间里与妈妈三次嬉戏。第一次嬉戏是在母亲祷告时，悄悄地开放花瓣散发香气；第二次嬉戏是在母亲读《罗摩衍那》时，将影子投在母亲所读的书页上；第三次嬉戏是在母亲拿了灯去牛棚时，突然跳到母亲跟前，恢复原形。"我""失踪"一天，却始终与母亲在一起。"我"天真稚气，却藏着自己的秘密，惟有母亲不知道，最后母亲问"到哪里去了"，"我"说"我不告诉你"，这是得意而善意的"说谎"。细味之，"我"的奇特行为深藏着对母亲的依恋：散发出香气是暗中对母亲表示依恋；将影子投在母亲所读的书页上，是替母亲遮阳，也是暗中对母亲表示依恋。总之，"我"是在以儿童特有的方式表现对母亲的感情。

作品虽短，但是有完整的情节，情节发展有波澜。人物在情节的发展中各显现其性格："我"是天真活泼、机灵"诡谲"的，又是天生善良的；母亲是沉静的、虔诚的，也是善良的、慈爱的。善良、善意，是母子两人性格表现的主旋律，而"我"的"诡谲"与母亲的"受骗"则与主旋律"不和谐"，产生一些微妙的变化，创造出浓浓的意趣。

品读至此，我们已经领略到了该诗丰富、有趣的诗味。然而，泰戈尔创设诗意若仅限于此，那就不是大文豪泰戈尔了。泰戈尔高于普通诗人之处，正在于他能在普通诗人的感觉和思路止步的地方还向前、向深处更进一步，进入妙悟的境地，进入"入神"的境界。正如古人所说："诗而入神，至矣，尽矣，蔑以加矣。"（严羽《沧浪诗话》）。如果我们对《金色花》向更深更远处探究，我们会有更惊奇的发现。

在我们面前展现的，原来又是一幅神灵显形的画面。画面的中心仍是"我"——一个活泼可爱的小精灵。这个小精灵有着无所不能的神性。它一动意念，就变成了一朵金色花。金色花，是印度圣树上开着的花，诗人吟咏此花，本来就含有对神的虔敬，创造了一种宗教氛围（母亲是一个虔诚的宗教徒，保持着一种沉静、安详的性格，也给诗作带来了些许宗教氛围）。小精灵可以忽上忽下，随意摇摆，随意跳舞，随意开花，随意散发芬芳。最后一动意念，又变成人了。它有无限的自由，绝非人间肉身凡胎可以比拟。当然它不光有神的能耐，也有神的品性，那就是如上文所述的善与爱。这种善与爱既然出自小神灵——来自高风绝尘的天国世界的小神灵，也就具有神秘性和崇高性。从这个角度来解读，我们可以更深入地理解诗作的主题，以及诗人的思想感情，这就是颂神。原来诗人宣扬的是富有宗教意义的爱——最高尚、最纯洁的爱。宗教感情提升了诗的感情，宗教思想提升了诗作的主题。

这后一幅画面的意味更值得重视。一般人只能实实在在地写儿童对母亲的嬉闹和亲热，只有泰戈尔才能写出人格化的神灵的行迹与心理，而且写得如同行云流水一般地轻灵、巧妙、自然。他写出了东方诗、东方文化的神秘与蕴藉。在这点上，他的诗也与西方诗大不一样。西方诗坛尽管在历史上也曾受宗教思想、宗教情感的影响，但在进入现代社会以后，这种思想感情已经逐渐淡化、疏远了，很少有见到哪位著名诗人像泰戈尔这种痴迷地信神，并以颂神作为诗歌创作的一个主题的。因为泰戈尔生活在一个曾以佛教为国教的国度中，他是东方文化培养出来的诗人。遍观泰戈尔散文诗，可以处处感觉到浓厚的、神秘的宗教气氛。诗中经常出现神灵的"一鳞半爪"，虽然不点明神灵的名字，但"你""他""她"等指示代词通常明示或暗示着被敬颂的神灵。因此可以说，颂神是泰戈尔诗歌创作的基本母题，也是《金色花》的深层主题。

我们当然可以仅从凡间、凡俗的主题来解读这首诗，但那样毕竟流于浅俗，而且与泰戈尔诗作原有的意义期待不甚切合。如果我们借助对宗教情感、宗教思想的体认来解读，作品的意义将变得深宏，庶几能把捉诗人的情感与理念。

有了以上这些理解，我们在朗诵这首诗的时候，就有条件充分地体会角色形象、性格，把小小孩童的顽皮和对母亲的依恋、爱惜表现到位，再融入一些小小的神秘色彩，意境就很美好了。朗诵时声音宜轻柔和缓，富有弹性，从而全面塑造性格，营造情境。

读出忧伤与彷徨
——《雨巷》诵读指导

陈 骏

撑着油纸伞，独自
彷徨在悠长、悠长
又寂寥的雨巷，
我希望逢着
一个丁香一样地
结着愁怨的姑娘。

她是有
丁香一样的颜色，
丁香一样的芬芳，
丁香一样的忧愁，
在雨中哀怨，
哀怨又彷徨。

她彷徨在这寂寥的雨巷，
撑着油纸伞
像我一样，
像我一样地
默默彳亍着，
冷漠，凄清，又惆怅。
她静默地走近
走近，又投出
太息一般的眼光，

她飘过
像梦一般的，
像梦一般地凄婉迷茫。

像梦中飘过
一枝丁香地，
我身旁飘过这女郎；
她静默地远了，远了，
到了颓圮的篱墙，
走近这雨巷。

在雨的哀曲里，
消了她的颜色，
散了她的芬芳，
消散了，甚至她的
太息般的眼光，
丁香般的惆怅。

撑着油纸伞，独自
彷徨在悠长，悠长
又寂寥的雨巷，
我希望飘过
一个丁香一样地
结着愁怨的姑娘。

　　戴望舒的诗深得中国古典诗词中婉约诗风的遗韵，又受到法国象征诗派的影响，因而他的早期诗作总体上表现出孤独、抑郁和消沉的特点。《雨巷》就是这样。这首诗写的是梅雨季节江南小巷中的一个场景。细雨蒙蒙中，"我"怀着一种落寞、惆怅的情绪和一丝微茫的希望，撑着油纸伞在悠长寂寥的小巷中踽踽独行。

　　"我希望逢着/一个丁香一样的/结着愁怨的姑娘。"果然，梦幻般的姑娘出现了。她有着"丁香一样的颜色""丁香一样的芬芳""丁香一样的忧愁"，像"我"一样撑着油纸伞，"彷徨在这寂寥的雨巷"中。走近时，"我"看到她是那样地哀怨、忧愁，投出的目光"像梦一般的凄婉迷茫"。她并没有停下来，而是"像梦中飘过/一枝丁香"一般，飘过"我"的身旁。姑娘最终消失在雨巷尽头"颓圮的篱墙"边。雨巷里又只剩下"我"一个人，孤独地行着，继续渺茫地希望着、期待着……

这首诗写得既实又虚，朦胧恍惚。"我"似乎有着满腹的心事，无限的烦忧，但又不愿明说，或者是说不出来。"我"似乎在期待什么、追求什么，而期待和追求的目标又显得那样遥远而渺茫。"她"出现了，这或许是在幻觉中，或者是真的，但"她"的出现是那样地快，逝去也那样地快，一刹那间擦肩而过，消失在前方，"像梦一般的凄婉迷茫"。"我"只有自怨自艾，自悲自叹。诗中的"姑娘"，我们可以认为是实指，是诗人心中期待已久的美丽、高洁而忧郁的姑娘。但我们也可以把这位"姑娘"当作诗人心中朦胧的理想和追求，代表了诗人陷入人生苦闷时，对未来渺茫的憧憬。

朗诵这首诗的时候，把握诗人的情感基调和情感的起伏变化至关重要。开口之前，需将整首诗的意境蕴蓄于心中，淡淡地开启，带着忧伤和惆怅，节奏宜缓慢。雨巷是"寂寥"的，而"我"希望逢着的，是像丁香一样的，结着愁怨的姑娘。丁香花的花语是纯洁的初恋，它其实不只有一种花语，也有等待爱情、青春欢乐之意。在此处，与姑娘相结合，则理解为对爱情的期待是顺理成章的事情，然而令人费解的是，这梦中祈愿的姑娘，为什么是"结着愁怨"的呢？阳光的、明媚的、欢乐的不好么？然而，这也许是我们普通人的愿望，对诗人而言，由其性格、际遇决定审美情趣，让他更希望有一个忧伤的姑娘相伴左右。

第二节到第三节，诗人任由着自己的情感发展开来，姑娘的形象发展到"哀怨"和"彷徨"，这比"愁怨"的程度要更深了，而"彳亍""冷漠""凄清""惆怅"则使这种形象更进一层。第四、第五节中，姑娘渐行渐远，我们要不由得怨恨诗人的残忍了，因为他竟然让女郎走过"颓圮的篱墙"。第六、第七节中，"在雨的哀曲里，消了她的颜色，散了她的芬芳"，这虽然只是姑娘的远去与消失，但在时空再现的可能性上来说，这与香消玉殒却是并无二致的，因为姑娘再不会出现，再不会重来了！这不免会让我们心痛，也许是代替诗人心痛！这一层心痛，正是我们朗诵时处理情感的高潮。

高潮过后，姑娘离去，留给诗人的，仍然是一个空寂的雨巷，诗人情感的波澜渐渐平息，但却绝不平淡，在照应首节的环形结构中，余波暗涌，余韵徐歇。

在整首诗的朗诵中，声音须得到气息的有力支撑，饱满而不孱弱，丰富而不苍白，感情拿捏到位，切忌用力过猛，使声音脱离气息支撑，破坏诗歌的意境。

读出深沉与炽烈
——《我爱这土地》诵读指导

陈　骏

假如我是一只鸟，

我也应该用嘶哑的喉咙歌唱：

这被暴风雨所打击着的土地，

这永远汹涌着我们的悲愤的河流，

这无止息地吹刮着的激怒的风，

和那来自林间的无比温柔的黎明……

——然后我死了，

连羽毛也腐烂在土地里面。

为什么我的眼里常含泪水？

因为我对这土地爱得深沉……

艾青的诗作，因为其饱满的情感，独特的意象，历来为朗诵者所钟爱，而这首全诗仅有108字的《我爱这土地》，将爆发凝于蕴藉，将炽烈寓于静默，更是引起了无数读者的共鸣。

本诗以"假如"开头，这个头开得突兀、新奇，有凝神沉思之感。诗中的"鸟"是泛指，是共名，它不像历代诗人所反复咏唱的杜鹃、鹧鸪那样，稍一点染，即具有一种天然的特殊的情味和意蕴，而是全靠作者在无所依傍的情况下作出新的艺术追求。再则，诗中特地亮出"嘶哑的喉咙"，也和古典诗词中栖枝的黄莺、啼血的杜鹃、冲天的白鹭等大异其趣，它纯粹是抗战初期悲壮的时代氛围对于作者的影响所致，同时也是这位"悲哀的诗人"（作者自称）所具有的特殊气质和个性的深情流露。

诗的首句集中展现了作者对土地的一片赤诚之爱。在个体生命的短暂、渺小与大地生命的博大、永恒之间，作者为了表达自己对土地最真挚、深沉的爱，把自己想象成"一只鸟",永远不知疲倦地围绕着祖国大地飞翔。全诗表现出一种忧郁的感情特色,这种忧郁是对灾难深重的祖国爱得深沉的内在感情的自然流露,它源自民族的苦难,因而格外动人。这里有深刻的忧患意识,有博大的历史襟怀,有浓烈的爱国真情。这种忧郁表现在两点:其一,强烈的抒情色彩。这首诗可以说是作者的自白。作者采用了直接的抒情方式,来表达自己对土地的感情。它像誓词一样严肃,又像血一样庄严,十分强烈,震撼人心。诗人用了四行象征性的诗句,来概括"我"的使命。这四句诗并没有具体所指,但它们以更形象、更广泛的泛指性,扩大加深了这使命的内涵。作者所深深爱着的这土地,正在经历着一场历史的大搏斗,大变革。人民在奋起,民族在觉醒,"无比温柔的黎明"已经可望了……作者作为"一只鸟",就要为这一伟大的时代歌唱。其二,写实和象征交织。作者用写实和象征的手法,描绘了一组鲜明的诗歌意象,分别赋予"大地""河流""风""黎明"等意象不同的象征和暗示意味。但作者对祖国的"黎明"也抱有乐观的信念,作了美妙的抒写。

这首诗在抒情上不断地强化自己的感情,以便久久地拨动心弦。此诗偏以"假如"开头,这是第一层强化。谁不知道鸟声优美清脆,此诗偏以"嘶哑"相形容,这是第二层强化。光有这两层强化还不够,于是诗中接连出现了所歌唱的对象:土地、河流、风、黎明。特别值得注意的是,作者在描写这些对象时达到了穷形尽相、淋漓酣畅的地步,充分体现了这位自由体诗人的艺术特色。写诗多半是忌用或少用"的"字的,因为"的"字一多,拖泥带水,冲淡了诗味。作者艾青则不然,他敢于用由一系列"的"字组成的长句来抒发缠绵而深沉的感情,喜欢在所描写的对象前面加上大量的形容词和修饰语,以展现对象的神采风貌,形成一种特殊的立体感和雕塑感,这是作者艾青的自由诗创作不同于其他自由诗作者(如田间)的一个重要特色。《我爱这土地》这首诗也不例外,且看诗人在"土地""河流""风""黎明"这样的中心词语前面特意加上的"悲愤的""激烈的""温柔的"等许多修饰语,就可窥见其中的奥秘了。以上所说的这些描摹土地、河流等景观的长句,可说是第三层强化。正当为作者不断的歌唱的顽强的生命力所折服所吸引时,诗篇却陡然来了一个大的转折,一个破折号之后突出"我死了",让身躯肥沃土地。于是,生前和死后,形成了强烈的对比,而在这强烈的对比和反差中一以贯之的乃是"鸟"对土地的执着的爱,这便是生于斯、歌于斯、葬于斯,念兹在兹,至死不渝。

朗诵这首诗歌,朗诵者自然而然地要倾尽全力,与诗人同气共情,但需要特别注意以下几个对比鲜明的关键之处。一是对"嘶哑"的处理,朗诵者要在充分理解诗作的基础上对声音进行处理,呈现疲惫、嘶哑但战斗不息的状态;二是接下来几个句子充满爆发力的句子的表现,"暴风雨打击土地""汹涌悲愤的河流""吹刮着的激怒的风"要将对祖国苦难命运的痛心推向高潮;三是情感的瞬间转换,"无比温柔的黎明",

要诵出满腔的柔情，诵出诗人对祖国未来永不熄灭的希望；四是对短句"然后我死了"的处理，这个句子没有任何修饰与雕琢，却在情感的强烈起伏之后回归平静，这种平静是对所有斗争过程的涵纳，是为争取祖国的解放献出生命的心甘情愿无怨无悔，此刻的死亡，是一切理想得以实现的前奏，是对祖国忠诚以报的铮铮誓言，没有呼喊，却包含着最饱满最强大的情感力量。到此，再引出爆发式的结尾问答，在一波三折，浪逐情高的表达中完成抒情的全过程。

读出愤怒与血性
——《最后一次讲演》诵读指导

陈 骏

这几天，大家晓得，在昆明出现了历史上最卑劣最无耻的事情！李先生究竟犯了什么罪，竟遭此毒手？他只不过用笔写写文章，用嘴说说话，而他所写的，所说的，都无非是一个没有失掉良心的中国人的话！大家都有一支笔，有一张嘴，有什么理由拿出来讲啊！有事实拿出来说啊！（闻先生声音激动了）为什么要打要杀，而且又不敢光明正大地来打来杀，而偷偷摸摸的来暗杀！（鼓掌）这成什么话？（鼓掌）

今天，这里有没有特务？你站出来！是好汉的站出来！你出来讲！凭什么要杀死李先生？（厉声，热烈的鼓掌）杀死了人，又不敢承认，还要诬蔑人，说什么"桃色事件"，说什么共产党杀共产党，无耻啊！无耻啊！（热烈的鼓掌）这是某集团的无耻，恰是李先生的光荣！李先生在昆明被暗杀，是李先生留给昆明的光荣！也是昆明人的光荣！（鼓掌）

去年"一二·一"昆明青年学生为了反对内战，遭受屠杀，那算是青年的一代献出了他们最宝贵的生命！现在李先生为了争取民主和平而遭受了反动派的暗杀，我们骄傲一点说，这算是像我这样大年纪的一代，我们的老战友，献出了最宝贵的生命！这两桩事发生在昆明，这算是昆明无限的光荣！（热烈的鼓掌）

反动派暗杀李先生的消息传出以后，大家听了都悲愤痛恨。我心里想，这些无耻的东西，不知他们是怎么想法，他们的心理是什么状态，他们的心怎样长的！（捶击桌子）其实很简单，他们这样疯狂地来制造恐怖，正是他们自己在慌啊！在害怕啊！所以他们制造恐怖，其实是他们自己在恐怖啊！特务们，你们想想，你们还有几天？你们完了，快完了！你们以为打伤几个，杀死几个，就可以了事，就可以把人民吓倒了吗？其实广大的人民是打不尽的，杀不完的！要是这样可以的话，世界上早没有人了。

你们杀死一个李公朴，会有千百万个李公朴站起来！你们将失去千百万的人民！你们看着我们人少，没有力量？告诉你们，我们的力量大得很，强得很！看今天来的这些人，都是我们的人，都是我们的力量！此外还有广大的市民！我们有这个信心：人民的力量是要胜利的，真理是永远存在的。历史上没有一个反人民的势力不被人民毁灭的！希特勒，墨索里尼，不都在人民之前倒下去了吗？翻开历史看看，你们还站得住几天！你们完了，快完了！快完了！我们的光明就要出现了。我们看，光明就在我们眼前，而现在正是黎明之前那个最黑暗的时候。我们有力量打破这个黑暗，争到光明！我们的光明，就是反动派的末日！（热烈的鼓掌）

现在司徒雷登出任美驻华大使，司徒雷登是中国人民的朋友，是教育家，他生长在中国，受的美国教育。他住在中国的时间比住在美国的时间长，他就如一个中国的留学生一样，从前在北平时，也常见面。他是一位和蔼可亲的学者，是真正知道中国人民的要求的，这不是说司徒雷登有三头六臂，能替中国人民解决一切，而是说美国人民的舆论抬头，美国才有这转变。

李先生的血不会白流的！李先生赔上了这条性命，我们要换来一个代价。"一二·一"四烈士倒下了，年青的战士们的血换来了政治协商会议的召开；现在李先生倒下了，他的血要换取政协会议的重开！（热烈的鼓掌）我们有这个信心！（鼓掌）

"一二·一"是昆明的光荣，是云南人民的光荣。云南有光荣的历史，远的如护国，这不用说了，近的如"一二·一"，都是属于云南人民的。我们要发扬云南光荣的历史！（听众表示接受）

反动派挑拨离间，卑鄙无耻，你们看见联大走了，学生放暑假了，便以为我们没有力量了吗？特务们！你们错了！你们看见今天到会的一千多青年，又握起手来了，我们昆明的青年决不会让你们这样蛮横下去的！

反动派，你看见一个倒下去，可也得看得见千百个继起的！

正义是杀不完的，因为真理永远存在！（鼓掌）

历史赋予昆明的任务是争取民主和平，我们昆明的青年必须完成这任务！

我们不怕死，我们有牺牲的精神！我们随时像李先生一样，前脚跨出大门，后脚就不准备再跨进大门！（长时间热烈的鼓掌）

第一次录制这篇演讲稿。我心目中的闻一多先生是一位温文尔雅的学者，为了国家、民族的命运奔走呼告，哪怕为此失去生命，也在所不惜，整个朗诵的过程，我对闻先生怀着深深的敬意，然而回听朗诵作品的时候，却总感觉缺了点儿什么味道。缺了什么呢？难道对闻先生的文质彬彬、温文尔雅、临难不惧的表达有什么不对吗？应该没问题啊！好朋友武戈老师提醒我：演讲现场那一次次热烈的掌声是从何而来的？是啊，演讲是实用性的语言形式，追求语言的感染性，是要征服听众的思想的，过分追求声音的美感，有可能削弱了这种效果，更何况，面对国民党特务暗杀李公朴先生这件卑劣的政治事件，闻先生就算涵养再好，也不可能再保持住我心目中设定的那一份风度，他一定是血脉偾张、愤恨已极的，他一定是敢于直面凶恶的特务而绝不调和的！那几句对特务说的话就是战斗的檄文！

想清楚了这一层，我把愤怒与血性定为这篇文章的基调，在声音的处理上以实为主，个别地方可以选择大声呼告、高声怒斥，要在小录音室完成这部作品，实属不易。

从演讲的基本要求和现场效果来看，使用中等力量的平稳起始是自然选择，但在说到"最卑劣最无耻"这一句时，情绪就开始变得难以控制，对实施暗杀的国民党特务的愤怒、痛恨贯穿始终。当他说到同是反内战著名人士李公朴先生的时候，感情是真挚的，充满敬意的，他认为李公朴先生"只不过用笔写写文章，用嘴说说话，而他所写的，所说的，都无非是一个没有失掉良心的中国人的话"他认为说话写文章是应该罪不至死的，更何况说的是有良心的话、应该说的话——然而这就是黑暗政治的真实嘴脸！他难以接受一位优秀的学者倒在卑劣暗杀的枪弹之下，同时又对这牺牲的意义给予了充分的肯定，语气之间满是自豪！

联想到"一二·一"惨案中那些英勇的爱国学生，闻一多先生已经把自己与他们引为同俦了，已经视死如归了，这样的精神，已经超越了一位学者的儒雅敦厚，更像是一位执戈护国的勇士！这时的朗诵，力量当从肺腑中来，气息饱满，稳定支撑，胸腹用力，让声音充满张力，以体现出闻先生在威严的演讲台上给反动统治者以最大的震慑。

就在演讲的当天下午，闻一多先生也被国民党特务暗杀了。这个结果，对于闻先生而言，是丝毫也不觉得意外的，他演讲的最后一句，他说："我们随时像李先生一样，前脚跨出大门，后脚就不准备再跨进大门！"明明知道自己是在怎样的一个政治氛围下生活，明明知道直斥反动派当局随时有性命之虞，但由于良知，由于热血，他还是淋漓尽致地完成了这一次生命的讲演。人固有一死，或重于泰山，或轻于鸿毛，闻先生的选择，便是前者；有人蝼蚁惜命苟且偷生，有人守护正义慷慨赴死，闻先生的演讲，便是后者，愤怒而血性，悲壮而从容！现在，在西南联大旧址的民主草坪上，还矗立着闻一多先生的雕像，受百代敬仰。

读出俏皮与深情

——《静女》诵读指导

陈 骏

静女其姝，俟我于城隅。爱而不见，搔首踟蹰。

静女其娈，贻我彤管。彤管有炜，说怿女美。

自牧归荑，洵美且异。匪女之为美，美人之贻。

这是《诗经·邶风》中的一首短诗，一首爱情诗，全诗共三节，寥寥 50 字，一段青年男女的爱情故事跃然纸上，生动活泼，引人入胜。总体说来，在朗诵时，要对作品中这两个徜徉于爱河中的青年男女的形象和各自的情感有所了解。就诗歌中所写的，从常规来看，两人应处于初恋期，相互之间的吸引和依恋毫无疑问是打动人心、令人神往的，相约、赠物，感受爱情的甜蜜。

虽说爱情是两个人的事儿，但本诗以"静女"为题，则是把爱情中的女孩儿作为主要形象来塑造，居于主动的位置，男子形象稍微弱化一些，带有些追求者的不知所措的意味。那么，这一对可人儿会是怎样的形象？又有着怎样的性格呢？我们需要做一番细致的研究。

毋庸置疑，女孩儿是很美丽的，一个"姝"字，一个"娈"字，可见一斑。这是爱情诗的基础，如果女孩儿长得不漂亮，就只是心灵美，这恐怕更适合写成小说或者教育论文，譬如简·爱或者孟光，也很可爱，但没有人为她们写诗，尤其是篇幅短小的中国古代诗歌，难以承载内容宏大的转折。中国古代诗歌的审美意趣追求的是内外兼修的完美，并在外在美的审美愉悦中逐层深入，完成对内在美的探寻。因此，中国古代诗歌中的女子，可谓无一不美。

但是，如果只有外在美，《静女》也是不足以成为经典的，形容女子有"秀外慧中"一说，可见"慧中"也是极其重要的，那么，静女的"慧中"体现在哪里呢？我以为，至少有两点：一是俏皮，二是深情。月上柳梢头，人约黄昏后，约而见之，本是天经地义的事儿，但静女却不然，她是"爱而不见"，在约好的时间和地点，她并没有出现，是因为羞涩而姗姗来迟，还是打算捉弄对方，故意藏身，甚至是拖沓而导致的延误，都有可能，而且无从探究，终至成谜。但最好的解释应该是第二种。按羞涩之说理解，这女孩儿虽然可爱，毕竟寻常；取拖延之说，则连可爱也是要失却了。而故意藏身，使这个形象顿时鲜活。人明明已经到了，却故意不现身，悄然藏匿于某处，看这男孩儿着急慌乱、手足无措的模样，一个聪明俏皮有情感有灵性的女孩儿形象跃然纸上，在读者眼前"活"了起来；而男孩儿的"搔首踟蹰"正是女孩儿故意躲藏所产生的结果。一暗一明，一闲一急，一巧一拙，四个字便写出了神韵，实在是当之无愧的经典。

女孩儿并不是一味地捉弄男孩儿，小戏弄是要适可而止的，多了就不厚道了。所以接下来写的是赠送礼物，赠送了什么呢？彤管。无论这彤管是指红管的笔，还是荑草初生的芽，也暂且不论这礼物是否包含了允婚的暗示。这女孩子心里有这男孩子是真实的了，而赠送礼物的行为，正是心中牵挂的表现，哪怕礼物不是什么值钱的物件儿，但这一份情的甜蜜，却是极能感染读者的，这不就是一个深情款款的可爱女孩儿么？

在把握住静女形象的同时，我们也还要感受一下诗中男子的形象，要点有二：一是"搔首踟蹰"，在约定的时间地点见不到心上人，这个男子（应该是个大男孩儿的形象）顿时感到手足无措。这个举动把男子的单纯、忠厚、真诚表现了出来，是个极为可爱的形象。二是接受礼物之后的感受，"匪女之为美，美人之贻"，彤管有多美？亦或荑草有多美？这都不重要，重要的是这是心上人的赠予，只要是心上人的赠予，哪怕是最寻常的一根小草，也胜过华丽的金银珠宝！一往情深就在这里，心心相印就在这里。这里没有世俗的、势利的评价标准，有的，只是单纯的、干净的爱慕与珍惜。

为了深化理解，我们还可以与《氓》中的女子形象做一个对照。

《氓》中的女子，善良而痴情，富有牺牲精神，为了一份爱，不顾男子的家庭条件，"匪我愆期，子无良媒""将子无怒，秋以为期"表现出她的温柔可人。但在婚后，由于男子的不专情、不负责任，女子生活得很不幸福，她的情感发生了巨大的转变，由之前的深情到最终的决绝，终于喊出"反是不思，亦已焉哉"的诀别之语。

而《氓》中男子的表现，颇为可疑。就"蚩蚩"一词的不确定解释，就要让人玩味良久。如果是"笑嘻嘻"的样子，则应验了那句"男人不坏，女人不爱"。男子的油滑不仅没有引起女子的反感，反倒让这个女子觉得被关注、被钟情而获得心理上的满足，误以为这就是爱情。如果是"傻乎乎"的样子，则分析的结果会更加悲观，甚至是可怕，连一个老实人、忠厚人最终都变成这样，男人还能让人寄予希望吗？

综上所析，《氓》是一个完整的爱情加婚姻（失败的婚姻）的故事，绘制出男女双方由爱情到婚姻的不同时期的心路历程，而《静女》则是截取了爱情生活中的一个瞬间，把纯净与美好呈现于读者眼前，无论将来如何，此时的深爱是值得珍惜和永远铭记的。这是朗诵者需要懂得的内容。

读出浪漫与细腻

——《再别康桥》诵读指导

陈 骏

轻轻的我走了，
正如我轻轻的来；
我轻轻的招手，
作别西天的云彩。

那河畔的金柳，
是夕阳中的新娘；
波光里的艳影，
在我的心头荡漾。

软泥上的青荇，
油油的在水底招摇；
在康河的柔波里，
我甘心做一条水草！

那榆荫下的一潭，
不是清泉，是天上虹；
揉碎在浮藻间，
沉淀着彩虹似的梦。

寻梦？撑一支长篙，
向青草更青处漫溯；

满载一船星辉，
在星辉斑斓里放歌。

但我不能放歌，
悄悄是别离的笙箫；
夏虫也为我沉默，
沉默是今晚的康桥！

悄悄的我走了，
正如我悄悄的来；
我挥一挥衣袖，
不带走一片云彩。

徐志摩是一个真正的诗人，是一个充满浪漫主义色彩，有着丰富、细腻情感的诗人。学习他的《再别康桥》，就是要体验这种唯美而略带忧伤的情感，在诗人的情感历程中获得深刻而饱满的审美信息。而诵读，无疑就是完成这一学习目标的最佳路径。但也正由于诗人的情感过于细腻，要把这首脍炙人口的新诗诵读好，也实在不是一件容易的事。

首句中"轻轻的"三个字，不知迷倒了多少读者，也不知难倒了多少诵读者。如何一个轻法？多数诵读者的处理方式为轻而无情。徐志摩曾是剑桥的学子，曾无数次徜徉在美丽的康河岸畔，躺在轻柔的草地上，任天上的流星、草间的流萤轻轻滑过。这对于一个浪漫的诗人来说，无疑是人生中最美好的时光。康河的美景，康桥边的一草一木，无不浸润着年轻诗人纯美的情愫。但人总是要离开的，路总是要往前走的，离开多年后，再一次回到母校，再看到这么熟悉而宁静的草木，情感的涌动当然是难以遏抑的，但这种涌动，必须与周遭的环境相一致——静谧而和谐。因此这三个字中包含着的，就是一份对母校充满感情的学子在再次离去之前，依依不舍又不忍打扰的感情，声音必须处理得轻柔而气息不弱，充满深情，略带弹性。

来是轻轻的，走也是轻轻的，连挥手，都是轻轻的。这静谧祥和的环境，谁又忍心去打扰，去破坏呢？这就是美的作用啊！与云彩作别，云彩也是昔日的云彩，不舍与离愁，都是轻轻的，如青烟缭绕，如薄云飘摇。这与"执手相看泪眼"的不舍是大不相同的。因此诵读者要有意识地去领会字里行间的那一份惆怅，再把这份惆怅与深情、陶醉相结合，追求哀而不伤、乐而有度的艺术效果。

第二节中的"新娘"，是一个很有意思的喻体，这是把景物女性化之后再从男性角度进行审美的产物。一个男子，对着自己的新娘，是一种发自内心的爱惜与细致入微的呵护之情，而诗人把金柳比作新娘，淋漓尽致地表现出了他对康河岸边的一草一木由衷的热爱。这个审美角度与朱自清先生的散文《绿》中把梅雨潭闪闪的绿色比作小女孩儿有异曲同工之妙。当然，那应该是一位男性的长者对小女孩儿的喜爱，近乎于对自己女儿的喜爱了。诵读者应尽量体会其中的妙处，并力求表现诗歌中的客体形象与主体情感。

"荡漾"二字格外精彩。那简直就是一种心旌摇曳、心神俱醉的境界了！诵到此处，朗诵者不妨忘情，或者说必须忘情，任心中充满了康河盈盈的水波，人自己沉醉于粼粼的波光之中。

第三节中"招摇"和"甘心"是重点。招摇二字，活化出水中青荇随波舞动的美妙身姿，理解了这一层，"油油地"便要慢而起伏了，以表现青荇的动态和节奏。水草是不起眼的，因为有了诗人对康河的热爱与依恋，所以成为河中的一条水草，竟然是他心甘情愿的一件事了，所以不仅需要用逻辑重音来处理"甘心"二字，而且更要表现出只要能与康河相伴，哪怕成为不起眼的水草也愿意的幸福感。

第四节带给我们的是如梦似幻的境界，朗诵者应该在清醒与迷离之间找到一个平衡点，在是与不是之间找到一个转换点。本来只能诉诸视觉的虹竟然可以被揉碎，并且沉淀成梦，这彩虹似的梦究竟有多美，还有什么文字能够表达呢？所以朗诵者能做的只有一件事——被陶醉，被深深地陶醉。

此时，陶醉已不能满足我们的审美需求，诗人自然而然地带着我们去"寻"，去"探"，在审美历程达到高潮的时候，在星辉斑斓的纯美意境中恣情放歌便成为了我们感情的需要，朗诵者应该有充沛的情感，有纵情高歌的强烈欲望。但因为第六节的一个"但"字，此处的处理便犹如书法中的垂露竖了，在欲放还收中忍住强烈的，即将喷涌而出的情感，为下文的情感转折作好铺垫。

第六节中诗人的情感急转直下，因为离别是客观的必然存在，连如此热爱、依恋母校的他也无法改变，这中间暗含着一层身不由己的无奈，念及于此，不禁黯然神伤，于是只能沉默，夏虫沉默，康桥沉默，诗人和诵读者心中当然也是沉默的。

但徐志摩毕竟不是柳永，徐志摩的离别也不是柳永的离别，因为对象不同，诗人的情感特质也不同。志摩更浪漫，更洒脱，在用"悄悄"照应了开篇的"轻轻"之后，他选择的是轻藏惆怅，悄悄地、洒脱地离开，轻轻地挥动衣袖，不带走一片云彩，诗人留给我们的是轻灵的飘然远走。

通观全诗，诵读者难于把握和表现的是诗人那梦幻般的，如梦似醒的，层次复杂而又多变的情感，而这些，也正是这首诗值得玩味的地方。读懂了这些情感，你就读懂了康河边的徐志摩，获得了更多的审美享受。

读出独立与温柔

——《致橡树》诵读指导

陈　骏

我如果爱你——

绝不像攀援的凌霄花，

借你的高枝炫耀自己；

我如果爱你——

绝不学痴情的鸟儿，

为绿荫重复单调的歌曲；

也不止像泉源，

常年送来清凉的慰藉；

也不止像险峰，

增加你的高度，衬托你的威仪。

甚至日光。

甚至春雨。

不，这些都还不够！

我必须是你近旁的一株木棉，

作为树的形象和你站在一起。

根，紧握在地下；

叶，相触在云里。

每一阵风过，

我们都互相致意，

但没有人

听懂我们的言语。

你有你的铜枝铁杆

像刀，像剑，也像戟；

我有我红硕的花朵，

像沉重的叹息，

又像英勇的火炬。

我们分担寒潮、风雷、霹雳；

我们共享雾霭、流岚、虹霓。

仿佛永远分离，

却又终身相依。

这才是伟大的爱情，

坚贞就在这里：

爱——

不仅爱你伟岸的身躯，

也爱你坚持的位置，

足下的土地。

　　毫无疑问，舒婷的《致橡树》是无数爱诗、爱朗诵的人们心中的挚爱，无论是私人珍藏还是公开表演，这个作品经常都会被纳入其中。然而，要朗诵好这首爱情诗，处理好这个独立宣言，并不容易。

　　首先要说一下容易走进的误区。通常来说，我们都认定这是一首代表女性独立爱情观的经典作品，这是不错的，女性人格的独立是这首诗最有价值的地方。但也正因为如此，不少朗诵者把诗歌处理得过于决绝并且缺少变化，这就有违诗人的本意并且失去了诗歌之美、女性之美了。

　　全诗的核心，关键词是"爱"，而开篇却给这个爱加了一个前提——"如果"，告诉我们这是一份假设之爱，假设之下，选择了一系列美好的意象："凌霄花""鸟儿""源泉""险峰""日光""春雨"，让我们看到了爱情的美好，然而，与这些美好意象搭配的，却是"炫耀""单调""衬托"等带有负面情绪的动词，于是这些美好便被打了折扣，被诗人特殊处理了。诗人不愿成为世俗所认可的那种没有独立人格的女性，不当攀援依附的凌霄花，不做依人的小鸟。朗诵中意象的美好还是存在的，但已经有所保留，准备着往下的折转。"日光"和"春雨"是被"甚至"引出的，可见在接受的层次上，他们是高于之前的几个意象的，处理中可以更加热情一些，推出一个小高潮。

　　在"这些都还不够"之后，诗歌的主旨訇然而出，要做橡树身旁的一株木棉！那木棉的形象是怎样的呢？挺拔的，枝干笔直的，这绝不是传统女性形象的标准啊！对，这就是诗人所主张的女性人格的独立，处理到这儿的时候，语气应该是果断坚决的。这一点，大多数读者都能读懂，并且在朗诵时能较为准确地表达出来。

接下来的这个部分极为重要，但也正是容易被读者忽略的地方。"站在一起"既是肩并肩的平等相处，也是爱情蜜语的发端，引起接下来柔情似水的两句："根，紧握在地下；叶，相触在云里。"——这不就是刻骨挚爱、朝夕相处、永不分离的爱情誓言吗？而再到"每一阵风过，我们都互相致意，但没有人，听懂我们的言语"几句时，这份倾诉就更加令人心醉了。这位追求人格独立的女性并不是一个冷冰冰的女强人，更不是今天所谓的"女汉子"，这位女性有极致的温柔，有对感情的细腻感知，有对热恋中的男女心有灵犀的知晓。这是一种完美的爱情啊，这应当是在理想的天地中方能有的爱情境界呀。而对于这一切，诗人告诉读者，唯有拥有独立的人格，才可以坦然地追求，真正地拥有。

读诗至此，才算是明白了诗人的良苦用心，对后面内容的理解也就水到渠成了。懂得，是爱情的至高境界；知己，是情侣的终极追求。

纵观全诗，以力量与刚强为主，以柔情和细腻为辅，为主者不霸道，为辅者不次要，独立与温情并举，自我与爱意相彰，朗诵中的拿捏，必不能少了对这些重要元素的把握与诠释。

读出舒朗与哲思

——《兰亭集序》诵读指导

陈 骏

永和九年，岁在癸丑，暮春之初，会于会稽山阴之兰亭，修禊事也。群贤毕至，少长咸集。此地有崇山峻岭，茂林修竹；又有清流激湍，映带左右，引以为流觞曲水，列坐其次。虽无丝竹管弦之盛，一觞一咏，亦足以畅叙幽情。是日也，天朗气清，惠风和畅。仰观宇宙之大，俯察品类之盛，所以游目骋怀，足以极视听之娱，信可乐也。

夫人之相与，俯仰一世。或取诸怀抱，悟言一室之内；或因寄所托，放浪形骸之外。虽趣舍万殊，静躁不同，当其欣于所遇，暂得于己，快然自足，不知老之将至。及其所之既倦，情随事迁，感慨系之矣。向之所欣，俯仰之间，已为陈迹，犹不能不以之兴怀。况修短随化，终期于尽。古人云："死生亦大矣。"岂不痛哉！

每览昔人兴感之由，若合一契，未尝不临文嗟悼，不能喻之于怀。固知一死生为虚诞，齐彭殇为妄作。后之视今，亦犹今之视昔，悲夫！故列叙时人，录其所述。虽世殊事异，所以兴怀，其致一也。后之览者，亦将有感于斯文。

《兰亭集序》之所以有名，固然是因为由王羲之撰文并手书，其被誉为"天下第一行书"，灵动飘逸，酣畅淋漓；另一方面，应该是由于精彩的文字和深邃的思想。然而，也正是因为它太有名，不少读者都是带着理所当然的膜拜之心来诵读的，反而忘了深究其美于何处。我以为，从舒朗与哲思两个方面入手，可以把握住作品的精神要义。

第一段交代时间、地点、事件、环境，这是最容易被一带而过的内容，但朗诵的神韵，就是要从开篇开始灌注的。您也许会问，"永和九年，岁在癸丑"这客观陈述的时间，哪里能融得进什么情感呢？那我们不妨在下文中得到提示，以完成情感的准备。除了年份，更具体的时间是"暮春之初"，地点是"会稽山阴之兰亭"，事件是"修禊"。就此我们可以想象到，春天到了，人们脱去了笨重的冬装，换上了轻软的春装，来到水边，沐浴春光，感受着这一年中的好景致。我们还能联想到《论语》中"冠者五六人，童子六七人，浴乎沂，风乎舞雩，咏而归"的理想境界。美景、美事让人心情愉悦，压抑于一整个冬天的心情得以充分舒张，理解了这些，"永和九年"这四个简单的音节，就被赋予了不简单的含义。所以，开口之际，口腔要充分打开，气息舒畅，用身体来说这四个字，使之喜悦内蕴，饱满充盈，如果不能理解这一点，开篇这四个字是很可能处理得细弱与局促的，仅读字而已，无情可言。

至"群贤毕至，少长咸集"之处，感情再上一个台阶，较前面几句显得要外露一些。一场盛会，嘉宾云集，这对于活动的组织者来说，是要骄傲的，所集者贤，所行者雅，这当然是快意人生的大事。茂林修竹，曲水流觞，作者是近乎陶醉了，朗诵者当然也不必掩饰，大可以表现出陶陶然的状态。至第一段末，"信可乐也"对上文进行了高度的概括。

乐至极处，便要由乐转痛了，而这个"痛"，作者并没有强加和硬说，而是循着人们对于生命际遇的自然之感，逐层剖析，紧紧扣住人对于身外之景、之物、之境的得失，由不自觉到觉醒的过程，抓住了"快然自足""感慨系之""不能不以之兴怀"等阶段性的感受进行摹写，把一众宾客的情绪由乐而逐渐引至痛，开始思索人生的取舍、得失。

按说到这一层，文章已经是很深刻的了，但作者并没有因为自己的"重大发现"而沾沾自喜，而是把关注点由众人感情转至自我思想，审视自己的这些发现，在历史的流变中去感受应和，竟然发现众人的情感之路乃至于自己所有的感受，都已经被古人感慨过了。"若合一契"的感受之一就是欲说之言、所说之言已被他人说去，李白的"黄鹤楼前书不得"便是这种感受。

本文更高的境界在于结尾的两句"故列叙时人，录其所述。虽世殊事异，所以兴怀，其致一也。后之览者，亦将有感于斯文。"虽然明知感慨无新，却依然要体现出自我的价值，哪怕是略微独立的一点思想，也不偷懒而不说，从而忠实地记录下嘉宾文赋，留予后人。生命的意义，不就在于喜乐哀愁之后依然能坚持、实干、有为而不懈怠吗？

读出才气与自信
——《滕王阁序》诵读指导

陈　骏

　　南昌故郡，洪都新府。星分翼轸，地接衡庐。襟三江而带五湖，控蛮荆而引瓯越。物华天宝，龙光射牛斗之墟；人杰地灵，徐孺下陈蕃之榻。雄州雾列，俊采星驰。台隍枕夷夏之交，宾主尽东南之美。都督阎公之雅望，棨戟遥临；宇文新州之懿范，襜帷暂驻。十旬休暇，胜友如云；千里逢迎，高朋满座。腾蛟起凤，孟学士之词宗；紫电清霜，王将军之武库。家君作宰，路出名区；童子何知，躬逢胜饯。

　　时维九月，序属三秋。潦水尽而寒潭清，烟光凝而暮山紫。俨骖騑于上路，访风景于崇阿。临帝子之长洲，得仙人之旧馆。层峦耸翠，上出重霄；飞阁流丹，下临无地。鹤汀凫渚，穷岛屿之萦回；桂殿兰宫，即冈峦之体势。

　　披绣闼，俯雕甍，山原旷其盈视，川泽盱其骇瞩。闾阎扑地，钟鸣鼎食之家；舸舰迷津，青雀黄龙之轴。虹销雨霁，彩彻云衢。落霞与孤鹜齐飞，秋水共长天一色。渔舟唱晚，响穷彭蠡之滨；雁阵惊寒，声断衡阳之浦。

　　遥吟俯畅，逸兴遄飞。爽籁发而清风生，纤歌凝而白云遏。睢园绿竹，气凌彭泽之樽；邺水朱华，光照临川之笔。四美具，二难并。穷睇眄于中天，极娱游于暇日。天高地迥，觉宇宙之无穷；兴尽悲来，识盈虚之有数。望长安于日下，指吴会于云间。地势极而南溟深，天柱高而北辰远。关山难越，谁悲失路之人；萍水相逢，尽是他乡之客。怀帝阍而不见，奉宣室以何年？

　　呜乎！时运不齐，命途多舛。冯唐易老，李广难封。屈贾谊于长沙，非无圣主；窜梁鸿于海曲，岂乏明时？所赖君子安贫，达人知命。老当益壮，宁知白首之心？穷且益坚，不坠青云之志。酌贪泉而觉爽，处涸辙以犹欢。北海虽赊，扶摇可接；东隅已逝，桑榆非晚。孟尝高洁，空怀报国之心；阮籍猖狂，岂效穷途之哭！

勃，三尺微命，一介书生。无路请缨，等终军之弱冠；有怀投笔，慕宗悫之长风。舍簪笏于百龄，奉晨昏于万里。非谢家之宝树，接孟氏之芳邻。他日趋庭，叨陪鲤对；今兹捧袂，喜托龙门。杨意不逢，抚凌云而自惜；钟期既遇，奏流水以何惭？

呜乎！胜地不常，盛筵难再；兰亭已矣，梓泽丘墟。临别赠言，幸承恩于伟饯；登高作赋，是所望于群公。敢竭鄙诚，恭疏短引；一言均赋，四韵俱成。请洒潘江，各倾陆海云尔：

> 滕王高阁临江渚，佩玉鸣鸾罢歌舞。
> 画栋朝飞南浦云，朱帘暮卷西山雨。
> 闲云潭影日悠悠，物换星移几度秋。
> 阁中帝子今何在？槛外长江空自流。

唐高宗上元二年（675 年），为庆祝滕王阁新修成，阎公于九月九日大会宾客，让其婿吴子章作序以彰其名，不料在假意谦让时，王勃却提笔就作。阎公初以"更衣"为名，愤然离席，专会人伺其下笔。初闻"南昌故郡，洪都新府"，阎公觉得"亦是老生常谈"。接下来"台隍枕夷夏之交，宾主尽东南之美"，公闻之，沉吟不言。及至"落霞与孤鹜齐飞，秋水共长天一色"一句，乃大惊"此真天才，当垂不朽矣"，出立于勃侧而观，遂亟请宴所，极欢而罢。

王勃（约 650—676 年），自幼聪敏好学，六岁即能写文章，被赞为"神童"。九岁时，读颜师古注《汉书》，作《指瑕》十卷以纠正其错。十六岁时，应幽素科试及第，授职朝散郎。因《斗鸡檄》被赶出沛王府。后求补得虢州参军，在参军任上二次被贬。上元三年（676 年）八月，不幸渡海溺水惊悸而死。

关于《滕王阁序》的创作时间有两种说法：其一为唐末五代时人王定保的《唐摭言》说："王勃著《滕王阁序》，时年十四。"那时，王勃的父亲可能任六合（今属江苏）县令，王勃赴六合经过洪州。又这篇序文中有"童子何知，躬逢胜饯"之语，也可佐证。其二为元代辛文房的《唐才子传》中认为，《滕王阁序》是上元二年（675 年）王勃前往交趾（今越南河内西北）看望父亲（那时他父亲任交趾县令），路过南昌时所作。

从六岁能属文，九岁为颜师古纠错来讲，十四岁能写《滕王阁序》虽然神奇，但也是有可能的，从文章的收放自如，到既能毛遂自荐倚马而成，又能谦逊自持感慨得失，又该是二十五岁青年方能有的襟怀。但无论是哪一种说法成立，王勃年少才高，意气风发都是统一的认识，其区别无非是年轻和更年轻而已。朗诵《滕王阁序》的时候，应力求表现出作者横溢的才华和超凡的自信。

那么，如何表现出这一份才华和自信呢？

首先要领会作者在文中都写了哪些内容？为什么会选择这些内容来写？

被阎公哂为"老生常谈"的"南昌故郡，洪都新府"，其实并不寻常，说它不寻常，既是因为它的从容，又是因为它的谦退。所谓从容，是指作为青年才俊的王勃，于众目所瞩之下自荐撰序，先不论他是否感受到主人的不快我们无从知晓，但是否能得到大家的认可，心中有几分忐忑只怕是人之常情。在这种心情下，展示任何才能（包括吟诗作文）极容易把劲儿使大了，一旦用力过猛，一来容易失却和谐之美，二来可能后力难继。因此这八个字，正是道出了王勃此时的镇定从容，进入了一个极好的创作状态。

所谓谦退，与从容有些关系，但又有所不同，这八个字平平道来，为下句预留了足够的空间，也就是说，在介绍了滕王阁所处的南昌的历史沿革之后，迅速将其纳入扩大的空间审视，往上是"星分翼轸"，往下是"地接衡庐"，既给人辽阔无际之感，又传递出地理位置极其关键的信息。天上地下，由一点而迅速扩张，这是眼界和襟怀的表达。而且，在接下来的句子中，这个信息又得到了强调，"襟三江而带五湖，控蛮荆而引瓯越"，滕王阁所处之位置，是何等的重要！说完了地理位置，接下来介绍嘉宾，这个介绍，既有面的照顾，又有点的突出，主人家"都督阎公"自然是独领风骚的，而与会的各路宾客，也都纷纷得到了关注。作者在这个部分，可谓不遗余力，直至"童子何知，躬逢胜饯"的谦逊之词，才算是告了一个段落，如此情商，你还敢小觑当时年纪轻轻的王勃吗？

交代完与会嘉宾，王勃展开了一场山川景物览胜之旅。"时维九月，序属三秋"与"披绣闼，俯雕甍"两段，既写出了如诗如画的山川胜景，又把繁华无两的佳邑通衢写到了极致。季节是最佳的季节，色彩是最美的色彩，"潦水尽而寒潭清，烟光凝而暮山紫"，水色澄碧，山光秀丽，让人疑临仙境，如游梦乡。而作者寻访盛景的态度又是积极的，层峦重霄纵情游览，水色山光尽收眼底，将无尽的美景层层展现于读者眼前。两个动词"披""俯"用得极佳，推开、俯瞰，既言说动感，也标明位置，凭高视下，美景尽览无余。也正是这两个动词，告诉我们作者并没有亲身游历，但欣临盛会，文思泉涌，既有眼中实景，又有想象中的旅程，虚实尽有，变化无穷。如此才华，如此自信，让人叹为观止！而这二者又是相辅相成的，自信来源于饱览的诗书、渊博的学识，和因之形成的对天地山川敏锐、独到的感知，对情境融合的诗意的想象，对胸中情意的精确表达，同时，自信又支撑着才华的尽情展示。

面对如此美景，作者自然是兴致高涨，让一切的美景佳事汇于笔端，对盛宴的赞美，对盛景的流连，对先贤的追思，层层推进，极尽丰富之能事。而兴尽悲来，不由得又感慨良多，这是在"学而优则仕"的教育背景下每一个读书人都会有的梦想未能实现时的悲愁。然而王勃毕竟年轻，在"时运不齐，命途多舛"的叹息之后，仍能生发出"宁移白首之心"和"不坠青云之志"的慷慨之词，既让人感到希望不灭，又为作者的志行高洁感佩不已。

有了以上的分析和理解，朗诵者要通过想象，主动进入作者所创设的画面和情境中，感受高妙的艺术境界。此时，朗诵者与作者是合二为一的，你与王勃一样才华横溢睥睨世事，与王勃一样充满朝气意气风发，与王勃一样身处江湖愤懑不平，与王勃一样侍奉亲上顾影自惜。通过共情，朗诵者能深刻体会青年王勃的情感轨迹，不是置身文外而是全情投入，演绎出动人的风采。

从朗诵的状态上来说，朗诵者也需要更积极地调动自己，从开篇的蓄势蕴情，到展开的渐入佳境，到高潮的心情舒张，再到失意的孤寂落寞，最后到世事的勘透与豁达，整个过程要与作品意相合，与作者情相通，这样才能充分展示出这篇赋文震古烁今的迷人魅力，才能再现青年王勃超人的才气与迷人的自信。

读出艺术成长之路

——《柳敬亭传》诵读指导

陈 骏

余读《东京梦华录》、《武林旧事记》，当时演史小说者数十人。自此以来，其姓名不可得闻。乃近年共称柳敬亭之说书。

柳敬亭者，扬之泰州人，本姓曹。年十五，犷悍无赖，犯法当死，变姓柳，之盱眙市中为人说书，已能倾动其市人。久之，过江，云间有儒生莫后光见之，曰："此子机变，可使以其技鸣。"于是谓之曰："说书虽小技，然必句性情，习方俗，如优孟摇头而歌，而后可以得志。"敬亭退而凝神定气，简练揣摩，期月而诣莫生。生曰："子之说，能使人欢咍嗢噱矣。"又期月，生曰："子之说，能使人慷慨涕泣矣。"又期月，生喟然曰："子言未发而哀乐具乎其前，使人之性情不能自主，盖进乎技矣。"由是之扬，之杭，之金陵，名达于缙绅间。华堂旅会，闲亭独坐，争延之使奏其技，无不当于心称善也。

宁南南下，皖帅欲结欢宁南，致敬亭于幕府。宁南以为相见之晚，使参机密。军中亦不敢以说书目敬亭。宁南不知书，所有文檄，幕下儒生设意修词，援古证今，极力为之，宁南皆不悦。而敬亭耳剽口熟，从委巷活套中来者，无不与宁南意合。尝奉命至金陵，是时朝中皆畏宁南，闻其使人来，莫不倾动加礼，宰执以下俱使之南面上坐，称柳将军，敬亭亦无所不安也。其市井小人昔与敬亭尔汝者，从道旁私语："此故吾侪同说书者也，今富贵若此！"

亡何国变，宁南死。敬亭丧失其资略尽，贫困如故时，始复上街头理其故业。敬亭既在军中久，其豪猾大侠、杀人亡命、流离遇合、破家失国之事，无不身亲见之，且五方土音，乡俗好尚，习见习闻，每发一声，使人闻之，或如刀剑铁骑，飒然浮空，或如风号雨泣，鸟悲兽骇，亡国之恨顿生，檀板之声无色，有非莫生之言可尽者矣。

曾有朋友问我,朗诵师从为谁,我回答,从未从师,纯属自学,朋友大多不信,认为我有"藏私"的嫌疑。我心里颇感激朋友对我的认可。2009 年,我参加广东省中小学语文教师经典诵读大赛获得诗歌组一等奖第一名,评委有一句话:"一直都是在听语文教师的朗诵,陈老师上台的时候,一张嘴,我们感到,专业的来了。"这句话让我记忆犹新,对我来说也是莫大的鼓励。虽说对朗诵钟情已久,而且中学时代有当广播员的经历,大学时代普通话考试也考了高分,但工作以后,在具体的朗诵实践中,却经常生出力有不逮之感,感觉自己已经很尽力了,但朗诵效果却不尽如己意(恐怕在别人那里也是"不过如此"的评价吧),如何提高朗诵水平,曾在一段时期里困扰着我。

后来渐渐明白,人生阅历、知识积累、眼界扩展、情感沉淀、思想深化无一不是朗诵(语言)能力提升的必要条件,见多方能识广,厚积遂言读透。而且,这感悟是从《柳敬亭传》中得到的。在文中,莫后光可以算是把柳敬亭引进说书艺术之门的师傅,他对柳敬亭的学习要求是很具体的。柳敬亭通过勤学苦练,朝夕揣摩,小有所成也是在情理之中的。这很像我们现在的一些朗诵爱好者,或者天资聪颖,或者得遇名师,在朗诵中获得了一些成绩,于是得到一些听众的热情赞美,在心理学上讲,这是满足了自我实现的需求。但接下来却出现了分野,有人沾沾自喜止步不前,有人埋首以求术业精进,区别又在哪里呢?在于眼界。如果你只看到眼前的一点点成就,就生出"我是天下第一"的骄傲来,动辄冠以"著名"或"大家",那注定是要坐井观天,故步自封的;倘若你并不知足,继续博览群书,关注社会,体味人生百味,则最终将会因为厚实的学识而成为真正意义上的大家。

在得到莫后光的指导下,柳敬亭的说书艺术得以小成,经历了"使人欢咍嗢噱""使人慷慨涕泣""使人之性情不能自主"三个阶段,而这还不是柳敬亭说书艺术的大成之时。试看当今朗诵爱好者(或者所谓艺术家),有几人能达此境界?此是题外之话,且按下不表。

再看柳敬亭终成大家的生命历程。柳敬亭因为说书技艺超群而得以结交宁南,又因为宁南出身行伍"不知书",不欣赏,不喜欢幕下儒生设意修辞的文檄,而对柳敬亭从"委巷活套中"来的俚俗之语欣赏备至,故而对柳敬亭宠幸有加,这种偶遇使柳敬亭达到人生的巅峰,尽享荣华,被称为"柳将军"。然而生命如白云苍狗,瞬息即逝,"亡何国变,宁南死。敬亭丧失其资略尽,贫困如故时",柳敬亭从人生的巅峰跌落谷底,走上街头重操旧业。虽然依旧是说书,但因为在军中已久,什么人都见过了,什么事也都经历过了,"其豪猾大侠、杀人亡命、流离遇合、破家失国之事,无不身亲见之,且五方土音,乡俗好尚,习见习闻",以至于"每发一声,使人闻之,或如刀剑铁骑,飒然浮空,或如风号雨泣,鸟悲兽骇,亡国之恨顿生,檀板之声无色"。这才是艺术的最高境界，是一种有了深厚积淀之后，超乎一切技巧的艺术境界。

2002 年，看到老艺术家乔榛、丁建华的朗诵，无论是《蜀道难》《长恨歌》，还是《声声慢》，都是迄今为止未被超越的典范。正是由于老一辈艺术家们对待艺术有敬畏之心，在丰富的人生阅历中涵养艺术，终能发之我心而入于彼心，产生巨大的艺术感染力。曾有一位年轻教师，爱极了李清照的《声声慢》，在一次展示中选择了这个作品，我建议更换，她不相信，结果用尽了"洪荒之力"，也难以朗诵出痛彻心扉的孤苦之境来，也是这个道理——人生的厚度决定着读解作品的深度和诠释作品的能力。

读出理解与回馈
——《慈母情深》诵读指导

陈　骏

我一直想买一本长篇小说——《青年近卫军》。书价一元多钱。

母亲还从来没有一次给过我这么多钱。我也从来没有向母亲一次要过这么多钱。

但我想有一本《青年近卫军》，想得整天失魂落魄。

我从同学家的收音机里听到过几次《青年近卫军》的连续广播。那时我家的破收音机已经卖了，被我和弟弟妹妹们吃进了肚子里。

在自己对自己的怂恿之下，我来到母亲上班的地方，向母亲要钱。母亲那一年被铁路工厂辞退了，为了每月二十七元的收入，又在一个加工棉胶鞋帮的街道小厂上班。

那是我第一次到母亲为我们挣钱的那个地方。

空间非常低矮，低矮得使人感到压抑。不足二百平米的厂房，四壁潮湿颓败。七八十台破缝纫机一行行排列着，七八十个都不算年轻的女人忙碌在自己的缝纫机旁。因为光线阴暗，每个女人的头上方都吊着一只灯泡。正是酷暑炎夏，窗不能开，七八十个女人的身体和七八十只灯泡所散发的热量，使我感到犹如身在蒸笼。

我呆呆地将那些女人扫视一遍，却发现不了我的母亲。

七八十台破缝纫机发出的噪声震耳欲聋。

"你找谁？"一个老头对我大声嚷。

"找我妈！"

"你妈是谁？"

我大声说出了母亲的名字。

"那儿！"

老头朝最里边的一个角落一指。

我穿过一排排缝纫机，走到那个角落，看见一个极其瘦弱的脊背弯曲着，头凑到缝纫机板上。周围几只灯泡烤着我的脸。

"妈——"

"妈——"

背直起来了，我的母亲。转过身来了，我的母亲。褐色的口罩上方，一对眼神疲惫的眼睛吃惊地望着我，我的母亲的眼睛……

母亲大声问："你来干什么？"

"我……"

"有事快说，别耽误妈干活！"

"我……要钱……"

我本已不想说出"要钱"两个字，可是竟说出来了！

"要钱干什么？"

"买书……"

"多少钱？"

"一元五角就行……"

母亲掏衣兜，掏出一卷揉得皱皱的毛票，用龟裂的手指数着。

旁边一个女人停止踏缝纫机，向母亲探过身，喊："大姐，别给！没你这么当妈的！供他们吃，供他们穿，供他们上学，还供他们看闲书哇！"接着又对着我喊："你看你妈这是在怎么挣钱？你忍心朝你妈要钱买书哇？"

母亲却已将钱塞在我手心里了，大声回答那个女人："谁叫我们是当妈的呀！我挺高兴他爱看书的！"

母亲说完，立刻又坐了下去，立刻又弯曲了背，立刻又将头俯在缝纫机板上了，立刻又陷入了手脚并用的机械忙碌状态……

那一天我第一次发现，母亲原来是那么瘦小！那一天我第一次觉得自己长大了，应该是一个大人了。

我鼻子一酸，攥着钱跑了出去……

那天，我用那一元五角钱给母亲买了一听水果罐头。

"你这孩子，谁叫你给我买水果罐头的！不是你说买书，妈才舍不得给你这么多钱呢！"

那一天母亲数落了我一顿。数落完，又给我凑足了买《青年近卫军》的钱。我想我没有权利用那钱再买任何别的东西，无论为我自己还是为母亲。

就这样，我有了第一本长篇小说。

这是一个简单又深深打动人心的故事，引导学生读懂小说，具有非常重要的人生意义，尤其符合当今立德树人的重大教育任务。

故事的简单，在于它讲述的就是买一本小说这件童年生活中极为寻常的事儿，很多经历过经济困难的家庭都曾经发生过。我还清清楚楚地记得小学三年级凑零花钱买连环画册（那时叫"小人书"）《井陉之战》的情景呢。而在生活逐渐富足之后，这种事情就难得一见了。从这个层面上来讲，艰苦、困难倒是培养一个人情感感知的一剂良药呢。

梁晓声很会讲故事，把一个简单的故事讲得一波三折，讲出了小小故事中承载的意义。首先是"我"想要买一本《青年近卫军》，向已经被铁路工厂辞退，在街道小厂上班收入微薄的母亲要钱，然后是嘈杂的工厂里一番大声的争论，接着是母亲毫不犹豫地给钱和工友善意却不理解的阻止，再然后是母亲的坚持，没想到的是，"我"拿着母亲给的一元五角钱去给母亲买了一听水果罐头，而母亲在数落"我"一通后再一次给了"我"书钱，而"我"终于有了第一本长篇小说。

诵读这篇文章，需要抓住一些关键的细节，引导学生读懂小说的主旨：爱的理解与回馈。

"怂恿"这个词用得极好，既写出了"我"对这本书的渴望，又包含了"我"向母亲要钱的犹豫，这说明"我"对于家中的困难、对母亲的艰辛是有所了解的，这是以下情节发展尤其是为母亲买罐头这一幕出现的基础。现在的中小学生，大多数对自己的父母从事什么工作、每月挣多少钱不了解也不关心，向父母伸手要钱成了一件天经地义的事儿，要不到钱还要闹脾气甚至出现极端事件，问题出在哪儿呢？出在思考问题的立场上。以自己为中心，以自己需要的满足为衡量标准，当然不会体谅父母对自己的付出，这种环境中成长起来的人，怎么能算文明社会中的合格公民呢？应在教学中引导学生去感受他人的情感与思想，教学生换位思考，去设身处地地感受父母乃至于身边亲戚、朋友、同学、老师的需要。人可以成为更会理解他人的人，社会可以成为更和谐谦让的社会。

母亲工作的场所被作者赋予了较多笔墨，空间低矮狭窄，四壁潮湿颓败，光线阴暗，酷暑难当。无论是彼时还是此时，哪一份生活的挣揣轻松过呢？能够看见，是能够理解的基础。如果"我"心里只有我要的书，是看不见，也感受不到母亲工作场景的恶劣的。

母亲给"我"买书的钱，却受到"不相干"的工友的阻挠，而这种阻挠并不是恶意的，而是基于对一样贫困的生活的理解和对来之不易的生活费用一分一厘地珍惜。我们的父辈，甚至我们自己不就是从这样的生活中一步一步走过来的吗？从这个细节中也看出，读书在当时是一件多么奢侈的事情！而母亲坚持给买书的钱，既显出母亲对儿子的疼爱，又塑造出虽处贫困却支持儿子读书的异于普通工友的极富远见的母亲形象，这样的母亲才会有意识地去培养自己的孩子，也才能培养出有出息的孩子来。

母亲是优秀的，儿子是善良和感性的。本是用来购买小说的一元五角钱，却意外地变成了一听水果罐头。书是可以增长人的知识和才干的，一听水果罐头一下子吃完就没有了，这样花钱会让人心疼吗？对此，母亲当然是要"数落'我'"的，而"我"呢？是看到母亲的艰辛，看到母亲在繁重劳动中的"瘦小"，"鼻子一酸"跑出去做了这件事的。"我"理解了母亲的爱，母亲的不易，并以一次看似冲动的行为回馈了母亲的恩情。当然，更大的回馈是好好学习努力成才，学生能懂得这些情感的层次，并努力去成为像"我"一样的人，作品更大的价值就实现了。

在文章里，生活在贫穷中的母子，相互之间的爱是双向流动的，他们把爱对方当成自己理所应当的事情，母子的关系，家庭的关系和谐而温暖，贫穷不能成为生活痛苦的根源。

读出大爱与奉献
——《小岛》诵读指导

陈　骏

无边无际的大海上，有一座小岛，远远望去，像一片云在天边浮着。这里树少，草少，土也很少，却驻扎着一群海军士兵。

将军上岛时正是这儿比较凉快的时候，但也有二十多摄氏度。没法子，谁叫这儿离赤道近呢。小岛转一圈也用不了十分钟，所以，到第五分钟时，将军就发现了问题。

"岛那边是什么东西，搞得那么神秘？是暗堡？"将军说着就走了过去，才看清那儿用礁石围成一圈，上面用油布遮挡着。掀开油布一角，竟露出一片绿油油的菜地。

将军不由得一愣。他知道，在这个地方，蔬菜是很难生长的。因为主要吃罐头，有的战士上岛一段时间后，就会牙龈溃烂，嘴里起泡。从大陆上运来的蔬菜，还没上岛，就要烂掉大半。看着眼前绿油油的菜地，将军真怀疑自己是在做梦："这是怎么弄出来的？"

队长说，他是北方人，从大棚种菜得到启示，就搞了这个油布棚，北方大棚是为防冻，这个棚却是防晒和防盐。菜地里的土，大部分是战士们从老家一口袋一口袋背来的。

"都从老家？"将军纳闷，"就近的海岛上有土，不也行吗？"

"是啊，可战士们愿意从家乡背，连菜种也是从老家带来的。您看，不少北方的菜在这里都活了。"

将军弯腰细看：好家伙，小小一块菜地，菜的种类还挺多。

"晚饭后，我们就可以把油布都掀开，让您看看菜地的全貌。"队长自豪而又神秘地一笑。

将军的眼光抓住了这一笑，心想：小鬼，还有什么瞒着我呢！就说：

"好，我就在晚饭后来看。"

同行的秘书着急了："首长，不是定了赶回舰上吃晚饭的吗？"

将军当然不会忘。还是他自己定下的规矩：在这一海域，为了减轻岛上的负担，吃住必须返回军舰。但现在，他对随行人员说："你们乘快艇返回。我在岛上不光吃晚饭，还要吃明天的早饭。"

大家都很吃惊。秘书马上问队长："晚上岛上吃什么？"

将军白了他一眼："吃什么？战士们吃什么我就吃什么。"

他问身边的队长："欢迎不欢迎？"

队长心里很矛盾，说："欢迎是欢迎，可您的身体……"

将军又问围过来的战士们："你们欢迎吗？"

"欢迎！"

将军点点头。他要住下来，可不是因为队长那一笑。他是想，要是这里种菜的法子真能推广，那对这一带守岛部队的作用可太大了。这种问题看起来很小，却直接关系到部队的战斗力。

晚饭时，队长陪将军来到队部，办公桌上摆了好几个盘子，有罐头，还有几种鲜鱼。将军知道这儿有鱼不稀奇，也就没说什么，坐下来拿起了筷子。就在这时，炊事员端来一个盘子，将军一看，脸色马上变了。那是一盘小白菜。

"这是谁的主意？"将军问道。

队长不知说什么好："大家的……"

"大家的？哼！"将军重重地放下筷子，起身，"我说和战士们一起吃，你劝我说我去了他们会拘束，我就听了你的。现在倒好！我问你，战士们有蔬菜吃吗？"

"一个星期吃一次。"队长声音小了。

"我问的是今天。走，去看他们吃什么！"

队长急了："首长，您别去了。这盘菜您一定要吃下去，要不，您会后悔的。"将军一愣，不明白队长说的什么意思。

队长想了想，对将军说："您等一下。"然后跑了出去。过了一会儿，他又跑了回来，指着窗外："首长，您看。"

将军顺着队长指的方向看去——

那一片油布已经翻开，露出了一大块菜地，那绿油油的一片，竟构成了一幅中国地图。

将军在心里一阵沉吟，凝视着那片绿色。

"全国的省份，一大半有土在这里。岛上的战士知道您身体不大好，又上了年纪，一致要求务必让您吃上蔬菜……大家不是把您看成首长，而是一个长辈。"队长在边上小声地说。

将军觉得鼻子有些发酸，就别过脸去，刚好看见那盘小白菜。

他怔了一下，走过去端起来，大步走了出去。

饭堂里，战士们正在吃饭，见将军进来，都停住了筷子。将军看了看他们桌子上的罐头，喉咙哽了一下，说："同志们……"停了一下，又说："孩子们，我给大家分菜，每人一筷子。"

战士们怕烫似的马上躲远。将军没有追过去，也知道自己没法追。他站在原地，一时不知怎么办才好。终于，他眼睛一亮，看到了饭桌边上的一桶汤。他走过去，把手中的菜倒进汤里，而后拿起汤勺，在桶里搅了几下。随后，他舀起一勺汤。

没有人招呼，战士们自觉地围了过来。一勺一勺的菜汤舀到了战士们的碗里。将军看到不少人的眼角有些晶亮，自己的鼻子又开始发酸，本来想说些什么，脑子乱了，只张了张嘴……

清晨，将军乘快艇离开了小岛。回望小岛，他看到那片绿色上面，一轮鲜红的太阳正在升起。

他向着太阳，向着那片绿色，也向着小岛，行了一个标准的军礼。

《小岛》是军旅作家陆颖墨的作品，讲述的是一位将军视察南海岛礁时看到战士们种植蔬菜和战士们请将军吃蔬菜，将军怀着感动的心情，与战士们分享蔬菜的故事。

在内陆，种蔬菜、吃蔬菜是极其寻常的事情，但在海岛上，这件事却具有非比寻常的重要意义。

在中国的南海上，散布着无数的岛屿，守岛战士驻扎在那里，守卫着祖国的安全。因为天气炎热且缺少土壤，那里很难种出蔬菜，而且因为路途遥远，从大陆上运去的蔬菜，还运到那里就有很多都坏掉了。战士们很难吃上新鲜的蔬菜，生活很是艰苦，可是，这些最可爱的人就是在这样艰苦的环境中，一代又一代地为祖国守住大门，守住每一个岛礁，守住每一寸海疆。他们付出的是宝贵的青春，守住的是祖国领土的神圣与尊严！

这一份情怀，与我们普通人的生活，实在是有着太远的距离，远到几乎难以想象。当你过着灯红酒绿的生活的时候，你怎能理解那一种枯燥与乏味；当你过着岁月静好的生活的时候，又怎能体会战士们肩头沉甸甸的担子？这是关乎小家与大家，个人与祖国的人生情怀，这是只有亲历者才能拥有的最为真实的爱国情怀。

文章中有几件事尤其需要仔细品读。

一件是战士们从各自的家乡不远千里地把种菜的土一袋一袋地背到小岛上来，这样的不辞辛苦，这样的不惮辛劳！为什么呢？因为小岛和祖国息息相关，小岛上有了家乡的泥土，小岛仿佛也就成了家乡，这件事充分体现出战士们对驻守的这个小岛是何等的依恋，又是何等的怜惜！甚至可以说柔情无限，朗诵的时候，这是极需要认真体会和表达的。并且，这绿油油的一片菜地，竟构成了一幅中国地图，战士们的用心，我们怎么能不懂！

武戈老师有一首原创诗歌《足迹——遐想》，写的是一位老兵，多年以后再次踏上南海岛礁，面对岛礁翻天覆地的变化，用脚一步一步地丈量，心中涌起无比的自豪与豪迈。品读诗作，与作者一同观览，读者亦生出一样的豪情，其中的情感与此文颇有几分相通。

2016 年 1 月，一则新闻火遍微信朋友圈，讲述的就是北京大学人民医院一位急诊医生的故事：医生的老父亲从外地来看儿子，到医院后看到儿子忙得抬不起头，根本说不上话，于是老人家只好挂了个号，和儿子见了一面。后来这个故事被编成了高考作文练习题，很多考生表示对此难以理解，甚至有考生认为这位医生对父亲不够孝顺，一心只想多看病人多挣钱。这真是一个天大的误会！急诊科的医生之于病人，有时不啻再生父母，与时间分秒竞逐，挽回的是患者的健康甚至生命。我相信那时的医生，心中是有着对父亲的愧疚的，但医生的天职，使他不得不埋头工作。这种情怀，并非人人能懂，只有处于奉献之中的人，才能真正理解这种奉献和牺牲的价值和分量。小岛上的战士们，有的是与都市的大学生们是一样的青春年华，却甘心放弃对繁华的追寻，在潮湿、炎热、枯燥的小岛上驻守，在此，我们对他们，心中由衷地升起一份敬意！有了这一份情愫，我们的朗诵会更加感人。

另一件是战士们请将军吃蔬菜，将军舍不得吃，几番推让，最终与战士们共享。在内陆，蔬菜是寻常的食物，但在小岛上，蔬菜的金贵可想而知，请将军吃，一来表现战士们对将军的敬重，二来显示出战士们对自己倾注心血的劳动成果的自豪。然而就算是这样，将军依然舍不得多吃一口盘里的小白菜。推让之间，在小岛这个纯粹的环境中，将军与士兵之间的互相照顾与体恤瞬间跃然纸上，中国人民解放军官兵平等在这个细节中表现得淋漓尽致！什么样的将军能够懂得蔬菜对于战士们的重要意义呢？必然是那些在艰苦环境中生活过并成长起来的老兵！此时此刻，在互相的谦让之中，在将军给战士们一勺一勺分菜汤的过程中，那种相互理解、相互爱护的感情是不是也戳中了你的泪点？

笔者曾在电视剧《舰在亚丁湾》中扮演一艘补给舰的舰政委，其中一个情节是亚丁湾护航的战士们在军舰上种植蒜苗并进行比赛。大多观众对这样的情景觉得有趣，也许他们并不懂得远离内陆的战士们生活的艰苦与枯燥，难以懂得这个简单得近乎幼稚的比赛有着怎样的意义。当我朗诵《小岛》的那一刻，我真的懂了。

战士们无怨无悔，肩负驻守海疆的伟大使命；以苦为乐，装点祖国美丽的岛礁；心有诗情，美化着绿色军营的生活。因为有了他们，五星红旗更加鲜艳；因为有了他们，祖国的海疆如诗如画！在此，让我们充分理解新时代最可爱的人，一起向新时代最可爱的人致以崇高的敬意！

读出信仰与牺牲

——《丰碑》诵读指导

陈　骏

　　红军队伍在冰天雪地里艰难地前进。严寒把云中山冻成了一个大冰坨。狂风呼啸，大雪纷飞，似乎要吞掉这支装备很差的队伍。

　　将军早把他的马让给了重伤员。他率领战士们向前挺进，在冰雪中为后续部队开辟一条通路。等待他们的是恶劣的环境和残酷的战斗，可能吃不上饭，可能睡雪窝，可能一天要走一百几十里路，可能遭到敌人的突然袭击。这支队伍能不能经受住这样严峻的考验呢？将军思索着。

　　队伍忽然放慢了速度，前面有许多人围在一起，不知在干什么。将军边走边喊："不要停下来，快速前进！"将军的警卫员回来告诉他："前面有一个人被冻死了。"

　　将军愣了愣，什么话也没说，朝那边走去。

　　一个冻僵的老战士，倚靠一棵光秃秃的树干坐着，一动也不动，好似一尊塑像。他浑身都落满了雪，可以看出镇定、自然的神情，却一时无法辨认面目，半截带纸卷的旱烟还夹在右手的中指和食指间，烟火已被风雪打熄。他微微向前伸出手来，好像要向战友借火。单薄破旧的衣服紧紧地贴在他的身上。

　　将军的脸上顿时阴云密布，嘴角边的肌肉明显地抽动了一下，转过头向身边的人吼道："叫军需处长来，为什么不给他发棉衣？"一阵风雪吞没了他的话。他红着眼睛，像一头发怒的豹子，样子十分可怕。

　　没有人回答他，也没有人走开……

　　"听见没有？警卫员！快叫军需处长跑步过来！"将军两腮的肌肉大幅度地抖动着，不知是由于冷，还是由于愤怒。

　　这时候，有人小声告诉将军："他就是军需处长……"

　　将军就要发火的手势突然停住了。他怔怔地伫立了足有一分钟。雪花无声地落在他的脸上，溶化成闪烁的泪珠……他深深地呼出了一口气，缓缓地举起了右手，举至齐眉处，向那位与云中山化为一体的军需处长敬了一个庄严的军礼……

雪更大了，风更狂了。大雪很快覆盖了军需处长的身体，他变成了一座晶莹的丰碑。

将军什么话也没说，大步地钻进了弥天的风雪之中，他听见无数沉重而又坚定的脚步声，那声音似乎在告诉人们：如果胜利不属于这样的队伍，还会属于谁呢？

长征的故事我们听过很多，《金色的鱼钩》《七根火柴》等文章让人深深感动，而李本深的《丰碑》，不仅在我们心中树立起一座革命的丰碑，而且让我们深刻地理解一种信仰，以及为了这份信仰而牺牲的矢志不渝。

这篇文章打动人心的固然是因为一位老兵在翻越雪山时，冻死在路上，但这样的情形，在敌军前堵后追的恶劣环境里，在装备极差的红军队伍中，并非个例。我们会因为生命的逝去而痛惜不已，会因为无数革命战士为了取得最终的胜利而前仆后继潸然泪下。但本文最击中人心的，是老兵的身份，他是一位军需处长，他完全可以优先获得棉衣，安全地翻越雪山，然而他并没有这样做，而是将少得可怜的棉衣让给了别人，而他，是穿着单衣翻越雪山的。如果别人还有需要，就让给别人，如果需要牺牲，就牺牲自己！这是这支队伍最淳朴也最坚定的意志！为了一份信仰，敢于，也乐于付出最大的牺牲，这也正是这支队伍最终能取得胜利的重要原因。而且在文中，先人后己的不仅有军需处长，就连将军，也早把他的马让给了重伤员。

党的十八大以来，"党要管党""党员干部要更加严格地要求自己""党员干部要率先垂范"成为新长征路上最普遍的共识，这种优良的传统得到继承与发扬，让全国人民看到国家强盛、民族复兴的希望并愿意为之付出辛勤的汗水。

在文章里，几处细节描写需要朗诵者注意并且细致地表现出来。一处是老军需处长被冻死时的形象描写。他"倚靠一棵光秃秃的树干坐着，一动也不动，好似一尊塑像"，我们可以想象出当时的情景，他太冷了，也太累了，于是坐下来，歇一会儿，抽一口烟，然而这一次坐下，就是他最后一次坐下，他再也没能站起来，这让几十年后的我们，内心是多么地悲伤！"他浑身都落满了雪，可以看出镇定、自然的神情，却一时无法辨认面目"，可以想象，这位军需处长已经预见死神的降临。作为一名老兵，一位军需处长，他不可能不知道在这样极度严寒的环境中行军，是绝不可以"停下来"的，"停下来"意味着什么，他是清清楚楚的。然而，他实在是走不动了，严寒已经夺去了他大半的生命力，坐下来的时候，他正坦然地接受着最终的残酷结局，所以他的神情是"镇定"和"自然"的。朗诵的时候需理解军需处长内心丰富又渐趋平静的情感，同时表达出我们对这样的英雄人物的不舍。"半截带纸卷的旱烟还夹在右手的中指和食指间，烟火已被风雪打熄。他微微向前伸出手来，好像要向战友借火"，这几句话在老军需处长与战友之间建立了联系，这是处于死之边缘的生之依恋。就在极短的时间，他旱烟上的火光已经熄灭，他的生命之火也在那一刻熄灭了。读到此处，我们的心是颤抖的，一位老兵，就这样被严寒夺去了宝贵的生命了。

接下来是将军的表现。"将军的脸上顿时阴云密布，嘴角边的肌肉明显地抽动了一下，转过头向身边的人吼道：'叫军需处长来，为什么不给他发棉衣?'一阵风雪吞没了他的话。他红着眼睛，像一头发怒的豹子，样子十分可怕。""阴云密布"和"嘴角边的肌肉抽动"说明他对战士的冻死无比心痛和难以接受，这与他把战马让给重伤员的行为是一致的。作为读者，我们会与将军有着一样的追问，而寂静中小声的一句"他就是军需处长……"既为我们揭秘，又让我们感到震撼！冻死的不是别人，恰是掌管着军需物资的军需处长，这是多么不可思议的事情！

接下来的一切，是一场庄严的仪式。将军向身上落满雪花的军需处长，敬了一个军礼，这时，大雪纷飞，群山肃穆，文内文外的人们，都在这庄严的仪式中受到心灵的洗礼。是啊，如果胜利不属于这样的队伍，还会属于谁呢？

读出对生命的珍爱

——《我很重要》诵读指导

陈 骏

当我说出"我很重要"这句话的时候，颈项后面掠过一阵战栗。我知道这是把自己的额头裸露在弓箭之下了，心灵极容易被别人的批判洞伤。

许多年来，没有人敢在光天化日下表示自己"很重要"。我们从小受到的教育都是——"我不重要"。

作为一名普通士兵，与辉煌的胜利相比，我不重要。

作为一个单薄的个体，与浑厚的集体相比，我不重要。

作为一位奉献型的女性，与整个家庭相比，我不重要。

作为随处可见的人的一分子，与宝贵的物质相比，我们不重要。

我们——简明扼要地说，就是每一个单独的"我"——到底重要还是不重要？

我是由无数星辰日月草木山川的精华汇聚而成的。只要计算一下我们一生吃进去多少谷物，饮下了多少清水，才凝聚成这具美好的躯体，我们一定会为那数字的庞大而惊讶。平日里，我们尚要珍惜一粒米、一叶菜，难道可以对亿万粒菽粟亿万滴甘露濡养的万物之灵，掉以丝毫的轻心吗？

当我在博物馆里看到北京猿人窄小的额和前凸的吻时，我为人类原始时期的粗糙而黯然。他们精心打制出的石器，用今天的目光看来不过是极简单的玩具。如今很幼小的孩童，就能熟练地操纵语言，我们才意识到人类已经在进化之路上前进了多远。我们的头颅就是一部历史，无数祖先进步的痕迹储存于脑海深处。我们是一株亿万年苍老树干上最新萌发的绿叶，不单属于自身，更属于土地。人类的精神之火，是连绵不断的链条，作为精致的一环，我们否认了自身的重要，就是推卸了一种神圣的承诺。

回溯我们诞生的过程，两组先命基因的嵌合，更是充满了人所不能把握的偶然性。我们每一个个体，都是机遇的产物。

常常遥想，如果是另一个男人和另一个女人，就绝不会有今天的我……

即使是这一个男人和这一个女人，如果换了一个时辰相爱，也不会有此刻的我……

即使是这一个男人和这一个女人在这一个时辰，由于一片小小落叶或是清脆鸟啼的打搅，依然可能不会有如此的我……

毕淑敏的散文《我很重要》是粤教版高一语文教材第一篇课文。从创作本意上来说，作者是要告诉人们，要自信地面对人生中的起起伏伏，要珍惜这来之不易的生命历程，文章主旨并不难懂。如今中小学教育中生命教育日渐重要，这篇文章获得了作者始料未及的巨大意义。

由于现代社会生存压力不断加大，学习、就业竞争也日渐激烈，多年以来独生子女特殊的成长环境，使得一些青少年的抗压能力严重下降，遇到挫折不能想办法积极应对，诸多因素的叠加导致诸多极端事件的发生。面对青少年轻生事件频发的现状，教育主管部门伤透脑筋，大中小学严防死守，情形却未见好转。究其根本，是青少年对生命的珍贵还缺少深刻的理解，对生命的意义还缺少必要的思考。

对中小学生进行生命教育，需要收集、整理大量的材料，编成有针对性的教材，其中有视频、音频，也有文字，但花了这么多工夫，素材就一定能走入孩子们的内心深处吗？教育的效果能够得到保证吗？这是一件很难确定的事。

笔者也在原创诗文《生命·和谐》中写道：

茫茫宇宙，浩浩苍穹
每一个生命犹如一道道璀璨的华光
刹那出现又匆匆逝去
恒河沙岸，弱水绵绵
生命，是一个令人惊叹的奇迹
渺小而又伟大
在偶然和必然之间
你来到这个世界
倾听高山流水，感受潮起云飞
你是一个独一无二的存在
……

要向广大的青年学生宣讲生命的意义，毫无疑问，《我很重要》就是一篇不仅易读，而且思想深邃，文采飞扬，能够解决实际问题的好文章。如果能引导学生读好《我很重要》这篇文章，读出感情，读出思想，读出珍爱，读出拼搏的意义，那么很多问题就能够迎刃而解了。

在朗读中，朗读者应该保持一种对生命充满悲悯、热情礼赞的状态，尽量把自己融入对生命的思考中去，用自身的感受对青少年产生感召作用，谆谆教导而又避免说教，用文学作品的感染力引领学生树立珍爱生命、拼搏人生、实现价值的坚定信念，从而完成高质量的生命教育。

有人说，毕淑敏的文章是心灵鸡汤，既然是鸡汤，就总是有些营养的。只要不过分，不腻，不流于表面，只说一些流行的话语，而是用来滋育心灵，就确乎是一件好事。

读出词彩丰茂，才情涌溢

——《洛神赋》诵读指导

陈　骏

　　黄初三年，余朝京师，还济洛川。古人有言，斯水之神，名曰宓妃。感宋玉对楚王神女之事，遂作斯赋，其词曰：

　　余从京域，言归东藩，背伊阙，越轘辕，经通谷，陵景山。日既西倾，车殆马烦。尔乃税驾乎蘅皋，秣驷乎芝田，容与乎阳林，流眄乎洛川。于是精移神骇，忽焉思散。俯则未察，仰以殊观。睹一丽人，于岩之畔。乃援御者而告之曰："尔有觌于彼者乎？彼何人斯，若此之艳也！"御者对曰："臣闻河洛之神，名曰宓妃。然则君王所见，无乃是乎？其状若何，臣愿闻之。"

　　余告之曰：其形也，翩若惊鸿，婉若游龙，荣曜秋菊，华茂春松。髣髴兮若轻云之蔽月，飘飖兮若流风之回雪。远而望之，皎若太阳升朝霞。迫而察之，灼若芙蕖出渌波。秾纤得衷，修短合度。肩若削成，腰如约素。延颈秀项，皓质呈露，芳泽无加，铅华弗御。云髻峨峨，修眉联娟，丹唇外朗，皓齿内鲜。明眸善睐，靥辅承权，瑰姿艳逸，仪静体闲。柔情绰态，媚于语言。奇服旷世，骨像应图。披罗衣之璀粲兮，珥瑶碧之华琚。戴金翠之首饰，缀明珠以耀躯。践远游之文履，曳雾绡之轻裾。微幽兰之芳蔼兮，步踟蹰于山隅。于是忽焉纵体，以遨以嬉。左倚采旄，右荫桂旗。攘皓腕于神浒兮，采湍濑之玄芝。

　　余情悦其淑美兮，心振荡而不怡。无良媒以接欢兮，托微波而通辞。愿诚素之先达兮，解玉佩以要之。嗟佳人之信修兮，羌习礼而明诗。抗琼珶以和予兮，指潜渊而为期。执眷眷之款实兮，惧斯灵之我欺。感交甫之弃言兮，怅犹豫而狐疑。收和颜而静志兮，申礼防以自持。

　　于是洛灵感焉，徙倚彷徨。神光离合，乍阴乍阳。竦轻躯以鹤立，若将飞而未翔。践椒涂之郁烈，步蘅薄而流芳。超长吟以永慕兮，声哀厉而弥长。

尔乃众灵杂遝，命俦啸侣。或戏清流，或翔神渚。或采明珠，或拾翠羽。从南湘之二妃，携汉滨之游女。叹匏瓜之无匹兮，咏牵牛之独处。扬轻袿之猗靡兮，翳修袖以延伫。体迅飞凫，飘忽若神。凌波微步，罗袜生尘。动无常则，若危若安。进止难期，若往若还。转眄流精，光润玉颜。含辞未吐，气若幽兰。华容婀娜，令我忘餐。

于是屏翳收风，川后静波。冯夷鸣鼓，女娲清歌。腾文鱼以警乘，鸣玉鸾以偕逝。六龙俨其齐首，载云车之容裔。鲸鲵踊而夹毂，水禽翔而为卫。于是越北沚，过南冈，纡素领，回清阳，动朱唇以徐言，陈交接之大纲。恨人神之道殊兮，怨盛年之莫当。抗罗袂以掩涕兮，泪流襟之浪浪。悼良会之永绝兮，哀一逝而异乡。无微情以效爱兮，献江南之明珰。虽潜处于太阴，长寄心于君王。忽不悟其所舍，怅神宵而蔽光。

于是背下陵高，足往神留。遗情想像，顾望怀愁。冀灵体之复形，御轻舟而上溯。浮长川而忘返，思绵绵而增慕。夜耿耿而不寐，沾繁霜而至曙。命仆夫而就驾，吾将归乎东路。揽騑辔以抗策，怅盘桓而不能去。

曹植的《洛神赋》是一篇课外篇目，并没有选入中学语文教材，以至于作为建安文学的代表人物，天下才共一石而独占八斗的曹子建，两千年来诗家共称的"仙才"陈思王，在如今高中毕业生的心中，能留下深刻印象的依然还是那一首《七步诗》，这不能不说是一个巨大的遗憾。因此，在我工作室的公众号中，特意进行了拓展，收入了曹植的《洛神赋》。

朗诵《洛神赋》并不容易。首先是生僻字的梳理，在这一千余字的传世之作中，非常用字比比皆是，就算是大学中文系的毕业生，读得磕磕绊绊恐怕也是常事（也许这也正是它难以进入中学语文教材的原因吧）。因此，必须耐下心来，认真梳理文中字词。

解决了音读，便要进入意读的层面了，了解文章中都写了些什么内容。《洛神赋》全篇大致可分为六个段落，第一段写作者从洛阳回封地时，看到"丽人"宓妃伫立山崖，这段类似话本的"入话"。第二段写宓妃容仪服饰之美。第三段写"我"非常爱慕洛神，她实在太好了，既识礼仪又善言辞，虽已向她表达了真情，赠以信物，有了约会，但也担心受欺骗，极言爱慕之深。第四段写洛神为"君王"之诚所感后的情状。第五段"恨人神之道殊兮"以下二句，是此赋的寄意之所在。第六段写别后"我"对洛神的思念。

了解了作品的内容，那么，作品中的情感线索又是什么呢？文章的情感，大体有得遇洛神的欣喜，面对洛神之美的赞叹，对洛神的无比向往以及对求而不得的苦闷。

而产生苦闷之情的原因，可以读解出三层意思：

1. 人神有别，有情人不能成眷属；

2. "洛神"是作者的精神寄托，但她只能存在于想象之中，现实中难以找到，失落无限；

3. 以此赋托意，作者不但与帝王之位无缘还屡受兄弟的逼害，无奈之余又感到悲哀和愤懑。

有了这些准备，我们才可以真正走进作品，去欣赏作品的浪漫色彩，去感受陈思王横溢的才华。

作品有三大特点：

1. 想象丰富。想象之中，作者从京城洛阳启程，东归封地鄄城。途中，在洛川之边，停车饮马，在阳林漫步之时，看到了洛神宓妃，她的体态摇曳飘忽，像惊飞的大雁，婉曲轻柔，像是水中的游龙，鲜美、华丽较秋菊、茂松有过之，姣如朝霞，纯洁如芙蓉，风华绝代。随后他对她产生爱慕之情，托水波以传意，寄玉佩以定情。然她的神圣高洁使他不敢造次。洛神终被作者的真情所感动，与之相见，倾之以情。但终因人神殊途，结合无望，与之惜别。想象绚烂，浪漫凄婉之情淡而不化，令人感叹，惆怅丝丝缕缕。这想象也是有缘由的，通常认为是有感于宋玉的《神女赋》《高唐赋》两篇赋而作。

2. 词藻华丽而不浮躁，清新之气四逸，令人神爽。讲究排偶，对仗，音律，语言整饬、凝练、生动、优美。取材构思汉赋中无出其右。例如，文中描写洛神之美的句子"翩若惊鸿，婉若游龙，荣曜秋菊，华茂春松。髣髴兮若轻云之蔽月，飘飖兮若流风之回雪"，就曾被周洪亮在他主编的《璇玑辞》中用来赞美王羲之的书法之美。

3. 传神的描写刻画，兼之与比喻、烘托共用，错综变化、巧妙得宜，给人一种浩而不烦、美而不惊之感，使人感到如在看一幅绝妙丹青，个中人物有血有肉，而不会使人产生一种虚无之感。在对洛神的体型、五官、姿态等描写时，给人传递出洛神的沉鱼之貌、落雁之容。同时，又有"清水出芙蓉，天然去雕饰"的清新高洁。在对洛神与之会面时的神态的描写刻画，使人感到斯人浮现于眼前，风姿绰约。而对于洛神与其分手时的描写"屏翳收风，川后静波，冯夷鸣鼓，女娲清歌"，爱情之真挚、纯洁令人神往，一切都是这样的美好，以致离别后，人去心留，情思不断，洛神的倩影和相遇相知时的情景历历在目，浪漫而苦涩，心神为之不宁，徘徊于洛水之间不忍离去。

对《洛神赋》的思想、艺术成就，前人都曾予以极高的评价，最明显的是常把它与屈原的《九歌》和宋玉的《神女》诸赋相提并论。其实，曹植此赋兼二者而有之，它既有《湘君》《湘夫人》那种浓厚的抒情成分，同时又具宋玉诸赋对女性美的精妙刻画。此外，它的情节完整，手法多变和形式隽永等，又为以前的作品所不及。因此它在历史上有着非常广泛和深远的影响。晋代大书法家王献之和大画家顾恺之，都曾将《洛神赋》的神采风貌形诸楮墨，为书苑和画坛增添了不可多得的精品。到了南宋和元明时期，一些剧作家又将其搬上了舞台，汪道昆的《陈思王悲生洛水》就是其中比较著名的一出。至于历代作家以此为题材，见咏于诗词歌赋者，则更是多得难以数计。可见曹植《洛神赋》的艺术魅力，是经久不衰的。

读出停连

——《人民万岁》诵读例说

陈 骏

停连是有声语言表达思想感情的重要技巧之一。在朗读的语流中声音的休止、中断属于停顿，那些有标点而不显示中断的地方属于连接。停顿和连接都是有声语言行进中显示语意、抒发感情的方法。无论停或连，都是思想感情发展变化要求的，而不是任意的。

出生的时候，我们牙牙学语，逐渐地把片段的语言连缀起来，把话说得流畅了，有时甚至如连珠炮一般，我们会觉得这个人的语言能力比较强。在相声中有一种形式叫"贯口"，相声演员通过反复训练，使自己的口齿变得相当灵便而清晰，能够一气呵成地完成很长的一段文字而很少停顿，甚至某卫视主持人在播报广告时达到了每秒7.44个音节的惊人语速，成为国民追捧的名嘴，这可以算是一个极致了。

但在朗诵中，为了恰如其分地表情达意，停连的变化是必不可少的，以下从三个方面进行说明。

一、停顿

停顿指语句或词语之间声音上的间歇。一方面是朗诵者在朗诵时的生理上的需要；另一方面是句子结构上的需要；再一方面是为了充分表达思想感情的需要；同时，也可给听者一个领略和思考、理解和接受的余地，帮助听者理解文章含义，使之加深印象。停顿包括生理停顿、语法停顿和强调停顿。

生理停顿。生理停顿即朗诵者根据气息需要，在不影响语义完整的地方作一个短暂的停歇。要注意，生理停顿，不要妨碍语意表达，不割裂语法结构。

语法停顿。语法停顿是反映一句话里面的语法关系的，在书面语言里就反映为标点。一般来说，语法停顿时间的长短同标点大致相关。例如，句号、问号、叹号后的停顿比分号、冒号长；分号、冒号后的停顿比逗号长；逗号后的停顿比顿号长；段落之间的停顿则长于句子停顿的时间。

强调停顿。是指为了强调某一事物，突出某个语意或某种感情，而在书面上没有标点、在生理上也可不作停顿的地方作了停顿，或者在书面上有标点的地方作了较大的停顿，这样的停顿我们称为强调停顿。强调停顿又叫逻辑停顿，它主要是靠仔细揣摩作品，深刻体会其内在含义和逻辑关系来安排的。

例如，遵义会议‖纠正了｜在第五次反"围剿"斗争中所犯的"'左'倾机会主义性质"的严重的原则错误，团结了｜党和红军，使得｜党中央和红军主力胜利地完成了长征，转到了｜抗日的前沿阵地，执行了抗日民族统一战线的新政策。

"遵义会议"之后没有标点符号，但是为了突出"遵义会议"的地位，强调"遵义会议"在我党历史上的伟大意义，就应有一个停顿，而且比下面的其他强调停顿时间要长一些。"纠正了""团结了""使得""转到了""执行了"这些词语后面也没有标点，但为清楚显示"遵义会议"的伟大历史意义，应用停顿，句中画"‖"和"｜"的都表示强调停顿。如果不仔细揣度作品而任意作强调停顿，容易产生错误的理解。

例如，贺敬之《雷锋之歌》中的一句："来呵！让我们紧紧挽住雷锋的这三条刀伤的手臂吧！"有人在"三条"之后略作停顿，就会给听众造成"三条手臂"的错觉，影响理解的正确性。

二、连贯

无论是读书还是说话，把句子说得像句子是很重要的，要让人能够在你的有声语言里顺畅地接收到完整信息。如果停顿过多，句子变成了一群短语甚至是词语，磕磕巴巴，则会让人听得很费劲。因此对一种语言掌握的程度进行评价，流畅（连贯）是一个很重要的标准。在普通话测试中，如果要考出一级甲等的成绩，测试者在命题说话部分需要保持适当的语速以体现普通话使用的流畅，已经不是秘密了。

连贯的朗诵，能行云流水地向受众传递完整的信息，表达复杂的感情，尤其是对一些长句的处理，更是如此。

三、停连相间

单纯的停顿和连贯，其表达效果都是有限的，只有将二者结合起来，合理使用，才能将表达效果最大化，产生扣人心弦的艺术效果。

如王怀让诗歌《人民万岁》中，首节文字如下：

你从韶山水田的黄色的阡陌上走来，

你从安源煤矿的黑色的巷道里走来，

你从湘乡的那根垂挂过许多苦难的老楠斗树下走来，

你从长沙的那口映照出许多血泪的清水塘畔走来……

你走来，

径直走上天安门城楼，

向着创造历史的人民，

用深沉的湖南口音高呼：人民万岁！

　　由于是首节，讲述的是毛泽东投身革命的经历，是全诗的起点，也是毛泽东革命人生的起点，因此在"韶山水田""黄色的阡陌"之间，在"安源煤矿""黑色的巷道"之间，在"湘乡的""垂挂过许多苦难的""老楠斗树"之间，在"长沙的""映照出许多血泪的""清水塘畔"之间，宜多选用停顿，控制住朗诵节奏，把重要信息一一交代清楚。

　　而在第五节，也就是诗歌的倒数第二节，文字如下：

你走上天安门城楼是为了高呼人民万岁，

人民才用自己的身躯把天安门托得如此峨峨巍巍；

你走上天安门城楼是为了高呼人民万岁，

人民才用自己的血汗把天安门染得这样如描如绘……

——这，就是你教给我们的真理，

呼人民万岁的人，

他活着的时候人民才会向着他高呼万岁！

　　王怀让的诗歌擅用长句，在这首《人民万岁》全诗中有非常鲜明的体现。朗诵者需要不断地寻求变化，使朗诵在节奏上丰富而不单一，灵活而不呆板。到了这一节，作者抒情达到了高潮，情感喷薄而出，如果因为生理原因（气息）而过多使用停顿，就会影响这种一气呵成、一泻千里的强大气势，因此建议将整节诗的语速加快，取消一些短语之间的停顿，句子间的语法停顿也要努力缩短，使句与句之间衔接更加紧密，以符合诗歌情感表达的强烈需求。当然了，快的基础是清晰，朗诵者要调整好呼吸，还要练好基本功，在快速推进中把每一个字音交代到位，万不可一味求快而口齿不清。及至末节，为避免仓促结尾，节奏又要稍为放缓，短语间留下停顿，标点符号处加长停顿，以顿挫之感完成对全诗的朗诵，以达到一唱三叹，"余音绕梁"的艺术效果。

读出强弱轻重

——《我的南方和北方》诵读例说

陈 骏

由于作者蕴含于作品中的情感是属于不同类型的，因此情感表达有的似和风细雨；有的如黄钟大吕；有的在一篇之中，刚柔并济，瞬息万变。现以散文诗《我的南方和北方》为例简要说明。

自从认识了那条奔腾不息的大江，我就认识了我的南方和北方。

我的南方和北方相距很近，近得可以隔岸相望。我的南方和北方相距很远，远得无法用脚步丈量。

大雁南飞，用翅膀缩短着我的南方与北方之间的距离。燕子归来，衔着春泥表达着我的南方与北方温暖的情意。在我的南方，越剧、黄梅戏好像水稻和甘蔗一样生长。在我的北方，京剧、秦腔好像大豆和高粱一样茁壮。太湖、西湖、鄱阳湖、洞庭湖倒映着我的南方的妩媚和秀丽。黄河、渭河、漠河、塔里木河展现着我的北方的粗犷与壮美。

我的南方，也是李煜和柳永的南方。一江春水滔滔东流，流去的是落花般美丽的往事和忧愁。梦醒时分，定格在杨柳岸晓风残月中的那种伤痛，也只能是南方的才子佳人的伤痛。

我的北方，也是岑参和高适的北方。烽烟滚滚，战马嘶鸣。在胡天八月的飞雪中，骑马饮酒的北方将士，正向着刀光剑影的疆场上逼近。所有的胜利与失败，最后都消失在边关冷月下的大漠风中……

我曾经走过黄山、庐山、衡山、峨眉山、雁荡山，寻找着我的南方。我的南方却在乌篷船、青石桥、油纸伞、鱼鳞瓦的深处隐藏。在秦淮河的灯影里，我凝视着我的南方。在寒山寺的钟声里，我倾听着我的南方。在富春江的柔波里，我拥抱着我的南方。我的南方啊！草长莺飞，小桥流水，杏花春雨。

我曾经走过天山、昆仑山、长白山、祁连山、喜马拉雅山，寻找着我的北方。我的北方却在黄土窑、窗花纸、热土炕、蒙古包中隐藏。在雁门关、山海关、嘉峪关，我与我的北方相对无言。在大平原、大草原、戈壁滩，我与我的北方倾心交谈。在骆驼和牦牛的背景里，我陪伴着我的北方走向遥远的地平线。我的北方啊！大漠孤烟，长河落日，唢呐万里。

自从认识了那条奔腾不息的大江，我就认识了我的南方和北方。

从古到今，那条奔腾不息的大江就像一根琴弦，弹奏着几多兴亡，几多沧桑。在东南风的琴音中，我的南方雨打芭蕉，荷香轻飘，婉约而又缠绵。在西北风的琴音中，我的北方雪飘荒原，腰鼓震天，凝重而又旷远。

啊！我的南方和北方，我的永远的故乡和天堂！

在中国的文化认同中，南方与北方是有着截然不同的形象与性格的，南方柔美，北方刚强，南方灵秀，北方苍茫。在赵凌云的这个作品中，二者被完美地结合在一起，既形象各异又水乳交融，使之在一篇文章里统一为伟大祖国山河的美好。

在朗诵中，要抓住诗歌的意象，明确地处理出两种截然不同的风格来，体现出强烈的变化和鲜明的对比。

代表南方的意象是越剧和黄梅戏，是水稻和甘蔗，是妩媚、秀丽的太湖、西湖、鄱阳湖、洞庭湖。李煜和柳永创作着南方才子佳人的故事。山是隽秀神奇的黄山、庐山、衡山、峨嵋山、雁荡山。生活的场景是乌篷船、青石桥、油纸伞、鱼鳞瓦。在秦淮河的灯影里，在寒山寺的钟声里，在富春江的柔波里，草长莺飞，小桥流水，杏花春雨。

代表北方的意象是京剧和秦腔，是大豆和高粱，是粗犷、壮美的黄河、渭河、漠河、塔里木河。岑参和高适书写着北方将士刀光剑影的战斗豪情。山是绵亘苍凉的天山、昆仑山、长白山、祁连山、喜马拉雅山。生活的场景是黄土窑、窗花纸、热土炕、蒙古包。在充满厚重历史的雁门关、山海关、嘉峪关，在极目无边的大平原、大草原、戈壁滩，在骆驼和牦牛的背景里，大漠孤烟，长河落日，唢呐万里。

朗诵南方的段落，声音宜轻柔和缓，委婉缠绵，与表现南方的风物、人情保持一致。似乎用力稍重，便会把这如诗如画的景致击碎，因此需要百般呵护与温柔对待。朗诵北方的段落，声音需刚劲有力，昂扬奋进，口腔打开，气息饱满，因为再强的力量，"我"的北方也能够承受。如果缺少了强大的力量，那种雄浑和阳刚是表现不出来的。

无论是南方还是北方，无论是柔美还是刚劲，前提都必须是朗诵者对文字有充分的理解，对文字以及文字承载的祖国山河有深挚的爱。

读出快慢

——《声声慢》《琵琶行》诵读例说

陈 骏

声声慢

李清照

　　寻寻觅觅，冷冷清清，凄凄惨惨戚戚。乍暖还寒时候，最难将息。三杯两盏淡酒，怎敌他晚来风急！雁过也，正伤心，却是旧时相识。　　满地黄花堆积，憔悴损，如今有谁堪摘？守着窗儿独自，怎生得黑！梧桐更兼细雨，到黄昏点点滴滴。这次第，怎一个愁字了得！

琵琶行

白居易

　　浔阳江头夜送客，枫叶荻花秋瑟瑟。主人下马客在船，举酒欲饮无管弦。醉不成欢惨将别，别时茫茫江浸月。忽闻水上琵琶声，主人忘归客不发。

　　寻声暗问弹者谁？琵琶声停欲语迟。移船相近邀相见，添酒回灯重开宴。千呼万唤始出来，犹抱琵琶半遮面。转轴拨弦三两声，未成曲调先有情。弦弦掩抑声声思，似诉平生不得志。低眉信手续续弹，说尽心中无限事。轻拢慢捻抹复挑，初为《霓裳》后《六幺》。大弦嘈嘈如急雨，小弦切切如私语。嘈嘈切切错杂弹，大珠小珠落玉盘。间关莺语花底滑，幽咽泉流冰下难。冰泉冷涩弦凝绝，凝绝不通声暂歇。别有幽愁暗恨生，此时无声胜有声。银瓶乍破水浆迸，铁骑突出刀枪鸣。曲终收拨当心画，四弦一声如裂帛。东船西舫悄无言，唯见江心秋月白。

　　沉吟放拨插弦中，整顿衣裳起敛容。自言本是京城女，家在虾蟆陵下住。

十三学得琵琶成，名属教坊第一部。曲罢曾教善才服，妆成每被秋娘妒。五陵年少争缠头，一曲红绡不知数。钿头银篦击节碎，血色罗裙翻酒污。今年欢笑复明年，秋月春风等闲度。弟走从军阿姨死，暮去朝来颜色故。门前冷落鞍马稀，老大嫁作商人妇。商人重利轻别离，前月浮梁买茶去。去来江口守空船，绕船月明江水寒。夜深忽梦少年事，梦啼妆泪红阑干。

我闻琵琶已叹息，又闻此语重唧唧。同是天涯沦落人，相逢何必曾相识！我从去年辞帝京，谪居卧病浔阳城。浔阳地僻无音乐，终岁不闻丝竹声。住近湓江地低湿，黄芦苦竹绕宅生。其间旦暮闻何物？杜鹃啼血猿哀鸣。春江花朝秋月夜，往往取酒还独倾。岂无山歌与村笛？呕哑嘲哳难为听。今夜闻君琵琶语，如听仙乐耳暂明。莫辞更坐弹一曲，为君翻作《琵琶行》。

感我此言良久立，却坐促弦弦转急。凄凄不似向前声，满座重闻皆掩泣。座中泣下谁最多？江州司马青衫湿。

关于朗诵的语速问题，总的说来是宜慢不宜快的，因为要用声音营造出作品的意境，快了会给人浮光掠影的感觉。但这个只是总体原则，实际的处理还要看文本的需要情况，作品内容节奏舒缓，则朗诵语速就较慢，作品内容形势紧急，则语速就随之加快。一些篇幅较短的作品，为了让朗诵的过程显得不太短促，也会选择用缓慢的语速来处理，这算是朗诵中一个小小的技巧。

而李清照的《声声慢》，则并不是因为篇幅原因而选择缓慢的语速，而是因为其表达的情感太过愁苦。这是李清照晚期词的代表作品，一生的颠沛流离、家国苦难凝结于这短短的 97 个字中。每个字都沉重得难以行走，当然更不可能疾行，说是字字血、声声泪也不为过。所以一字一顿，一唱三叹。

白居易的《琵琶行》是七言乐府诗，整体上节奏平稳统一，以中速为主，但因为讲述了事件发生发展的过程，情节就有了缓急的变化，而描写音乐的这个部分，更是堪称中国古代诗歌中难得的佳品。从"转轴拨弦"开始，至"初为《霓裳》后《六幺》"，琵琶的演奏是常态的、平和的，其间情感的起伏也在读者的预料之中。而"大弦嘈嘈如急雨，小弦切切如私语。嘈嘈切切错杂弹，大珠小珠落玉盘"这几句，节奏分明有了变化。急雨嘈急，私语缓切，虽是错杂弹，但每一个音符都清晰可辨，绝不含混，接下来的"花底滑"，写的是流畅，"冰下难"则哽咽难行，直至"凝绝"与"暂歇"，此时声息全无，一片宁静。当声音再次出现的时候，又是另一种形象了，是"水浆迸"，是"刀枪鸣"，语速需要瞬间加快，营造一种突如其来和情势紧迫的氛围。这样的骤变能还原音乐作品的巨大跨度，使动人心神的琵琶声飒然浮空，经久不绝。

一曲终了，诗人与琵琶女互诉衷肠，沦落感伤，整个作品恰似在连绵起伏的群山中陡立起一座高峰，使人心为之动，仰望叹息。

读出高低

——《海燕》诵读例说

陈 骏

海燕

高尔基

在苍茫的大海上，狂风卷集着乌云。在乌云和大海之间，海燕像黑色的闪电，在高傲地飞翔。

一会儿翅膀碰着波浪，一会儿箭一般地直冲向乌云，它叫喊着，——就在这鸟儿勇敢的叫喊声里，乌云听出了欢乐。

在这叫喊声里——充满着对暴风雨的渴望！在这叫喊声里，乌云听出了愤怒的力量、热情的火焰和胜利的信心。

海鸥在暴风雨来临之前呻吟着，——呻吟着，它们在大海上飞窜，想把自己对暴风雨的恐惧，掩藏到大海深处。

海鸭也在呻吟着，——它们这些海鸭啊，享受不了生活的战斗的欢乐：轰隆隆的雷声就把它们吓坏了。

蠢笨的企鹅，胆怯地把肥胖的身体躲藏到悬崖底下……只有那高傲的海燕，勇敢地，自由自在地，在泛起白沫的大海上飞翔！

乌云越来越暗，越来越低，向海面直压下来，而波浪一边歌唱，一边冲向高空，去迎接那雷声。

雷声轰响。波浪在愤怒的飞沫中呼叫，跟狂风争鸣。看吧，狂风紧紧抱起一层层巨浪，恶狠狠地把它们甩到悬崖上，把这些大块的翡翠摔成尘雾和碎末。

海燕叫喊着，飞翔着，像黑色的闪电，箭一般地穿过乌云，翅膀掠起波浪的飞沫。

看吧，它飞舞着，像个精灵，——高傲的、黑色的暴风雨的精灵，——

它在大笑，它又在号叫……它笑那些乌云，它因为欢乐而号叫！

这个敏感的精灵，——它从雷声的震怒里，早就听出了困乏，它深信，乌云遮不住太阳，——是的，遮不住的！

狂风吼叫……雷声轰响……

一堆堆乌云，像青色的火焰，在无底的大海上燃烧。大海抓住闪电的箭光，把它们熄灭在自己的深渊里。这些闪电的影子，活像一条条火蛇，在大海里蜿蜒游动，一晃就消失了。

——暴风雨！暴风雨就要来啦！

这是勇敢的海燕，在怒吼的大海上，在闪电中间，高傲地飞翔；这是胜利的预言家在叫喊：

——让暴风雨来得更猛烈些吧！

高尔基的散文诗《海燕》历来都是备受朗诵者青睐的经典作品，一代又一代的朗诵者和文学爱好者从中获取艺术的养分，在海燕这个成功的艺术形象身上感受战斗的勇气和必胜的信心。那么朗诵这篇作品，需要注意些什么呢？

首先，当然是力量。因为这个作品就是一篇战斗檄文，在面对凶险的自然环境和革命斗争形势时要毫不畏惧。这是属于勇士的文字，力量小了，这种革命豪情和战斗精神是表现不出来的。基于此，我们需要思考两个方面的问题：一是力量从何来；二是如何分配力量才能使作品有所变化。

没有人会怀疑朗诵这个作品需要巨大的力量，所以有很多朗诵者作足了"牺牲"的准备，他们用尽了浑身的力气，甚至是声嘶力竭地去演绎这个作品，力求把狂风恶浪的形象，把战斗的激烈程度一一表现出来。但这样做显然是吃力不讨好的，声音本身缺少张力，声音的可塑性差，塑造出来的形象扁平单薄，显得缺少自信。要避免这种情况，就要坚决避免"喊"的状态，吸气要深，横膈膜下沉，发音位置往下放至胸口，让声音获得充分的共鸣，力量发自肺腑，情感充沛。或者可以这样理解，我们所说的力量发自肺腑，是为了使朗诵者能力更强，驾驭作品的时候能游刃有余。譬如，能扛100斤重物的人，扛上50斤的东西，轻轻松松；而要一个只能扛20斤重物的人，硬生生地扛起50斤的东西，这简直是要了他的命了。靠声带嘶喊就是那个只能扛20斤重物的人来负重50斤的情况。

有了气息的支撑，是不是就一定能朗诵好《海燕》了呢？当然还不够，狂风卷集，乌云四合，海浪奔涌，海燕穿行，随着情节的发生和推进，合情合理地处理高低起伏，是成功朗诵这篇作品的关键。

开篇之处，建议不要高起，一下子达到高点，既显得突兀，又没有必要。"在苍茫的大海上，狂风卷集着乌云。在乌云和大海之间，海燕像黑色的闪电，在高傲地飞翔"这一句宜以低沉缓慢的声音来渲染气氛。"苍茫"要显出阔大无边来，朗诵"狂风"和"卷集"宜将力量内化，如书法中的垂露竖，不露锋，但力量是极其饱满的。而到"高傲地飞翔"处，声音可以渐起渐高，但仍然要留有余地。

接下来的两个"一会儿"，一缓一疾，声音渐高，把海燕飞掠的动态展示出来，音节渐密，仿佛大战在即，鼓角声声。第三段承前而来，继续走高，朗诵者可以充分释放，让战斗全面打响。

海鸥、海鸭、企鹅三个形象，给了我们变化的完美空间。海鸥是恐惧的，它呻吟着；海鸭已经被吓坏了，它也在呻吟着；面对战斗，企鹅"把肥胖的身体躲藏到悬崖底下"，它是"蠢笨的"！这时，朗诵者的声音可以回落到一个低点，声音由张而弛，充分地表现出对这些胆怯的机会主义者的蔑视和不屑。

接下来，主角海燕再次登场，朗诵者可以把情感和声音都推上一个新的高点，语速加快，与战斗的激烈保持一致，充分表达出诗人对海燕的热情歌颂。

如果就这样以高亢的模式结束全文的朗诵，变化未免还是少了，我们可以关注"这些闪电的影子，活像一条条火蛇，在大海里蜿蜒游动，一晃就消失了"这个句子，蜿蜒游动与战斗的迅疾飞掠是不一样的，此时可以再次将声音降低、减缓，为全文的结束作准备，留空间。如此一来，对整个作品的处理就显得一波三折，变化丰富，更加扣人心弦，令人目眩神驰心旌摇曳，达到更高的艺术境界。但总的说来，如此处理，不为炫技，而是忠实地依托于作品的情感变化。

读出虚实

——《巩乃斯的马》《瓦尔登湖》诵读例说

陈　骏

巩乃斯的马（节选）

周涛

有一次我在新疆巩乃斯草原，碰上夏日迅疾猛烈的暴雨。那雨来势之快，可以使悠然在晴空盘旋的孤鹰来不及躲避而被击落；雨脚之猛，竟能把牧草覆盖的原野瞬间打得烟尘滚滚。就在那场暴雨的冲击下，我见到了最壮阔的马群奔跑的场面。

仿佛分散在所有山谷里的马都被赶到这儿来了。好家伙，被暴雨的长鞭抽打着，被低沉的怒雷恐吓着，被刺进大地倏忽消逝的闪电激奋着，马，这不安分的生灵从无数谷口、山坡涌出来，山洪奔泻似的在这原野上汇集了。小群汇成大群，大群在运行中扩展，争先恐后，前呼后应，披头散发，淋漓尽致！有的疯狂地向前奔驰，像一队尖兵，要去踏住那闪电；有的来回奔跑，俨然临危不惧、收拾残局的大将；小马跟着母马认真而紧张地跑，不再顽皮、撒欢，一下子变得老练了许多。牧人在不可收拾的潮水中被裹挟，大喊大叫，却毫无声响，喊声像一块小石片跌进奔腾喧嚣的大河。

雄浑的马蹄声在大地奏出鼓点，悲怆苍劲的嘶鸣、叫喊在拥挤的空间碰撞、飞溅，画出一条条不规则的曲线，扭住、缠住漫天雨网，和雷声雨声交织成惊心动魄的大舞台。而这一切，都在飞速移动中展现。几分钟后，暴雨停歇，马群消失，那惊心动魄的大场面一下不见了。

我久久地站在那里，发愣，发痴，发呆。我见到了，见过了，这世间罕见的奇景，这无可替代的伟大的马群，这古战场的再现，这交响乐伴奏下的复活的雕塑和油画长卷！我把这几分钟间见到的记在脑子里，相信，它所给予我的将使我终身受用不尽……

瓦尔登湖（节选）
梭罗

这是春天啊，是先于绿色的繁花似锦的春天来临的诗歌。地球如同襁褓之中的婴儿，轻柔地生长着。它不仅是历史的碎片，还是活生生的诗歌，清清浅浅地融化了。

一年初现的柔嫩芽蕾，和严冬后的干枯植物交织着庄重的美。还有那些依依地款待最早飞来的小鸟的取之不尽的谷仓。冬天啊，他留给了世界难言的柔和与纤巧的精美。

春天临近时，红松鼠钻到了我的屋底，发出古怪的咯咯声。麻雀迎着春风而来，空中隐隐传来了清脆悦耳的蓝鸟、歌雀的鸣啭，仿佛冬天冰雪落地的叮咚声。溪流向春天唱着三重唱，草地上空低低翱翔的白尾鹞，已经在寻找苏醒过来的第一批蠕动的生命了。青草如燎原的春火烧遍了山坡。

瓦尔登湖正在迅速地融化，大片的冰面从主体上裂开，边缘的巨大弧形与湖岸线遥遥呼应。湖裸露着的面容充满了欢乐和青春，瓦尔登湖死而复生了。

似乎一切是在瞬间发生的。突然，一拥而进的光明充满了我的屋子。昨天还是冰冷的灰色冰块，如今已然躺着透明的湖泊。屋子周围无精打采的油松树和小栎树丛，突然之间恢复了生气勃勃。低飞的大雁疲倦地鸣叫，翅膀急速拍打着。清晨，它们在湖中嬉戏着，当我站在岸边，便飞到我的头顶盘旋着。四月，鸽子便一小群一小群地飞来，乌龟和青蛙成了春天的使者，植物生长开花，微微地摆动着。冬天，已经过去了。

把这两篇文章的节选部分放在一个小专题中跟朋友们分享，实在是因为这是极为典型的例文，一篇雄壮到了极致，可为声音处理中"实"的代表，此为《巩乃斯的马》；一篇柔静到了极致，可为声音处理中"虚"的代表，此为《瓦尔登湖》。

声音的"实"指的是在吐字发音的时候，发音器官之间间隙较小，闭合较密，气流通过较少，发出的声音比较结实，适合塑造权威、有力的形象，表达雄浑、刚劲的情感；声音的"虚"指的是在吐字发音的时候，发音器官之间间隙较大，闭合不密，通过的气流较多，类似于通俗歌曲演唱中的气声唱法，适合塑造柔美静谧的艺术形象，抒发深沉、婉曲的情感。

周涛老师的《巩乃斯的马》，就全文来说是要讲述故事的，讲述在巩乃斯大草原上与马的交集，讲述对马的认识的日渐深入，乃至于崇敬与爱恋，表达了作者对生命壮美的理解与歌颂。所选部分是作品的高潮部分。暴雨倾盆，万马杂沓，那个来回奔突的场面是震撼人心的，所表达的情感也是宏大的，这时候如果选择虚声则会显得力量不足，野性与奔放也表现不足，而实音效果则要好得多。例如，从"抽打"到"恐吓"再到"激奋"几句，"争先恐后、前呼后应、披头散发、淋漓尽致"几个短语，不仅要实，还要注意衔接，节奏紧密一气呵成，把草原上、风雨中马群奔驰的画面重现出来，突出其动态。

梭罗的《瓦尔登湖》则是另外一种截然不同的情景，在四周阒寂无人的山谷中，在水平如镜的瓦尔登湖畔，人与自然和谐相处，人与自然产生着深层的共鸣。此时，略微的嘈杂与些许的声响，都会破坏这美好的意境。设想一下，如若要有音乐相和，则必是悠扬的弦乐，如若要有人声相和，又岂能是棱角分明的实声？唯有以深情款款的虚声处理，方为得当。这种感觉，仿佛是人与自然在谈着一场恋爱，似一阵阵的耳语，轻声呢喃，又像讲述一个个风花雪月的故事，琴瑟和谐。譬如，首段"这是春天啊"，这是对春天到来的喜悦之情，但又不是外露的欣喜，而是突然发现又心领神会的状态，朗诵者要控制住感情的类型和分寸。"地球如同襁褓之中的婴儿"这个比喻是极为精当的，把作者心中对地球的爱惜、呵护之情一语道出，这也是朗诵者始终要保持的一种情感状态。

在接下来的文字中，作者向我们一一展示着春天到来的时候，瓦尔登湖畔各种生命的律动，冰雪融化、山泉叮咚、草木萌发、鸟雀鸣啭，瓦尔登湖死而复生！如此美景，与人的生命悄然应和，喜悦，是发自内心的。在使用虚声处理时，除了要控制好气息，做到柔而不弱，还要在舒缓的节奏中加入一些变化，使之更有生命力。

两个作品相对照，更能让我们感受到声音虚实变化的巧妙，意识到自己的声音是可以控制的，情感是可以有效传达的。

读出打破与重构
——《蜀道难》诵读例说

陈　骏

蜀道难
李白

　　噫吁嚱！危呼高哉！蜀道之难，难于上青天！蚕丛及鱼凫，开国何茫然。尔来四万八千岁，不与秦塞通人烟。西当太白有鸟道，可以横绝峨嵋巅。地崩山摧壮士死，然后天梯石栈相钩连。上有六龙回日之高标，下有冲波逆折之回川。黄鹤之飞尚不得过，猿猱欲度愁攀援。青泥何盘盘，百步九折萦岩峦。扪参历井仰胁息，以手抚膺坐长叹。

　　问君西游何时还？畏途巉岩不可攀。但见悲鸟号古木，雄飞雌从绕林间。又闻子规啼夜月，愁空山。蜀道之难，难于上青天，使人听此凋朱颜。连峰去天不盈尺，枯松倒挂倚绝壁。飞湍瀑流争喧豗，砯崖转石万壑雷。其险也如此，嗟尔远道之人，胡为乎来哉！

　　剑阁峥嵘而崔嵬，一夫当关，万夫莫开。所守或匪亲，化为狼与豺。朝避猛虎，夕避长蛇。磨牙吮血，杀人如麻。锦城虽云乐，不如早还家。蜀道之难，难于上青天，侧身西望长咨嗟！

　　1980 年，我读小学三年级，曾听过家乡（现为云南省昆明市东川区）的一位老师朗诵《蜀道难》，普通话里带着些方音，拿了不错的成绩，让人印象深刻。2002 年，我第一次听到乔榛朗诵《蜀道难》，叹为观止，茅塞顿开。2009 年，我携《蜀道难》参加广东省中小学教师经典诵读大赛获得诗歌组一等奖第一名，这个作品在我内心埋下了深根。我跟朋友说，这个作品已经成了我血液中难以剥离的一个部分了，任何时间、场合，我都能迅速进入到这个作品的情境中去。

在这里，重点跟各位爱好朗诵的朋友分享我对古诗的朗诵心得：打破与重构。

这是一首以七言为主，间以三言、四言、五言、六言、八言甚至九言的杂言诗，与排律相比，由于句式多变，朗诵中节奏的变化可以说是要自由得多了。但它毕竟是以七言为主的诗，整首诗的朗诵以中速为主，在高低起伏的语调中有一条中轴线，使朗诵获得一种平衡。这样处理是无可厚非的，就算无功，也不会出错，但问题来了，如何能使这首诗的朗诵获得一种动人心魄的力量呢？那就要在习惯的处理之外，通过停连起伏等处理，将文字中固有的匀齐整饬打破，重建一种新的节奏——或者可以称之为临时性节奏，使作品获得一种听众习惯思维之外的新的生命力，举例如下：

开篇之句"噫吁嚱！危乎高哉！蜀道之难，难于上青天！"三个语气词的连用，可见诗人面对高峻崎岖的蜀道，其惊讶感慨之情的程度是超乎寻常的。那么，如何表现呢？由于文字不多，句式也短，朗诵者不妨使用复沓的形式来处理"噫吁嚱！危呼高哉！"这七个字，第一回为铺垫，第二回声音与情绪一同推高，"蜀道之难"四字，略一伏，到"难于上青天"则直接高入云霄，那么开篇一句，就可以牢牢地抓住听众的心了。当然了，要想推至极高处而不破音，发音的位置与气息的支撑是极为重要的，这在前文中专门讲过，此不赘述。

"青泥何盘盘，百步九折萦岩峦。扪参历井仰胁息，以手抚膺坐长叹。"这一句是较为平稳的，内容是登山、望天和叹息，推敲之下，我们能发现，在盘旋崎岖的山间行走，是极其不容易的。那种气喘吁吁的神情似乎就在眼前了，既然要喘息，因此在"萦岩峦"之后加长停顿，应该是更加合理的处理。这是比普通句号更长的停顿，喘息稍定，才能够抬眼望天，感受人与天的距离是如此之近，进而抚膺长叹，为友人担心。

"蜀道之难，难于上青天，使人听此凋朱颜。连峰去天不盈尺，枯松倒挂倚绝壁。飞湍瀑流争喧豗，砯崖转石万壑雷。"这是诗中第二次咏叹"蜀道之难"，与初见时的惊讶已有所不同，这是在山中经历曲折，感受万难之后发出的感慨，情感内涵比第一次要更加丰富。由于第一次使用了外露、高起的表达方式，本着燕不双飞的艺术原则，此处宜表达得含蓄深沉一些。为了避免平淡，在"不盈尺""倚绝壁"的今景之后，"飞湍瀑流争喧豗、砯崖转石万壑雷"两句可以打破原有的平稳，与上一句的衔接可以更紧密一些，向顿号的停顿级别靠拢，甚至更短一些，句内的节奏也要更加紧凑，让动静的转换更加突然，从而强化蜀道艰难凶险的形象。

"一夫当关，万夫莫开。所守或匪亲，化为狼与豺。朝避猛虎，夕避长蛇。磨牙吮血，杀人如麻。"这几句以四字为主，节奏更需加快。停顿是语义上的，从情绪和情感上，则需要一气呵成的处理方能体现出蜀道之难不仅有自然之险，还有连连兵祸，人命于彼有如草芥，朝夕难保，诗人对入川友人的担心更加溢于言表。

　　中国古代诗歌讲究的是整齐，朗诵的时候既要体现出这个特点，又要仔细研究诗歌，在符合意思和情感需要的基础上大胆进行处理，使诗歌朗诵这一二次创作的过程更富于变化，富于艺术张力，这种方法可以推广到其他诗歌的朗诵中。

诵出严谨与推敲

——"觉""斜""曾"的读音选择

陈 骏

在古诗文的阅读中，我们可能因为无需发声，所以对一些字音也就不予深入追究，明白意思就够了。而如果要朗读，尤其要建资料库，这种模糊就不被允许了，错误更需要被及时纠正。

在白居易的《长恨歌》中，诗句"云鬓半偏新睡觉，花冠不整下堂来"中的"觉"到底该读什么音，教材中并无注释。其结果是，读"jué"的有，读"jiào"的也有，莫衷一是，不能明确。我在朗诵的时候，选择了"jiào"的读音，公众号文章发布后，立刻就有朋友发私信质疑了，认为应该读"jué"才合理。我耐心地把我曾经读"jué"，而后才更正为"jiào"的过程——进行了说明。

为什么会有人读"jué"呢？其观点是"新睡觉"是"刚刚睡醒"，"觉"是"觉醒"之义，理应读"jué"，而且《现代汉语词典》里"觉"就有"jué：睡醒"的解释，所以，据此认为此处"觉"就应读"jué"，作"觉醒"解。"新睡觉"是"刚刚睡醒"，这没错，错就错在古诗文不应该查《现代汉语词典》，而应该去查与之匹配的古汉语字典或词典。如《古汉语常用字字典》里对"觉"字的解释就很详细，不妨引来：觉：①省悟。《荀子·成相》："不～悟，不知苦。"②发觉……③jiào（教），睡醒。柳宗元《始得西山宴游记》："～而起。"特别需要注意的是，在古代"睡觉"没有睡眠的意思，只表示睡醒。《古汉语常用字字典》里的对"觉"的解释很清楚，而且所举的例句就是和白居易同时代的柳宗元的文字，应该是有代表性的。倘若不放心，还可再查《汉语大词典》，这部词典以"古今兼收，源流并重"为编纂原则，具有很高权威性和很强的说服力。

另一个难题是张若虚《春江花月夜》中的一句诗："江水流春去欲尽，江潭落月复西斜"，其中"斜"字，应当念"xié"还是"xiá"。从韵脚上来看，这里的"斜"，应与上句"可怜春半不还家"中的"家"字押同一韵部，那么念"xiá"应该是毫无疑义的了，这与杜牧《山行》中"远上寒山石径斜，白云生处有人家"的情形是一致的。然而当你看到下一句"斜月沉沉藏海雾"时，分歧就产生了。这里用的是顶真的修辞手法，如果前一个念"xiá"，后一个念"xié"，则顶真的效果就失去了，如果都念为"xié"，则又出现了不押韵的情况，如果都念成"xiá"，则更加没有依据。到了这步田地，念"xiá"还是"xié"都有道理，都有缺憾，又不能强求，只好于其中选择一个读音，并告诉学生其中的原因，借此机会让学生理解韵脚和修辞，而这个难题，还真是一桩"糊涂案"了。

在苏轼《前赤壁赋》中有一句："盖将自其变者而观之，则天地曾不能以一瞬。""曾"字在教材中是没有注音的，有的老师也就不明就里地带着学生读"céng"。查阅词典，我们发现，"曾"读"zēng"的时候，义项为：①指中间隔两代的亲属：～祖父、～孙。②（古）同"增"，增加。③竟，简直，还（hái）："以君之力～不能损魁父之丘，如太山、王屋何？"④姓。读"céng"的时候，义项为：①表示从前有过某种行为或情况：～经。②（古）同"层"，重（chóng）。这个句子的翻译是："可见，从事物易变的一面看来，天地间没有一瞬间不发生变化"，"曾"是语气副词，意为竟然，甚至，可见应该读为"zēng"，与《愚公移山》中"曾不能毁山之一毛"用法相同。

除了以上三例，另外有一些字音，遵循着汉字读音变化的规律，或者是同义同音，或者是降低难度，在现代汉语中已经被统读，如无特殊需要，则不必过分追求古读。教师在教学的时候，更重要的是讲清楚缘由，而不是去勉强地规定一个读音，由互联网中的众说纷纭而产生的心理负担，也是可以放下的。

古代诗歌朗诵中停顿处理的常式和变式

陈　骏

在小学诗歌朗诵教学中，我们发现，学生在朗诵现代诗歌时，更容易投入丰富的感情，而在句式整齐的律诗和绝句（近体诗）的朗诵中，却比较容易出现朗读整齐、声音响亮但情感不丰富的情况。这首先当然主要是由课堂教学中要求齐读决定的，老师们在课堂上会要求同学们一起大声朗读，这种形式对于诗歌的揣摩和理解其实并不适合，但这是另一个问题，在此不赘。其次就是因为诗歌本身的特点了，现代诗歌句式有长短变化，层次错落，而近体诗或者五言，或者七言，句式整齐，节奏相近，这让学生很容易就读得很整齐。远处听来，书声琅琅，但长此以往，不利于学生朗读能力的培养，语言能力的提升。这样不仅不能很好地完成新课标中对学生朗读能力的要求，而且对学生一生语言能力的形成，以及良好的语言习惯的养成，也会产生负面的影响。

基于以上思考，笔者在本文中尝试以近体诗的朗读为例，从停连的角度，尽可能深入地去探寻诗歌朗诵的一些规律，在此与同仁们进行交流。

近体诗的朗读，是按照一定的节奏和韵律进行的。这个节奏与韵律，是因为汉语中单音节词和双音节词的天然存丰而产生自然停顿，也因为汉民族对音乐节奏的理解而表现得舒缓自然，四平八稳。

如杜甫的《绝句》：按照单双音节是这样划分的：迟日/江山/丽，春风/花草/香，泥融/飞/燕子，沙暖/睡/鸳鸯。

苏轼的《惠崇春江晚景》停顿划分如下：竹外/桃花/三两/枝，春江/水暖/鸭/先知。蒌蒿/满地/芦芽/短，正是/河豚/欲上/时。

通过对这两首诗停顿的划分，我们可以形象地感知五言诗中"二二一"和"二一二"、七言诗中"二二二一"和"二二一二"的停顿方式。用这样的方式，我们可以带着学生一同体会春天的美景，共同表达对无边春景的喜爱之情，让秀美的山川驻留于学生心中，这是很好的爱国主义教育；让春风香草、燕子鸳鸯、桃花绽放、春河解冻等诗歌意象在学生心中悄然扎根，这是很好的审美教育。如果能让学生做到字正腔圆，抑扬顿挫，新课标的要求也算是基本达到了。

这就是我们在诗歌朗诵中常式的停顿，那么，我们是否可以寻求一些不一样，不寻常的东西，努力做得更好呢？通过反复揣摩，笔者发现，至少还可以在两个方面做文章：一是句中音节长短高低的变化。二是句子之间的停顿方式（句中的停顿如果出现错误，那就是破句了，所谓"句读之不知，其为惑也，终不解矣"，这个规律是万不可以打破的）。音节的变化方式是另外一个话题，今后撰文另述，以下重点突破第二点。

杜甫的《绝句》和苏轼的《惠崇春江晚景》，从整体上来说，感情都是喜悦而平和的。诗人当然知道冬去春来的道理，所以春天到来的时候，喜悦而并不惊诧，看到眼前万物萌生、蓬勃发展，心中油然而生的是一种意料之中的愉悦之感，所以情绪的变化并不剧烈，起伏也不是很大，四平八稳的表达也不是不可以。但从朗诵得吸引人的角度来说，依然是缺点儿味道，令人回味不隽永，也缺少让人深究文本的欲望。

不为刻意，在细致体会诗文的基础上笔者发现，杜甫《绝句》中，前两句写的是远景，春日初起，春风驰荡，面对此景，作者于远观之中悠然自得，节奏舒缓正合适。诗句之间的停顿也是均匀的。但"泥融飞燕子"一句则有了一些变化，燕子会在水边自在飞翔，也会在梁间亲密呢喃，是跟人有着更深情感的鸟儿，它的出现，完全可能让诗人心中一热而神思荡漾。因此这一句与前一句的停顿是可以缩短的，语速也可以略微加快，使喜悦之情的程度提升，打破固有的节奏，让这个音符跳跃起来，使整首诗一下获得了生命和灵气。

同样的道理，在苏轼的《惠崇春江晚景》中寻求变化，可以发现一、二两句写桃花绽放，春鸭赴水，是基于视觉上的享受，而三、四句却在春景之外，暗藏了对春食的联想，嫩黄的蒌蒿和脆白的芦芽与虽然危险却依然诱人的河豚一起烹制，引发诗人无限的向往，因此第三句之前当缩短停顿，节奏当为之一紧。美食在即，迫不及待的心情与之相呼应，这样才能把这首诗的神韵演绎出来。

再以一首感情起伏较大的诗歌——杜甫的《闻官军收河南河北》为例进行说明。按照常式，这首诗的停顿是这样的：剑外/忽传/收/蓟北，初闻/涕泪/满/衣裳。却看/妻子/愁/何在，漫卷/诗书/喜/欲狂。白日/放歌/须/纵酒，青春/作伴/好/还乡。即从/巴峡/穿/巫峡，便下/襄阳/向/洛阳。诗圣的作品，对仗是极其工稳的，用字是极其讲究的，所以全诗的停顿完全是"二二一二"的格式，无一例外。如果朗诵者过分遵循常式停顿，则诗人突闻喜讯之后的心潮澎湃与百感交集是很不容易表现出来的，因此在停连上需要有更大力度的打破与重构。建议在"忽传"提速之后，第二句正常停顿且放慢语速，为下文的变化留下空间。"却看妻子愁何在"，包含了回头看的动作和寻找共鸣的心理需要，句前停顿可略长，而眼神交流获得共鸣之后，诗人的喜悦再也难以控制，三、四句之间要处理得紧凑一些。"喜欲狂"三字还可以在音长上拉开，把喜不自胜如痴如狂之态表现出来。达到高潮之后，四、五句之间有两种处理方式，一个是常式停顿，一个是紧密衔接，都合理，都可以选用。但五、六句之间则必须是一气呵成的，以表现那种酣畅淋漓的快意——作者多年以来的颠沛流离，忧心忡忡，终于有了结果！这种情绪如果多了一个停顿，是一定会大打折扣的。尾联七、八句，准备结束，一种方式是第七句前正常停顿，表现诗人收拾好心情，准备回乡；另一种方式是取消第七句之前的停顿（或尽量缩短），表现诗人迫不及待，巴不得现在就登上回乡之路的心情，两种处理也都是合理的。但共同的一点是，七、八句之间不再有停顿，最后的停顿留在"向洛阳"之前，一个完整的艺术作品就打造完成了。

　　总而言之，古代诗歌的朗诵中，既要尊重常式，以常式为基础，又要大胆尝试变式，努力寻求突破，主动形成对诗歌的深度认知。只有增强朗诵魅力，才能更好地助力语文诗歌的教学。